Christiane Tenner

Seth

Leben im Zeitalter des Wassermanns

Ein praktischer Leitfaden für den Weg
in die Fünfte Dimension

Bitte fordern Sie unser kostenloses Verlagsverzeichnis an:

Smaragd Verlag
In der Steubach 1
57614 Woldert (Ww.)
Tel.: 02684.978808
Fax: 02684.978805
E-Mail: info@smaragd-verlag.de
www.smaragd-verlag.de

Oder besuchen Sie uns im Internet unter der obigen Adresse.

© Smaragd Verlag, 57614 Woldert (Ww.)
Deutsche Erstausgabe Januar 2009
Cover: © MACLEG - Fotolia.com
Umschlaggestaltung: preData
Satz: preData
Printed in Czech Republic
ISBN 978-3-938489-88-8

Christiane Tenner

Seth

Leben im Zeitalter des Wassermanns

Ein praktischer Leitfaden für den Weg in die Fünfte Dimension

Smaragd Verlag

Über die Autorin

Christiane Tenner befasst sich seit ihrem 13. Lebensjahr intensiv mit Spiritualität, den Kreisläufen der Natur und den Mysterien der Göttin.
Im Jahr 2005 beschloss sie ihre Ausbildung zum Channel bei Michael Grauer-Brecht (Elyah). Seit dieser Zeit steht sie hauptsächlich der Wesenheit Seth und der Engelenergie Uriel als Kanal zur Verfügung.

Ihr Ziel ist es, das Bewusstsein der eigenen Schöpfernatur zu wecken und zu fördern, das in jedem von uns steckt. Gemeinsam mit Seth möchte sie Menschen auf ihrem Weg neue Impulse geben. Manchmal braucht eine Veränderung nur die Änderung der Sichtweise.

Kontakt: www.sphärenportal.de

Widmung

Für meine Oma

☆☆☆

*Mit jedem neuen Tag
habe ich die Möglichkeit,
mich zu entwickeln
und mein Potenzial auszuleben.

Ich wachse mit jeder Erfahrung,
die ich mache, und erkenne,
dass ich mein Leben
nach meinen Wünschen gestalten kann.*

☆☆☆

Inhalt

Wer ist Seth? 13
Seth stellt sich vor 15

Einleitung und Einstieg ins Thema 17
- Welt im Wandel 21
- Im Kleinen, wie im Großen 24
- Kontaktaufnahme 28
- Veränderung als Chance 31
- Wandlung der Erde seit dem Blitz von Karon 39
- Neue Wege 42
- Stress und Schnelllebigkeit 46
- Zeit der Meisterschaft 48
- Sicher ist, dass nichts sicher ist 49
- Hingabe und Sicherheit 51
- Zweifel und Kontrolle 53
- Surfer auf den Wellen der Veränderung 54
- Übung: Reise zu deinem Leben 56

Gesellschaft 57
- Demokratie und politische Veränderung 58
- Globalisierung und Veränderung in der Politik 60
- Das, was kommt 62
- Gedanken der Macht 65
- Humanitäre Politik 68
- Gemeinschaft 69
- Individualität 72
- Veränderung in der Gesellschaft 75

- Frauen in der Politik 77
- Kokon 80
- Visionen werden wahr 81
- Deine Gedanken und das Morphogenetische Feld 83
- Eigene Ermächtigung 85
- Kreation des eigenen Lebens 87
- Übung: Träume und Visionen 90
- Schritte der Manifestation 93

Gemeinschaft Mensch 95
- Ein Volk – Einheit 97
- Arbeit und Werken 99
- Gleiche unter Gleichen 101
- Geld macht sexy *oder* Enthalte dich
  der Bewertung 104
- Bewertung 106
- Akzeptanz erschafft Akzeptanz 108
- Beruf und Berufung 110
- Unternehmen der Neuen Zeit 112
- Entscheidungen und Konsequenzen 113
- Die Matrix 118
  - Werbung 118
  - Religion und Moral 119
  - Die Matrix entlarven 120
  - Matrix und Beruf 122
  - Matrix und Macht 124
  - Veränderungen greifen schneller 126
  - Beruf und Möglichkeit 127
  - Arbeit und Gemeinwohl 128

- Eigene Möglichkeiten 129
- Alles zu seiner Zeit 131
- Wiederholungen für die Entwicklung 133
- 68er heute 134
- Bewusst in die Veränderung 137
- Übung: Hingabe 139
- Neue Impulse 140
- Übung: Neue Impulse in der Matrix 141
- Theater 144

Ganzheitlicher Ansatz – Die Essenz 146
- Der Alltag 148
  - Inseln 154
  - Körperlich-geistige Hygiene 155
  - Übung: Kultivieren der inneren Inseln 158
  - Aufruf: Erlaube dir, zu wachsen 163
  - Angst 165
  - Ehe 167
  - Patchworkfamilien 169
  - Politik auf der alltäglichen Ebene 172
  - Geflecht, erschaffen von Menschenhand ... 174
  - Deine Verbindung zu Gaia und
    deinem Umfeld 178
  - Theater – Die Bühne des Lebens 185
- Gesundheit und Körpergefühl 186
  - Trennung der ersten Zelle 186
  - Paradoxien des Lebens 187
  - Die Seele erfährt sich 189

- Was die Familie mit gelebtem Potenzial
  zu tun hat 190
- Trennung und Blockaden 192
- Bilanz und Beenden des Kreislaufs 195
- Heilung der Dualität 196
- Krankheiten und Gebrechen 197
- Medizin 198
- Krebs 201
- Die Veränderung und das Verhältnis von
  Körper und Gesundheit 202
- Zwölf-Strang-DNS 203
- Potenzial 206
- Die Auswirkung des genetischen Kodes auf
  den Menschen 207
- Menschliches Leben mit einer erhöhten
  Schwingung 209
- Schwingungserhöhung im Körper 210
- Übung:
  Sich des eigenen Lichts bewusst werden 212
- Körpergefühl und Gesundheit 215
- Ich liebe mich 217
• Mangel 221
- Mangel im Allgemeinen 221
- Mangel im Außen – Mangel in dir 224
- Verantwortung für sich selbst übernehmen 228
- Fülle bedeutet fließen zu lassen 229
- Sich selbst treu sein 230
- Mangel an Gesundheit 232

- Übung: Kontakt mit dem eigenen Körper aufnehmen 235
- Mangel an Zuwendung 237
- Enthalte dich der Bewertung, Mangel sei schlecht 238
- Mangel und Fürsorge 230
- Aus dem Teufelskreis heraus – Mangel transformieren 242
- Übung: Licht der Fülle 243
- Meditation: Fülle in dein Leben lassen 243
- Motivation 248
  - Motivation – eigener innerer Antrieb 248
  - Moral des Handelns 250
  - Ursache und Wirkung 251
- Zusammenleben 252
  - Allgemeines 252
  - Meditation: Du bist ein Wesen der Gemeinschaft 253
  - Familie 255
  - Die Rolle der Frau im Wandel 256
  - Alter 258
  - Erziehung des Nachwuchses 260
  - Modelle des Zusammenlebens 260
  - Neue Möglichkeiten des Zusammenlebens 262
  - Kreativität 264
  - Grundverständnis von Partnerschaft 266
  - Übung: In die Öffnung gehen 270
  - Kinder 274
  - Abschließende Worte 276

- Partnerschaft 284
  - Meditation: Zentrierung und Heilung 288

Wer ist Seth?

Zum ersten Mal nahm ich mit Seth bei meiner Ausbildung als Channel 2004 Kontakt auf. An diesem Tag habe ich erfahren, welche Wesenheiten ich vorwiegend channeln würde. Nicht jede Art von Energie passt zu jedem Kanal. So unterschiedlich, wie die Menschen sind, so unterschiedlich sind auch die Wesenheiten, die durch die Kanäle sprechen. Erst war ich erschrocken, dass der ägyptische Totengott durch meinen Kanal sprechen sollte. Ich gebe zu, ich war ein wenig voreingenommen. Zudem hatte ich keine Ahnung, dass er bereits durch verschiedene Kanäle dieser Erde gesprochen und bereits einige Bücher diktiert hatte. Bis zu diesem Zeitpunkt kannte ich nur die Geschichten von Seth, dem ägyptischen Gott des Todes.

Es stellte sich heraus, dass meine Sorgen absolut unbegründet waren. Es war nicht die Art Energie, die ich erwartet hatte. Der Eindruck, den die Mythen über ihn geben, trifft sein Wesen überhaupt nicht. Er erwies sich als lustige und robuste, aber auch sehr durchsetzungsfähige Wesenheit, die überhaupt nichts mit nicht-lichten Energien zu tun hat. Zum ersten Mal meldete er sich in meinem inneren Kanal, als ich in der Straßenbahn saß und Musik hörte. Auf einmal war da eine Stimme in meinem Kopf, die da sagte, dass diese Musik sie an die spanischen Volksweisen erinnere. Daraufhin begann er, die Struktur der Musik genauer zu erläutern und sie mit den Volksliedern in Spanien zu vergleichen. Ich war erschrocken und einfach baff. Jetzt kann ich darüber lachen und freue mich jedes

Mal über seine aufrichtige, witzige, aber auch fordernde Art und Weise.

Um Entwicklung anzuregen und zu fördern, konfrontiert Seth auch mit unliebsamen Themen, denen man gerne aus dem Weg geht, und die man nicht ansehen möchte. Auch wenn diese Konfrontationen sehr direkt sind, sind sie meines Erachtens genau richtig gesetzt, um das größte Maß an Veränderung im Menschen zu bewirken.

Seth stellt sich vor

Mein Name, den ich in vielen Inkarnationen trug, lautet Seth. Jedoch war ich auch als Ludwig der XIII, Agamemnon der Grieche und Ramses III bekannt. Ich war oft Lehrer und Gelehrter. Ich ergründete und gab Wissen weiter. Nachdem meine Seele in eine andere Ebene aufstieg, wirkte ich mit der Raumbruderschaft und den Aufgestiegenen Meistern der Weißen Bruderschaft zusammen an verschiedenen Projekten, die das Bewusstsein auf diesem Planeten heben sollten. Ich verband mich mit verschiedenen Kanälen dieser Erde, brachte mit der Hilfe von Jane Roberts einige Bücher heraus und erreichte auf diese Weise viele Menschen mit meinen Worten.

Nun bin ich wieder durch einen lichten Kanal in diesem Teil der Erde präsent. Es werden in den nächsten Jahren noch weitere Bücher entstehen, damit ich die Menschen wieder mit meinen Worten erreichen kann. Meine Intentionen sind die Veränderung der menschlichen Psyche, hin zum Kosmischen Menschen.

Auf diesem Pfad erreiche ich nun auch dich, lieber Leser/liebe Leserin, und ich freue mich, dich auf eine Reise in dein eigenes Leben mitzunehmen. Bitte lies die Worte mit offenem Herzen. Gehe in das Bewusstsein, dass alles möglich ist in dir, und erlaube dir, dass ich dich während deiner Reise berühre. Es kommt nicht nur auf die Worte an, die gelesen werden, es kommt auch auf die Energie an, die durch die Worte und deine Haltung in dich einfließt. Öffne dich und sieh dein Umfeld mit meinen Augen. Sei ein Schauspieler auf der Bühne des Lebens und beginne, für deine eigene Rolle Regie zu führen. Tritt in die Verbindung mit deinem göttlichen Hohen Selbst und erlaube dir, weit zu werden.

Einleitung und Einstieg ins Thema

Willkommen, du der du dieses Buch in den Händen hältst und nun bereit bist, auf eine Reise in deine eigene Welt zu gehen, um zu verstehen und zu erfahren. Willkommen, Kind der Zeit, dass du dich getraust, dein Leben in deine eigenen Hände zu nehmen und bereit bist für die Veränderung, die da kommen wird. Ich nehme dich mit auf eine Reise zu dir selbst und zu deinem Leben. Ich lade dich ein, Bilder zu kreieren, um zu verstehen und zu verändern. Es ist an der Zeit, Leben eigenmächtig zu gestalten. Und dazu lade ich dich ein. Werde ein Kreator deines Seins und deines Wirkens.

Es liegt Veränderung in der Luft. Vieles, was scheinbar so beständig war, nimmt andere Formen an. Die Welt ist im Wandel. Das Klima verändert sich, die Gesellschaften und Länder dieser Erde beginnen zusammenzuwachsen. Globalisierung und Wirtschaft laufen mehr und mehr Hand in Hand, und der Mensch befindet sich in einer Art Aufbruchstimmung. So vieles, an das wir uns gewöhnt haben, bricht weg, und vieles Neues tritt dafür auf den Plan.

Wir befinden uns im Zeitalter des Wassermanns. Des großen Vernetzers und des humanitären Zeichen des Zodiaks, des Tierkreises. Die Menschheit und die Erde befinden sich derzeit, mehr als jemals zuvor, im Wandel und in der Veränderung. Wir bewegen uns auf das Jahr 2012 zu, in dem sich die Erde in eine neue Schwingung, ihr würdet es Dimension nennen, erhebt. Mit der Schwingung verändert sich auch das Leben auf der Erde. Alles, was bisher geschehen ist, geschieht im Hinblick auf die Schwingungserhöhung in eine höhere Ebene. Das, worauf hingearbeitet wurde, wird nun greifbar. Generationen von Menschen haben die Zeit, in der du jetzt lebst, vorbereitet. Was jetzt ist, ist ein Produkt dessen, was viele Menschen gemeinsam geschaffen haben. Aufgrund dessen besteht nun auch die Möglichkeit, dass verfahrene Situationen und erstarrte Muster sich verändern.

Doch was ist diese Schwingungserhöhung? Was kann man sich darunter vorstellen? Um das zu veranschaulichen, möchte ich auf das Phänomen der Radiowellen zurückgreifen. In der Technik werden bestimmte Frequenzen auch als Wellen bezeichnet, aufgrund ihrer Ähnlichkeit mit den Wellen des Meeres, die sich von ihrer Bewegung genauso verbreiten. Diese Wellen schwingen in einem bestimmten Abstand. Sanfte Wellen und Wellenbrecher – beides sind Wellen, jedoch in einer unterschiedlichen Frequenz. Auf diesem Weg entstehen Ultrakurzwellen, Mittelwellen und Langwellen. Auf die Erde bezogen, würde das bedeuten, dass die Wellen ihre Anzahl in der Minute erhöhen und somit in einen energetisch veränderten Zustand eintreten, den man derzeit auch die Fünfte Dimension nennt. Unsere kleinen Wellen im Meer werden jetzt also zu großen Wellen, auf denen man surfen kann. Es sind die gleichen Wellen, haben aber eine andere Energie. Aber auf dieses Phänomen werden wir später noch eingehen.

Jeder Mensch ist von diesem Phänomen betroffen. Die Auswirkungen werden den ganzen Planeten treffen. Ich möchte nun einen neuen Leitfaden vorstellen, wie man sich die Schwingungen und Energien dieser Neuen Zeit zunutze machen kann. Der Mensch ist in seiner Ausrichtung sehr anpassungsfähig und macht dieses eigentlich automatisch. Bedenkt die Veränderung des Klimas im Laufe der Jahrtausende mit extremen Bedingungen, wie in Zeiten der Eiszeit, die der Mensch immer überlebte, indem er sich den Umständen seiner Umgebung anpasste. In der heutigen Zeit passt er sich den Gegebenheiten seiner Kultur und den Anforderungen seines Lebens an. Dieses jedoch geht einher mit Unsicherheit in Bezug auf die neue Situation, und Verwirrung. In diesem Buch möchte ich die Möglichkeit bieten, sich bewusst den neuen Schwingungen anzupassen und sich darauf einzulassen. Ohne die Verwirrungen und die Angst in der Zeit der Veränderung, denen sich der Mensch schnell ausgeliefert fühlt. Ich möchte dir verschiedene Übungen und Gedankenanstöße geben, mit denen du dich bewusst in diese Schwingung einfinden kannst. Ohne die Unsicherheiten und Verwirrungen, die mit tiefgreifenden Veränderungen einhergehen.

Dazu bediene ich mich wieder eines Mediums, mit dem ich zusammenarbeite. Ich möchte mich auch hier gleich zu Anfang dafür bedanken, dass sie mir die Möglichkeit gibt, wieder zu den Menschen zu sprechen. Begreife, lieber Leser/liebe Leserin, die Zeit ist kurz, und es wird sich immer schneller auf den Aufstieg der Erde zubewegen. Sei vorbereitet darauf. Sei vorbereitet auf die Veränderungen, die gerade geschehen und noch geschehen werden.

Die folgenden Zeilen handeln von der Neuen Zeit und wie sich die „neuen" Energien auf die Menschheit auswirken werden. Es ist sozusagen eine erste Übersicht über die wichtigsten Strömungen, die sich unter der Oberfläche des Offensichtlichen abspielen und ebenso über die wichtigsten Eigenarten der aktuellen Zeitströmung, sowie die wichtigsten Veränderungen, die anstehen werden, und wohin sich der Mensch oder, eher gesagt, die Menschheit bewegt. Aus diesem Grund möchte ich damit beginnen, einen kurzen Abriss vom Leben im Wassermannzeitalter zu geben und in einem weiteren Schritt auf die Eigenheiten dieser Zeit eingehen, die dich persönlich betreffen und dein Leben prägen. Ich bediene mich des Begriffs Wassermannzeitalter, da dieses die weitaus bekannteste Größe ist, wie dieses Phänomen genannt und beschrieben wird. Es gibt so viele Namen, und sie alle bezeichnen denselben Vorgang. Benenne es gedanklich neu, wenn du mit dem Begriff Wassermannzeitalter nichts anzufangen weißt.

Welt im Wandel

Erkenne und begreife, dass sich die Welt immer im Wandel befindet. Nichts bleibt, wie es ist. Alles verändert sich, wie die Lebensalter eines Menschen. Scheinbar langsam, aber dafür umso beständiger. Solche Schwingungserhöhungen wie die, in der wir uns gerade befinden, gab es schon einige Male auf dieser Erde. Der Mensch beschrieb sie mit dem Begriff Zeitalter. Die vergangenen Zeitalter wurden zu Mythen und Legenden oder gerieten einfach in Vergessenheit. Jedes Zeitalter wurde mit dem Tierkreis oder, eher gesagt, mit bestimmten Sternenkonstellationen beschrieben und in einigen Schulen mit der Astrologie in Verbindung gebracht. Vor dem Zeitalter des Wassermanns war das Zeitalter der Fische. So wie ein Rad sich dreht und immer um eine Speiche nach vorne rotiert, bewegen wir uns im Tierkreis oder Zodiac immer um ein Tierkreiszeichen nach vorne. Bei jedem Übergang in ein neues, beziehungsweise schon einmal da gewesenes Zeitalter (denn das Rad kommt irgendwann an seinen Ursprung zurück) verändert sich die energetische Schwingung auf der Erde. Bei jedem Übergang in eine neue Speiche verändert sich die energetische Qualität. So auch im Übergang in das Zeitalter des Wassermanns. Auch im gleichnamigen Lied Aquarius, das im Musical Hair zu sehen und zu hören ist, wird dieses Phänomen verarbeitet.

Musical HAIR – Aquarius

*When the moon is in the Seventh House
and Jupiter aligns with Mars.
Then peace will guide the planets
and love will steer the stars.*

*This is the dawning of the age of Aquarius,
the age of Aquarius.
Aquarius! Aquarius!*

*Harmony and understanding,
sympathy and trust abounding.
No more falsehoods or derisions
golden living dreams of visions.
Mystic crystal revelation
and the mind's true liberation.
Aquarius! Aquarius!*

*When the moon is in the Seventh House
and Jupiter aligns with Mars.
Then peace will guide the planets
and love will steer the stars.*

*This is the dawning of the age of Aquarius,
the age of Aquarius.
Aquarius! Aquarius!
Aquarius! Aquarius!*

Sogar hier wurde auf eine kommende Schwingungserhöhung hingewiesen. Wie dieses Lied, waren viele Lieder, Texte und Filme inspiriert von einem Übergang in eine Neue Zeit. Ideen und Eingebungen, die zu Texten, Bildern, Liedern und Filmen wurden, wurden euch auch darum gegeben, um euch vorzubereiten. Die Geistige Welt steht schon seit einiger Zeit in sehr engem Kontakt zu den Künstlern und Medien dieser Erde. Gaben Ideen und Inspiration, damit neue Ideen von einer tiefgreifenden Veränderung auch Einzug halten können in euer Denken, Handeln und Fühlen.

Im Kleinen, wie im Großen

Die Erde wandelt sich immer. In immer neuen Formen und Ausprägungen. Begleitet von Zeiten, in denen alles scheinbar stillsteht, und von Zeiten, in denen sich alles verändert und kein Stein auf dem anderen liegen bleibt. Zeiten, wie zu energetischen Übergängen, in denen wir uns jetzt befinden. Das Antlitz des Planeten mit seinen Kontinenten und Meeren und die energetische Schwingung, die sich Erdmagnetfeld nennt, verändern sich genauso, wie der Mensch sich verändert und entwickelt. Veränderung geschieht immer in Verbindung mit dem Planeten, den ihr bewohnt.

Bedenke, dass der Mensch ein Wesen dieser Erde ist und als solches mit ihr verbunden ist. Erschaffen aus den Molekülen der Erde. So entwickelt sich der Mensch, wie sich die Erde entwickelt. Der Mensch war nicht immer so groß, wie er es heute ist. Er sah auch nicht immer so aus. Er veränderte sich im Laufe der Zeit genauso, wie die Erde sich veränderte. Und hier möchte ich darauf eingehen, was mein teurer Freund Hermes Trismegistos sagte: „Im Kleinen, wie im Großen". Die Erde ist nichts weiter als ein Abbild des Menschen, und der Mensch ist nichts mehr als ein Abbild der Erde, auf der er lebt – übertragen gesprochen. Er ist mit der Erde verbunden, genauso, wie die Erde mir ihm verbunden ist. Nicht nur der Mensch lebt auf der Erde, auch die Erde lebt mit dem Menschen. Jedes Mal, wenn sich die Erde aus einem Zeitalter in ein neues bewegte, veränderte sich auch der Mensch. Energetisch und auch körperlich. So nahm das Feuer Einzug in die Gemeinschaften, in denen die Vorfahren lebten, und so löste auch der Ackerbau die Lebensweise der Jäger und Sammler ab. Es änderte sich die Lebensweise und auch immer mehr das Aussehen.

Jeder energetische Wandel griff auch gleich in die Energiefelder des Menschen, die ihr Aura nennt, ein. So ist es auch nicht verwunderlich, dass so viele Menschen auf dieser Erde die Schwingungserhöhung der Erde körperlich spüren. Immerhin ist der Mensch als Wesen dieser Erde mit ihr verbunden. Auch wenn viele Menschen dieses nicht mehr in sich fühlen können, sind sie doch alle Kinder dieser Erde. Ein Nebenprodukt der Schwingungserhöhung ist, dass immer mehr Menschen sich der Veränderungen, die um sie herum geschehen, körperlich und geistig bewusst werden. Immer mehr beginnen, diese Veränderung zu fühlen. Sie nehmen diese Schwingungen wahr. Vom Mystischen und Okkulten fasziniert, beginnen sie, sich mit solchen Themen zu verbinden. Neue Glaubensrichtungen und Philosophien entstehen. Der Mensch wird feinfühliger. Fähigkeiten, die Jahrhunderte verschüttet waren, kommen nun wieder ans Tageslicht, treten wieder in das Bewusstsein der Menschen. Spontanheilungen, für die Medizin unerklärliche Phänomene treten auf, vereinzelt prägen Körper eine völlig „neue" Art von DNA aus. Gesellschaften verändern sich. Neues kommt hinzu, Altes fällt weg. Wo es vorher nicht möglich war, aufgrund gesellschaftlicher Muster und Strukturen, ist es jetzt möglich, andere oder, eher gesagt, eigene Wege zu finden, mit der Natur oder ihren ureigenen Kräften Kontakt aufzunehmen. Der Mensch verspürt den tiefen Wunsch nach Veränderung. Der Wandel macht es möglich.

Erkenne bitte, dass du dich im Aufbruch befindest. Es erscheint dir vielleicht nicht so, aber im Vergleich zu den Lebensweisen der letzten 2000 Jahre verändert ihr euch rasant schnell. In eurem Denken, Handeln und Fühlen werden in Windeseile neue Eindrücke verarbeitet und Möglichkeiten des Seins geschaffen. Euer Energiefeld wird, wie das der Erde, auf eine neue energetische Schwingung eingestellt.

So, wie die Erde einen Magmakern hat, der ihr durch Drehung eine Art magnetisches Feld beschert, hat der Mensch ein energetisches Feld, das man Aura nennt. Die Aura ist derzeit auch durch die neuen Techniken, wie Aurafotografie, nachvollziehbar (beweisbar) und messbar geworden. Was viele feinfühlige Menschen mittlerweile schon wahrnehmen und sehen können, wird nun mit Hilfe der Technik nachvollziehbar. Die Aura zu fühlen oder zu sehen gehört zu den natürlichen Fähigkeiten, die ein Mensch besitzt. Jetzt kann das Bewusstsein für diesen Zustand wieder in jedem Menschen reifen und somit das Leben bereichern.

Das Wissen um die Aura stammt noch aus der „Alten" Zeit. Ich möchte es einmal „Alte" Zeit nennen. Eine Zeit vor etlichen tausend Jahren mit einer anderen Schwingungsebene oder Schwingungsqualität. Ihr würdet sagen: ein anderes Zeitalter der Menschheit. Die Erde war noch nicht lange besiedelt und die Kontinente hatten eine andere Form. Ja, es ist sehr lange her. Ihr seht, dieses Wissen ist alt, sehr alt. Bei der Erschaffung des Menschen wurde ein Feld, ähnlich dem der Erde, im Menschen verankert, um ihn mit der Erde, seiner Urmutter, zu verbinden.

Der Name Aura stammt aus dem Griechischen. Er bedeutet in seiner ursprünglichen Form Energie, die dem Körper eigen ist. Heute gibt es auch Definitionen wie körpereigenes Magnetfeld und Ähnliches. Einig ist sich die Forschung, dass es bei jedem Lebewesen eine Aura gibt und jedes eine ganz spezifische Aura besitzt. Durch die Aura ist der Mensch, wie schon gesagt, mit der Erde verbunden und bezieht auch seine Lebensenergie zu einem Teil aus dem Energiefeld des Planeten, auf dem er lebt. Das heißt, dass der Mensch in einer direkten Verbindung mit der Erde steht und durch diese auch in direkten Kontakt mit ihr treten kann. Aus diesem Grund kann die Schwingungserhöhung der Erde nicht spurlos an uns vorübergehen. Viele Völker waren sich dieser Tatsache durchaus bewusst. Die Indianer oder Aborigines praktizierten Rituale, die die Verbindung zwischen Mensch und Erde stärken, zum Teil heute noch.

Kontaktaufnahme

Ich möchte dich zu einem Experiment einladen. Gehe an einen Platz in der Natur, der dir ursprünglich erscheint. Gut geeignet sind Plätze am Wasser, an denen du verweilen kannst, und die nicht so sehr besucht sind. Du musst dich an dem Ort wohlfühlen und solltest nicht gestört werden. Nimm dir die Zeit, dich auf deine Umgebung einzulassen, und fühle dich in diesen Platz ein. Einfach darauf einlassen bedeutet, in die Umgebung hineinzuspüren und dich von deinem Instinkt leiten zu lassen. Richte deine Gedanken und Gefühle auf diesen Platz aus und „erfühle" ihn. Nimm die Energie dieses Platzes wahr. Du wirst erstaunt sein, was du alles erfühlen kannst, wenn du einmal genau hinhörst/hinfühlst/hinsiehst.

Wenn du die Schwingungen dieses Platzes erkundet hast, nimm dir die Zeit, dich auf deine eigene Schwingung einzulassen. Die Schwingung deines Körpers. Mach dir bewusst, dass du aus den Bausteinen der Erde erschaffen bist. Nein, du musst nicht zweifeln, was du wahrnimmst. Und solltest du es für ein Hirngespinst halten, dann erfreue dich daran. Ich kann dir versichern, dass du deinen Sinnen trauen kannst. Du schärfst sie lediglich mit dieser Übung. Du wirst etwas wahrnehmen. Jeder Mensch nimmt seine Umgebung auf seine eigene Art und Weise wahr. Vertraue darauf, dass du ebenso schwingst wie die Natur um dich herum. Nimm dich wahr inmitten der Natur und erkenne, dass du schon immer ein Teil von ihr gewesen bist.

Die Lehren der Indianer haben bis heute überdauert. Sie wussten, dass der Mensch ein Teil der Natur ist. Leider geht dieses Wissen oft im Lärm der westlichen Kultur und in der Hektik des Alltags verloren. Umso intensiver kannst du jedoch den Kontakt zur Natur spüren und erfahren. Werde dir wieder bewusst, in welcher Welt du lebst und was um dich herum geschieht. Nimm wahr, dass du ein Teil eines Großen und Ganzen bist und das Große und Ganze um dich herum ein Teil von dir ist. So kannst du auch darauf eingehen, wenn sich die Energie verändert. Erkenne, du musst den Weg sehen, bevor du ihn gehen kannst, ohne hängenzubleiben, zu stolpern oder gar hinzufallen. Stimme dich auf die Schwingung der Erde ein. Hier ist eine Quelle der Kraft verborgen. Nutze diese, um dein Leben zu gestalten. Erkenne hier die Möglichkeit, deine Batterien zu laden und dich mit neuem Leben zu erfüllen. Merkst du, wie nahe du deiner eigenen Mitte auf einmal bist? Wenn ein Mensch nicht mehr abgespalten von der Erde lebt, kommt er seinem Potenzial und seinen inneren Ressourcen näher und kann diese auch freilegen. Das Verborgene kann ans Tageslicht treten. Schöpfe hier die Kraft, um Probleme in deinem Alltag zu bewältigen oder die Energie einer Krankheit zu vertreiben.

Ich möchte noch einmal wiederholen: Die Erde verändert nun ihre energetische Schwingung, hin zu einer höheren, lichteren. Mit dem Bild der Radiowellen gesprochen, in immer engeren Wellen, die eine höhere Energie transportieren als Wellen, die weiter auseinanderschwingen. Das heißt, die Schwingung des Menschen verändert sich, um sich der veränderten Schwingung anzupassen und diese dann auch in einer neuen Form umzusetzen. Das heißt aber auch, dass sich das Leben so, wie wir es bisher gekannt haben, zwangsläufig verändern muss.

Damals war die Schwingung so, dass sie den Menschen ein Leben auf diesem Planeten ermöglichte. Wenn sich nun die Schwingung verändert und erhöht, sowohl auf dem Planeten, als auch im Menschen, muss sich auch das Leben und der Alltag so weit verändern, dass der Mensch in der Neuen Zeit lebensfähig, genau genommen, überlebensfähig ist. Bedenkt, dass der Mensch sich auch an extreme Bedingungen wie eine Eiszeit anpassen musste, und das auch erfolgreich konnte. Die Energie der Eiszeit war in verschiedenen Gebieten der Erde ein Teil der Schwingung, und somit auch ein Teil der Menschen, die dort lebten. Erde und Menschen teilten die gleiche Schwingung. Aus diesem Grund war es dem Menschen auch möglich, in dieser eigentlich lebensfeindlichen Umgebung zu existieren. Ein Mensch aus einer anderen Schwingungszeit wäre in diesem Klima nicht überlebensfähig gewesen. Veränderungen fanden statt – im Menschen. Dazu musste er sich diesen öffnen und die Schwingungserhöhung in sich aufnehmen. Der Vorteil, den die Menschen damals hatten, war, dass sie sich noch mehr als Teil der Erde fühlten als das heute der Fall ist. Veränderungen wurden ganz natürlich übernommen. Diese Anpassung verlief gestern, und tut es auch heute, im Idealfall fließend und ohne Anstrengung. Und vor allem geschieht sie unbewusst. Das ist einer der Gründe, warum ein Mensch sich fast jedem Klima dieser Erde anpassen kann.

Veränderungen als Chance

Der Mensch ist so, wie er sich auf dieser Erde entwickelt hat, in den letzten 2000 Jahren ein sehr statisches, ich möchte sagen, festgefahrenes Wesen geworden, das an seinen alt bekannten Strukturen festhält und diese auch nicht ohne weiteres verlassen möchte. Er zieht Sicherheit aus dem Bekannten, und Sicherheit ist eines der grundlegenden Bedürfnisse geworden. Damals war sicher, dass nichts sicher ist. Der Mensch konnte weniger planen und weniger bewusst gestalten als heute und musste sich darum viel mehr den Gegebenheiten hingeben. Heute plant und gestaltet ihr euer Leben. Dadurch entsteht der Leidensdruck der Veränderung, den wir alle kennen.

Veränderungen finden immer statt. Sicher ist, dass nichts sicher ist. Und doch halten viele Menschen an den Strukturen fest, die sie für sich geschaffen haben, in der Annahme, diese würden bestehen bleiben, wenn man sich nicht von der Stelle rührt. So entstehen Gedankengebilde, die eine Entwicklung oder, eher gesagt, eine Veränderung behindern und kaum möglich machen. Veränderungen werden dann als negativ wahrgenommen. Wer seine Umstände festhält, sich an das Bekannte klammert, wird zwangsläufig eine Veränderung ablehnen. So lange, bis diese sich nicht mehr aufhalten lässt und dann als gefühlte Katastrophe ins Leben tritt. Als unumgänglich und nicht mehr abzuwendendes Übel, das die Grundfesten des Lebens erschüttert und zerstört. So viele Unsicherheiten machen euch heute das Leben schwer und entziehen scheinbar jegliche Sicherheit. Sie verlangen von euch, euch immer zu wandeln. Scheinbar könnt ihr niemals zur Ruhe kommen. Ihr wandert ruhelos umher und findet keine Sicherheit. Jedoch frage ich euch ernsthaft: Wäre es genauso, wenn ihr euch dem Fluss des Lebens hingeben könntet? Wenn ihr fließt wie ein Fluss, der nirgendwo blockiert ist, sondern die Strömungen annimmt und mit ihnen arbeitet, anstatt gegen sie? Sie euch zunutze macht? Würdet ihr dann genauso leiden, wenn sich euer Leben verändert?

Wenn ihr euren Arbeitsplatz verliert, ist das für euch in den meisten Fällen eine Katastrophe. Zerstörerische Energie, die euch in ein inneres Ungleichgewicht stürzt, aus dem ihr euch wieder emporkämpfen müsst. Ihr seht euer Leben dann den Bach runtergehen, wenn ich das so umgangssprachlich ausdrücken darf.

Würdet ihr es als eine neue Chance sehen, euer Leben noch erfüllender und glücklicher zu gestalten, ohne den Druck des drohenden Untergangs, könntet ihr diese Energie nutzen, um eine neue Stelle zu finden. Eine Stelle, die euren Fähigkeiten und Fertigkeiten entspricht. Aber die meisten von euch ergeben sich dann dem Gefühl, alles sei verloren, dass, egal, was jetzt passiert, Abstriche gemacht werden müssen. Einige geben sogar gleich auf und sich dem Gefühl hin, alles sei verloren – um erst im zweiten Schritt, nachdem emotional das „Kind bereits mit dem Bad ausgekippt wurde", nach weiteren Möglichkeiten der Beschäftigung zu suchen.

Erkenne, Mensch, dass Veränderung nicht aus einem Zwang geboren sein muss, sondern aus der Liebe zum Leben geboren sein kann. Die Tatsache, dass der Mensch Veränderung als Zwang wahrnimmt, ist, weil das Leben sich jeglicher Kontrolle entzieht. Kein Mensch kann Kontrolle über sein Leben ausüben. Leben lässt sich nicht kontrollieren. Es ist Leben! Der Mensch ist ein Wesen mit einem freien Willen. Kontrolle – wahre Kontrolle – würde die Freiheit des menschlichen Wesens ad absurdum führen. Und das war wahrhaftig nicht Gottes Plan. Der Mensch wäre unter der Kontrolle nicht lebensfähig. Viele Erfahrungen aus der menschlichen Geschichte bestätigen euch das. Forscht einmal nach. Das Leben würde zur leblosen Existenz und zur Pflichterfüllung werden, aber nicht zum Leben. Aus der Geschichte der Menschheit, als der Mensch versuchte, das Leben zu kontrollieren und damit das Umfeld versklavte, könnt ihr Weisheit ziehen.

Die Menschen in diesem Umfeld wurden ihres Lebens beraubt, nur um der Kontrolle eines oder mehrerer Menschen willen, nur um die Machtgelüste von wenigen zu befriedigen. Erkennt und begreift, dass Kontrolle nichts, aber auch gar nichts mit Leben zu tun hat. Und jeder Mensch hat das Recht, zu leben und ein menschenwürdiges Leben zu führen.

Leben heißt nicht existieren, sondern die Liebe zu sich und seiner Existenz zu leben und zu feiern. Ihr existiert viel zu oft und lebt noch viel zu wenig. Leben bedeutet ein inneres Gefühl von Freiheit und Lebendigsein. Es bedeutet nicht, von einem Termin zum nächsten zu hetzen und dabei so viel wie möglich zu erledigen. Es bedeutet nicht, sich in der Hektik des Alltags zu verlieren. Bei dem Versuch, euer Leben in eine geregelte und kontrollierte Bahn zu bringen, vergesst ihr oft zu leben und haltet euch an der Illusion fest, dass alles seinen geregelten Lauf nehmen kann. Erkennt, dass dem nicht so ist. Dem war noch nie so.

Kontrolle ist eine Eigenschaft, die im Zeitalter der Fische gang und gäbe war. Viele Menschen wurden auf diese Weise ihres Lebens beraubt und in eine menschenunwürdige Existenz gedrängt, die sich in ihnen erlebbar machte als Armut und Verzweiflung, Seuchen und Krankheit, Angst und Trauer. Wenn ein Mensch in sein Leben tritt, wirklich bewusst eintritt, ist es nicht mehr notwendig, die Illusion von der Kontrolle des Lebens aufrechtzuerhalten. Er hat dann erkannt, dass das Leben in Freiheit das eigentliche Leben ist.

Nehmt davon Abstand, der Verlust der Illusion, das Leben sei kontrollierbar, wäre eine schlimme Erfahrung. Es ist eher ein tiefes Erkennen dessen, was ist. Betrachtet es mit Verwunderung und nicht mit Angst. Hier liegt die Kunst der Neugier. Bist du neugierig auf dein Leben? Willst du es in all seinen Facetten kennenlernen? Dich austesten und er-leben?

Leben heißt nicht Leiden. Selbst wenn dir ein Mensch begegnet, der sagt, Leben sei Leiden, wird dieses nicht unbedingt deiner Wahrheit entsprechen. Es gibt immer Aspekte, die lebenswert sind. Auch wenn sie sich noch so gut verborgen halten. Egal, in welcher Lebenslage.

Das Leben ist nicht kontrollierbar. Begreife das und

gehe so in eine neue Kommunikation zwischen Körper und Seele.

Dennoch hat der Mensch viel gelernt. Damit meine ich nicht das Wissen, das er sich offensichtlich angeeignet hat. Die Wissenschaft steckt auch in eurer Zeit noch in den Kinderschuhen. Damit meine ich das meist intuitive Wissen um die Zusammenhänge zwischen den Energiefeldern des Menschen und seinem Umfeld, oder, besser gesagt, die Erkenntnis, dass alles miteinander verbunden ist. Oder dem Erkennen des göttlichen, alleinen Prinzips in jedem Lebewesen und die Ermächtigung des Menschen, aus seiner Unmündigkeit in ein bewusstes Leben zu treten.

Das Leben ist beständige Veränderung und beständiger Wandel. Dieser Wandel gehört zum Wesen eines jeden Menschen und ist Teil seiner natürlichen Ressourcen, die er auf dieser Erde zur Verfügung hat. Allein aus dem Grund, weil er ein Mensch ist. Denn nur der Wandel kann Entwicklung und damit auch Evolution mit sich bringen. Wandel bedeutet Fortschritt und Neues. Erkennt und begreift, dass der weltweite Frieden keine Illusion ist, sondern zur Zukunft der Menschheit gehören kann. Und er ist nicht so abwegig, wie viele glauben. Eine Zukunft, die ihr alle mitgestaltet, ihr alle! Und dabei ist es egal, ob du diesem Thema ablehnend oder wohlwollend gegenüberstehst. Es handelt sich nicht um ein Privileg einiger weniger, die sowieso in machtvolleren oder ressourcenträchtigeren Umständen leben. Es handelt sich um ein Privileg der Menschheit, die durch die Erhöhung der Schwingung nun langsam in ihre Ermächtigung gelangt.

Nun geht es darum, auch diese Veränderung anzunehmen und das Erbe, das die Erde euch schenkt, anzutreten, um aus dieser wunderschönen Erde wieder das Paradies zu machen, das sie einst gewesen ist und wonach so viele Religionen immer noch streben. Der Garten Eden, von dem immer wieder die Rede ist – als Synonym für das Paradies, das es wirklich geben kann. Mit dem Unterschied, dass jeder die Erkenntnis in sich trägt, jeder Einzelne diesen Garten erschaffen kann und nicht eine höhere Macht, der man untertan ist. Eine Macht, die den Menschen wieder aus dem Paradies vertreiben kann. Erkennt, dass dieses Paradies dann in euch ist und euch nicht genommen werden kann. Und dadurch kann es sich direkt auf der Erde ausdrücken.

Erkennt, dass diese Veränderungen keine schlimme Erfahrung, sondern eine sehr freudvolle darstellen. Voraussetzung ist, dass ihr euch der Veränderung hingebt und nicht kopfüber in die Krise hineinspringt, die euch dann sicherlich drohen wird. Die Krise durch unabwendbare Veränderungen gehört von ihrer Energie her in die alte Zeit der Fische.

Ihr könnt euch die Energie der Veränderung zunutze machen. Damals war es so, dass das Drama, oder die Krise, der normale Alltag war und die Menschen immer wieder scheinbar unvorbereitet traf. Damals waren das Leid und der Schmerz beständige, ja, sogar treue Wegbegleiter. Aus diesem Grund ist Veränderung für viele von euch immer noch sehr stark mit dem Schmerz und dem Leid von damals verbunden. Ihr hattet immerhin sehr viel

Zeit zu lernen, dass Veränderung immer mit Schmerz verbunden ist.

Erkenne, dass dieses ein Konstrukt der Alten Zeit ist. Dramen und Krisen gehörten in das Zeitalter der Fische. Dieses ist nun vorbei. Und nun ist es an der Zeit, für dich selbst zu entscheiden, ob du dieses Drama weiterhin leben möchtest, ob du diese Energie weiter annehmen, oder ob du davon Abstand nehmen möchtest. Erkenne, dass es hier um deine Ermächtigung geht. Entlarve es als solches. Und erkenne, dass die Zeit, in der ihr dem Drama ausgeliefert wart, nun vorbei ist – vorbei sein darf. Eigentlich könnte die Menschheit nun erleichtert aufatmen, da die Zeit der „Qual" vorbei ist. Jedoch als ein Wesen der Gewohnheit tut man und frau sich damit sehr schwer. Erst muss sich etwas bewiesen haben, bevor man es für sich beansprucht. Erst muss es sich etabliert und gefestigt haben, bevor man damit arbeiten kann. Was der Bauer nicht kennt, das isst er nicht. Es hat auch lange gedauert, bis sich das Gewächs, das ihr Kartoffel nennt, in Europa etablieren konnte. Kein Bauer wollte es anpflanzen, da es eine noch unbekannte Knolle war, die ja hätte giftig sein können. Als sie jedoch etabliert war, trug sie dazu bei, Hungersnöte einzudämmen.

Es ist wie mit dem Leben in der Wüste. Ist der Regen da, nehmen die Tiere davon keine Kenntnis und verstehen nicht, dass Leben in die Wüste zurückkehrt. Regt sich jedoch das Grün, erkennen sie, dass das Leben weitergehen darf, und lassen sich darauf erneut ein. Erkenne, dass der Regen bereits auf dich niedergeht. Auch wenn die Auswirkungen noch nicht zu spüren sind, wird der Regen große Veränderungen bringen. Und du befindest dich mittendrin. Dieses wundervolle Bild von der Wüste und dem Regen habe ich in der Erinnerung meines Kanals gefunden und finde es so schön, dass ich es nun auch in dieses Buch einbringen möchte. Die Szene stammt aus dem Film „Die wunderbare Welt der Tiere" und wurde mit viel Liebe und Witz gedreht. Sieh dir diesen Film einmal an, dann siehst du bildlich vor dir, was ich mit meinem Beispiel ausdrücken möchte.

Betrachte diesen Film mit der Freude zu Allem-was-ist und zu der Schönheit dieser Erde, die so vielfältig kein zweites Mal anzutreffen ist in diesem Universum.

Wandlung der Erde seit dem Blitz von Karon

Es gab eine Zeit, in der alles eine Einheit war. Es gab sozusagen noch keine Trennung in ein männliches und ein weibliches Prinzip. Alles schwang im Gleichklang, einheitlich. Ohne sich zu ergänzen, denn es gab nichts, was sich hätte ergänzen müssen, es war vollkommen. Eine Energiewelle wurde erzeugt, welche die Trennung in zwei Prinzipien erschuf. In ein männliches und ein weibliches. Es wurde der „Blitz von Karon" genannt. Es war auch der Biss Evas in den Apfel vom Baum der Erkenntnis. Und es war der Untergang von Atlantis, das vorher in Einheit existierte. Ohne Einheit zerbrachen die Kontinente und drifteten auseinander. Das Antlitz der Erde wandelte sich, und die Kontinente konnten entstehen.

Als der „Blitz von Karon" auf diese Erde einschlug und die Trennung zwischen den Prinzipien von Mann und Frau, Plus und Minus, herbeiführte, kam unsere geliebte Erde ins Wanken. Wie ein großer Kreisel. Das war der Zeitpunkt, an dem der Mensch aus dem Paradies verstoßen wurde, der Sündenfall. Seit diesem Zeitpunkt existiert die Legende des Paradieses, in das der Mensch zurückkehren will.

Die Erde wurde bei diesem Einschlag sozusagen bis in die Grundfesten der Existenz und des Lebens erschüttert und erfuhr eine Art Schock. Genau wie ein Mensch, der einen Schock erleidet, benötigt auch die Erde Zeit, um sich von dieser Erfahrung zu erholen und sie zu verarbeiten. Adam und Eva wurden aus dem Paradies vertrieben und fanden sich in einer neuen, unbekannten Umgebung wieder. Eine Veränderung war eingetreten, die sich tief in die Substanz des Menschen und der Erde prägte. Nun benötigte unsere Erde mehr Zeit als ein Mensch, um sich von diesem Schock zu erholen. In diesem Fall mehrere tausend Jahre.

Ich möchte es einmal so erklären: Unsere Erde verarbeitete diese Erfahrung. Die Menschen, die auf ihr lebten, wurden von dem Prozess, in dem sich die Erde befand, geprägt und litten mit ihrer Mutter Erde, ohne sich dessen wirklich bewusst zu sein. So viele Auswirkungen trafen die Menschen. Klimatische Katastrophen, Erdbeben und dergleichen prägten das Leben der damaligen Zeit. Die dunkle Zeit des Mittelalters und die der Verfolgung der Frauen, die Hexenverfolgung genannt wurde, ist nur eine der möglichen Verarbeitungen des Schocks. Nun, die Unterdrückung der Hälfte der Menschheit, der Frauen, hat auch in diesem Einschlag ihren Ursprung. Erkennt, dass die Erde und der Mensch nun diesen Schock überwunden haben. Euer Planet verfügt über ein enormes Heilungspotenzial, das auch durch den „Blitz von Karon" nicht ausgelöscht werden konnte. Die Erde hat diesen Blitz überwunden und befindet sich nun auf dem Weg zu ihrer eigentlichen Bestimmung und in eine höhere Schwingung. Die Menschheit beginnt, sich nun langsam mit der Erde mitzuentwickeln. Entwicklung äußert sich jedoch auf verschiedenste Weise. Das Zusammenleben der Menschen verändert sich, auch die Art und Weise des Umgangs miteinander. Es gibt so unglaublich viele Möglichkeiten, wie du dich mit der Erde mitentwickeln kannst. Erkenntnisse nehmen Raum in den Menschen und ermöglichen damit neue Einsichten in das Leben. Langsam sickern neue Ansichten und Meinungen in das Bewusstsein und erlauben eine veränderte Sicht der Dinge. Leben ist Glück, und Veränderung kann sehr freudvoll sein. Erkenne, wo du noch an den alten Strukturen festhältst. Bist du bereits im Fluss des Lebens und nimmst deine Umwelt um dich herum wahr, wie sie ist? Kannst du dich bereits dem Leben und Allem-was-ist hingeben? Das Neue, das kommen wird, ist noch nicht sichtbar genug. Noch nicht im Bewusstsein der Menschheit. Aber hier findet Veränderung statt.

Neue Wege

Die Menschheit befindet sich im Wandel. So, wie es auch immer die Natur einer Sache ist, dass einzelne Menschen sich auf den Weg begeben, um dann anderen Menschen, die nachkommen, zu helfen, ihnen auf diesem Weg zu folgen. Einige von euch fühlen, dass Veränderung in der Luft liegt, dass sich etwas grundlegend verändert. Als Ahnung, innerer Antrieb oder als deutliches Bild. Einige haben den Mut, neue Wege zu beschreiten. Diese Menschen werden die neuen Vorbilder werden, oder sind es bereits. Diesen Weg müsst ihr, die ihr bereits unterwegs seid, auch nicht ohne Hilfe beschreiten. Die Tatsache, dass ihr dieses Buch in den Händen haltet, ist Hinweis genug. Darauf, dass deine Belange gehört werden und du spürst, dass Veränderungen in der Luft liegen, die bald so greifbar sein werden, dass sie das Leben und den Alltag verändern.

Die Geistige Welt hält ständig den Kontakt zu den Menschen und ist immer bereit, sie auf diesem Weg zu unterstützen. Erkennt, dass ihr niemals ohne Beistand auf diesem Weg seid. Erkennt, ihr müsst nur den Kontakt herstellen wollen, um mit uns in Verbindung zu treten und Hilfe und Sicherheit von uns zu erfahren. Wir hören eure Gebete, die ihr über so viele Jahre hinweg gesprochen habt. Wir haben sie alle gehört. So wie du, der du dieses Buch in Händen hältst, fühlst, dass sich etwas verändert auf dieser Erde, so fühlen das noch andere, weltweit. Lasst euch geleiten in eine Neue Zeit, die wir den „Aufstieg der Erde in die Fünfte Dimension" nennen. Lasst euch geleiten und unterstützen.

Die Intension dieses Buches ist es, dir eine Hilfe der Orientierung zu geben in diesen Zeiten der Veränderung, die wir die sechs heiligen Jahre nennen. Die sechs Jahre, in denen wir uns befinden, und die 2012 ihr Ende haben werden, sind die maßgeblichen Jahre der Veränderung dieser Erde. Die Erde bewegt sich in diesen sechs Jahren durch die Dimensionen in eine neue Schwingungsfrequenz hinein und tritt in eine lichte und energetisch höhere Form ein. So auch die Menschheit. Erkenne, Menschenkind, dass Leben und Heilung möglich sind und du nun die Möglichkeit hast, dich in einem lichten Fokus zu verändern, zu wachsen und heil zu werden. Zu wachsen in deinen eigenen Fähigkeiten und Fertigkeiten. Erkenne, dass die Veränderung, die hier vonstatten geht, eine freudvolle ist. Die Welt wird nicht untergehen und auch nicht zerbrechen. Es wird nicht zu der großen und so oft prophezeiten Klimakatastrophe, und damit zum Untergang der Menschheit, kommen. Das Einzige, was gerade passiert, ist, dass ihr beginnt, die Veränderungen, die auf Gaia, eurer Erdmutter, stattfinden, zu begreifen und zu fühlen im Außen. Direkt in der Natur. Jetzt ist es euch möglich, die Veränderungen, die auf Gaia wirken, wahrzunehmen und sie mit eigenen Augen zu sehen. Es wird nicht mehr Generationen dauern, sondern während eurer Lebenszeit geschehen. Es liegt nicht mehr in so weiter Ferne. Rechnet damit. Was vorher im Verborgenen war, tritt nun an die Oberfläche, und so ist es auch mit den Menschen hier auf der Erde.

Erkenne, dass dieses nicht in einem Untergang oder der Apokalypse enden wird. Es ist vielmehr so, dass sich die Erde auf ihre ursprüngliche Form wieder zubewegt. Vergiss nicht, dass ich gesagt habe, sie trudelt gerade wie ein aus der Bahn gekommener Brummkreisel. Sie wird heil oder, eher gesagt, sie richtet sich wieder gerade auf. Sie geht nicht unter, sie wird heil. Der Schock, der durch den „Blitz von Karon" entstand, ist jetzt überwunden. Die Katastrophen, die ihr aus den Medien kennt, und die grauenvollen Nachrichten, die ihr jeden Tag seht, hört oder lest, gehören zum einen zu einem globalen Reinigungsprozess, den Gaia nun vollzieht. Zum anderen sind sie eine Ausprägung der menschlichen Gedankenkraft. Aber vor allem ist die Erde gerade dabei, wieder ihr ursprüngliches Klima auszuprägen.

Verstehe das bitte nicht falsch. Ich bin gerne bereit, es zu erklären. Die Menschen sind noch so im Hass und in der Zwietracht zueinander gefangen, dass sie die Einheit, die sie gerade ausbildet, nicht oder kaum sehen beziehungsweise wahrnehmen können oder wollen, was dieses mit ihnen und dem Planeten anrichtet. Die Schwingungserhöhung, die mit und auf Gaia gerade geschieht, hat den Nebeneffekt, dass Gedanken und Gefühle viel schneller in die Manifestation, also in die Materie, treten, als es noch vor vierzig Jahren der Fall gewesen ist. Hier macht sich der Unterschied vom Fische- zum Wassermannzeitalter deutlich bemerkbar.

Mensch, verstehe, dass du durch deine Gedankenkraft nun direkt in deine Umwelt eingreifen kannst. So kann auch ein Mensch alleine bereits etwas verändern. Die Schwingungserhöhung, die auch du erfährst, macht es dir möglich, Dinge schneller zu verändern. Blicke einmal zurück in deine Vergangenheit. Es gab eine Zeit, in der Projekte und Vorhaben noch mehr Zeit gebracht haben als heute. Denke nur an die Zeiten deiner Großeltern. Die Schnelllebigkeit deiner Zeit macht all dieses möglich. Darum sage ich auch: Sieh es als Chance!

Stress und Schnelllebigkeit

In den letzten vierzig Jahren ist die Zeit scheinbar schnelllebiger geworden. Sie scheint euch durch die Hände zu rinnen, und ihr seid ständig im Stress. Hektik und Stress sind auch Ausprägungen der Zeit, in der ihr jetzt lebt. Es erscheint euch, als gehe alles viel schneller. Und ich muss sagen, das stimmt auch. Ihr habt weniger Zeit, da ihr schneller lebt und Veränderungen schneller vonstatten gehen. Ebenso greift ihr aber auch schneller auf die Energie der Erde zu, mit der ihr ja verbunden seid. Seht euch und alles, was euch umgibt, als riesigen Kreislauf, der mit der Erde als solche verbunden ist und dadurch auch auf die Erde Auswirkungen hat. Diese Auswirkungen nehmt ihr wahr, zum Beispiel als Veränderungen im Klima oder im Zusammenleben mit Menschen. Hinzu kommen natürlich auch die vom Menschen künstlich herbeigeführten klimatischen Veränderungen, die, das möchte ich betonen, nicht so extrem sind, wie von der Wissenschaft berichtet. Ja, das Klima wird sich verändern. Ja, die Erde wird sich um zwei bis vier Grad erwärmen. Ja, das Antlitz der Erde wird sich verändern, aber das wird nicht in einer Katastrophe geschehen, die über Nacht stattfindet, sondern in einem Verlauf von mehreren Jahrzehnten. Die klimatischen Verhältnisse werden sich dann wieder einpendeln und in ein sehr stabiles Gleichgewicht wechseln, das stabiler ist als das euch bekannte. Dann werden Wirbelstürme und Tsunamis Seltenheit werden, ähnlich wie eine Eiszeit heute. Und diese kam wahrlich nicht so oft vor wie Orkane oder Wirbelstürme. Ja, verschiedene Gletscher werden abtauen und Inseln im Meer versinken. Jedoch entsteht an anderen Stellen neues Land, zum Beispiel unterhalb der Gletscher. Erkenne, dass alles, was um dich herum geschieht, nur Veränderung ist. Von dir wird es nur als so furchteinflößend wahrgenommen, da du sehr am Alten festhältst, nicht wahr?

Erlaube dir, die Welt mit ein wenig mehr Weitblick wahrzunehmen und erkenne, dass ihr hier auf diesem wundervollen Planeten nicht dem Untergang geweiht seid. Er wird sich lediglich verändern, in einer Weise, die dich überraschen wird. Natürlich ist es zum aktuellen Zeitpunkt immer leicht, so etwas zu behaupten. Jedoch, warte einige Jahre und erlaube dir dann einen Blick in die Vergangenheit. Erlaube dir auch, in diese Veränderung hineinzuwachsen und diese zu leben, zu er-leben. Erkenne, in welch kreativen Zeiten du lebst. Habe den Mut, dich als Mensch neu zu definieren und auszuprobieren. Das ist einer der Vorteile, die sich dir bieten werden. Du hast die Möglichkeit, dich und dein Leben sozusagen neu zu erschaffen. Du musst diese Chance lediglich wahrnehmen.

Zeit der Meisterschaft

Ihr habt hier große Möglichkeiten. Genießt das Leben in den Zeiten des Aufstiegs. Es wird nicht euer Untergang, sondern eure Meisterschaft. Dieses zu erkennen und zu verstehen setzt voraus, dass ihr euch öffnet für die Zeit, die kommen wird, und nicht ins Drama geht.

Tretet heraus aus dem Schatten, in dem ihr so viele Jahrhunderte zugebracht habt, geprägt von Krieg und Leid. Diese Zeit ist nun vorbei. Habt den Mut, diese Erde in das Paradies zu verwandeln, das sie einst war. Sie schafft es nur mit der Hilfe, die jeder Einzelne von euch leisten kann. Erkennt, dass Gaia euch genauso benötigt wie ihr Gaia. Habt den Mut, hinter den Vorhang zu blicken. Erlaubt euch, die Zusammenhänge zu erkennen und zu begreifen. Erkennt: Wie im Großen, so im Kleinen. So seid ihr ein Teil der Erde, und die Erde ist ein Teil von euch.

Blickt mit Freude und Zuversicht in die Zukunft. Habt den Mut dazu, denn eure Gedanken erschaffen eure Welt. Jeder Gedanke wird sich umsetzen, und das geschieht immer schneller. Ihr habt hier die Chance, die Schöpfer eures Lebens zu sein. Darum seid es auch. Seid es bewusst. Sie wird geprägt von einer lichten Veränderung und einem Wandel, hin zu Vollkommenheit und Harmonie, wenn ihr es nur wollt.

Sicher ist, dass nichts sicher ist

Der Wandel, der sich nun hier auf dieser Erde vollzieht, ist etwas ganz Natürliches. So, wie sich alles verändert und nichts für die Ewigkeit, sondern für den Fluss des Lebens und die Freude an der Gegenwart ist. Sie ist es auch im Menschen. Halte nicht an dem fest, was du nicht halten kannst oder willst. Das Einzige, was sicher ist, wie heißt es so schön, ist, dass nichts sicher ist. Mache dir das immer wieder klar. Lass es zu einem Leitsatz in dir werden und komme in den Fluss. Begreife es tief in dir und verinnerliche es in deinem Leben. Das Einzige, was dir geschieht ist, dass du erkennst, dass Lebendigkeit im Wandel steckt, der dich beflügeln und erfüllen kann.

Wahre Erfüllung wirst du nicht finden, wenn du festhältst. Du wirst es festhalten, bis du dessen überdrüssig bist oder es sich dennoch verändert. Es ist unbedingt notwendig, dass du diesem Wandel nicht Angst und Widerstand entgegenbringst. Denn jeder Gedanke manifestiert sich in deinem Leben. Es ist einfacher, einer Bewegung zu folgen, als sich ihr entgegenzustellen. Nach diesem Prinzip funktioniert alles. Flugzeuge fliegen mit dem Wind. Schiffe segeln mit den Wellen. So, wie die Luft und die Wellen, ist alles im Fluss. Sogar Berge wandeln sich. Nur diese wandeln sich so unendlich langsam, dass ein Mensch es nicht mit dem bloßen Auge wahrnehmen kann. Die Kontinente verschieben sich ebenso beständig und unaufhaltsam. Gebirge wachsen, und Inseln verschwinden in den Tiefen der Meere. Hier gibt es keinen Widerstand. Hier gibt es nur den Fluss. Es bedarf aber auch der Hingabe an das Leben und den Fluss des Lebens. Ohne diese Hingabe ist es dir nicht möglich, dich auf das Leben einzulassen. Darum gib dich deinem Leben hin. Es ist es wert!

Hingabe und Sicherheit

Du als Mensch bist nun angehalten, dich in dieser turbulenten Zeit dem Leben und der Veränderung hinzugeben. Bitte, ich verstehe, dass dich das ängstigen kann. Es gibt keine Sicherheit. Niemand, der dir sagen kann, was geschehen wird, und niemand, der dir eine Sicherheit geben kann, außer dir selbst. Aber verstehe, lieber Leser, gerade darum geht es. Es geht darum, Abstand zu nehmen von der Notwendigkeit, dass du Sicherheit benötigst. Die Sicherheit ist genauso eine Illusion wie die Kontrolle. Es ist nur sicher, dass nichts sicher ist. Begreife das. Die Sicherheit, die du meinst zu haben, hinterfrage sie. Hinterfrage sie bitte ehrlich. Du wirst feststellen, dass sie keinen Bestand hat. Keinen Bestand haben kann. Sie ist, genau wie das Leben, selbst im Fluss des großen Geschehens. Erkenne das. Erkenne, dass du dieser Sicherheit nicht bedarfst. Es liegt nicht in deiner Natur. Der Wandel liegt dir in der Natur. Erlaube dir, dich der Veränderung hinzugeben und dich darauf einzulassen. So wirst du nicht untergehen, sondern dich von den Wellen tragen lassen. Du bist dann mit dem Fluss und nicht gegen den Fluss.

Vertraue darauf, dass du dich nicht im großen Ganzen verlieren kannst. Du bist ein Teil des Großen und Ganzen. Du bist ein Teil des göttlichen Plans, und als solcher kannst du dich nicht in der Weite verlieren. Du kannst dich nur erweitern. Erkenne, dass in der Veränderung, und nur hier, die Sicherheit zu finden ist, die du suchst. Wenn du dich dem Wandel hingibst und ihn annimmst, kannst du daraus eine enorme Sicherheit ziehen und mit diesem Gefühl des Vertrauens wachsen. Daraus werden neue Gedanken geboren, die sich wiederum in deinem Leben manifestieren. Und so beenden wir erneut den Kreislauf von Ursache und Wirkung – oder einfach nur den Kreislauf des Lebens.

Zweifel und Kontrolle

Zweifel kennst du zur Genüge. Du hast dich sicherlich mehr als einmal angezweifelt. Vielleicht war der andere ja doch besser als du. Vielleicht genügst du doch nicht, bist nicht hübsch oder intelligent genug. Mit dem Zweifel an dir stärkst du auch die Illusion der Kontrolle und der Sicherheit durch Kontrolle in deinem Leben. Nach dieser veralteten Meinung könntest du dein Umfeld beeinflussen und kontrollieren und müsstest nicht an ihm zweifeln, da du ja die Kontrolle hast. Erkenne, dass dieses Gefühl auch in das Fischezeitalter gehört und im Wassermannzeitalter, in dem wir uns befinden, keine Gültigkeit mehr hat. Es ist wichtig, das zu begreifen und in deinem Herzen zu erkennen. Lass dich auf diese Worte ein und erlaube dir, dein Herz zu öffnen und die Energie, die in diesen Worten steckt, zu spüren. Genau in diesem Augenblick, wenn du dieses liest, wirkt die lichte Kraft der Geistigen Welt tragend und helfend auf dich ein. Spüre, dass du nicht allein in dieser Welt bist, und spüre, dass du vertrauen kannst, vertrauen darfst. Habe den Mut, zu vertrauen. Ich weiß, dass du dich damit auch der Enttäuschung öffnest. Trotzdem habe den Mut, dich dem Leben zu öffnen, um es zu erfüllen. Gehe für einige Minuten in dich. Spürst du eine Resonanz?

Surfer auf den Wellen der Veränderung

Mensch, erkenne, dass du ein vollkommenes Wesen bist und in deiner Ausprägung einzigartig. Erkenne, das, was die Gesellschaft als erstrebenswert vorgibt, ist nicht unbedingt deine Wahrheit, zumindest nicht in vollem Umfang. Denn du bist einzigartig, und nur du kannst sagen, was deine Wahrheit ist. Habe den Mut, so zu sein, wie du bist, und so zu werden, wie du bist. Reflektiere dich und dein Umfeld. Lass nicht zu, dass deine Meinung für dich gebildet wird.

Habe den Mut, dich selbst zu erkennen, denn hier liegen so viel Stärke und so viel Macht, dass du dir und anderen Menschen ein Vorbild und ein Lichtpunkt sein kannst. Erkenne, welches Potenzial in dir verborgen liegt. Das, was du von dir und deinen verborgenen Kräften weißt, ist wie die Spitze eines Eisbergs. Dein Potenzial liegt tief in dir verborgen. Nun, die Veränderung wird dir ermöglichen, diesen Eisberg an die Oberfläche zu heben und dein Potenzial zu entfalten. Und dieses Potenzial wird enorm sein.

Du siehst derzeit immerhin nur einen Bruchteil dessen, was möglich ist. Erlaube mir, dieses so bewertend zu sagen, aber dann brauchst du keine Angst mehr zu haben vor der Veränderung und dem Wandel. Dann bist du ein Surfer auf der Welle der Veränderung und kannst dein Leben aktiv nach deinen Vorstellungen gestalten, nur indem du dein Surfbrett über die Welle lenkst. Ein Surfer hat erkannt, dass es keinen Sinn macht, sich gegen eine Welle zu stellen. Die Kräfte, die dann gegen ihn wirken, sind größer als er. So gibt er sich dem Spiel der Wellen hin und reitet auf ihnen. Halte dieses Bild im Kopf, wenn du heute oder morgen in deinen Alltag gehst.

Werde zum Kreator deines eigenen Lebens. Werde zur bewegenden Kraft. Nimm die Möglichkeit wahr, in das Licht deiner Existenz, in dein Leben, hineinzutreten. Und erlaube dir festzustellen, du bist so viel mehr, als das, was du derzeit siehst.

Übung: Reise zu deinem Leben

Die Geistige Welt kennt die Ängste und Sorgen, die euch plagen. Sie weiß von den Schwierigkeiten, die eure Existenz mit sich bringt. Sie kennt das Chaos der Unbestimmtheit, die ihr gerade lebt. Und jetzt ist der Zeitpunkt, dieses Chaos zu entwirren. Wie ein Knäuel Wolle. Arbeitslosigkeit, Krankheit und Trauer müssen nicht sein. Der Mensch ist ein Wesen, das dazu erschaffen ist, die lichte Seite, die Freude des Lebens, zu genießen. Erkenne, dass diese Zeit des Chaos' geprägt ist vom Schock durch den „Blitz von Karon", von dem du dich nun endlich vollends erholen kannst. Siehe sie als Chance.

Und nun lade ich dich ein, mit mir auf eine Reise zu gehen. Durch die Facetten des Lebens, durch die Facetten deiner Gesellschaft. Ich lade dich ein, Bilder in dir zu kreieren, um Verstehen zu erzeugen.

Ich möchte dich bitten, gehe in die Verbindung zu deinem Göttlichen Selbst und begreife das Gesagte tief in dir, damit du es in dein Leben integrieren kannst, wenn du es möchtest. Nimm auf diese Weise Kontakt auf zu dir und zu der Erde, die du bewohnst. Nimm Kontakt auf zu den lichten Sphären um dich herum und zu den Kräften, die sie beheimatet.

Gesellschaft

Die Menschen sollen und wollen unter dem Deckmantel der Gesellschaft, in der sie leben, eine Gemeinschaft bilden. Das erweist sich im Alltag jedoch schwieriger als angenommen. Denn so, wie sich der Mensch und das System Familie verändert haben, muss sich nun auch der gesellschaftliche Überbau verändern.

Das würde jedoch bedeuten, dass die führenden Politiker neue, revolutionäre Wege einschlagen müssten. Da es in der Politik auch immer um die Frage der Macht geht, ist die Entscheidung, einen neuen Weg zu gehen, sehr schwierig zu fällen, wenn man nicht an Macht verlieren will. Vor allem, wenn sie die Position des Einzelnen in der Regierung schwächt und einer möglichen Wiederwahl entgegenstehen könnte. Die konservativen Verhältnisse stabilisieren die Regierung, die seit Jahrzehnten das Leben bestimmt. Und diese war bisher noch nicht im Stande, den Wandel auch in ihren Reihen zu etablieren, um so etwas Neues möglich zu machen. Die Macht weniger über viele ist als Machtstruktur sehr fest verankert.

Demokratie und politische Veränderung

Demokratie wird von vielen nur scheinbar ausgeübt, um einen Schein zu wahren, der vom System gefordert ist. Immer wenn demokratische Bewegungen einen gewissen Grad an Autonomie erreicht haben, wird die Demokratie durch konservative Einströmungen wieder abgeschwächt. Die Macht des Volkes ist nicht der direkte, sondern nur der indirekte Eingriff in das politische Geschehen. Aus diesem Grund gehen immer mehr Menschen auf Abstand zur Politik, die ihnen doch eigentlich die Möglichkeit geben sollte, gemeinschaftlich das Leben in diesem Land zu bestimmen. Aus diesem Grund verlieren einzelne Politiker auch immer mehr an Einfluss, und vor allem an Glaubwürdigkeit. Mehr und mehr werden Menschen auf Posten verteilt, anstatt gewählt zu werden. Dieses muss und wird sich im Laufe der Zeit verändern. Und hier sage ich wirklich „muss". Ihr seid auf dem besten Wege dorthin. Es werden immer mehr Menschen in die Politik eintreten, die diese verändern wollen und können. Und natürlich wird sich die Politik den neuen Strukturen der Gesellschaft maßgeblich anpassen – anpassen müssen. Auch hier ist Veränderung, auch wenn diese von außen nicht als solche wahrgenommen werden kann. Sie ist vorhanden und bewegt sich beständig nach vorne.

Das dauert jedoch noch eine Weile. Er sind turbulente Zeiten, in denen wir leben. Zeiten der Veränderung und des Wachstums, in denen Vorstellungen und Überzeugungen authentisch sein können.

Ich sage nicht, dass diese Veränderungen ohne Widerstand einhergehen werden. Widerstand gibt es und wird es immer geben. Das ist so natürlich wie die Tatsache, dass die Veränderung unausweichlich ist. Im folgenden Abschnitt geht es um die Hintergründe und um die Möglichkeit, sich aktiv an diesem Geschehen zu beteiligen.

Globalisierung und Veränderung in der Politik

Wir sprachen gerade über die Politik. Nun wollen wir mehr auf den Aspekt eingehen, inwiefern sich die Politik verändern wird.

Wir beginnen mit einer kurzen Bestandaufnahme der Strömungen, die derzeit vorherrschen und die es zu verändern gilt beziehungsweise, die sich den Menschen neu anpassen werden. Ihr habt festgestellt, dass das Alte keinen Bestand mehr hat, sondern sich alles in der Wandlung befindet. Dieses erkennen wir im Bereich der Politik an der schrittweisen Öffnung hin zu einem liberaleren Denken und Handeln.

Noch vor einigen Jahren wären die Maßnahmen, die die Politiker heute ergreifen, nicht denkbar gewesen. Alleine, dass Menschen gleichen Geschlechts heiraten können. Die schrittweise Angleichung an den globalen Gedanken sowie die Einführung des Euro sind ein weiteres Beispiel hierfür.

Sogar die Agenda 2010 gehört in die Aufzählung der Veränderungen hinein, die sich in baldiger Zukunft umsetzen werden. Sie werden von dem ursprünglichen Plan abweichen, aber sie werden umgesetzt!

Wir sehen, dass auch die Politik nicht stillsteht. Jedoch werden hier mehr und mehr Reformen notwendig sein, um das Leben der Menschen in der Neuen Zeit lebbar zu machen. Tiefgreifende Reformen, die die gesamte Struktur verändern können. Das ist notwendig. Denn das Recht ist immer noch ein wichtiger Bestandteil eures Seins in der

Gesellschaft. Es ist die Grundlage des gesellschaftlichen Zusammenlebens. Es regelt den Umgang auf einer sehr unpersönlichen Ebene, die über die Ebene des Individuums weit hinausgeht. Somit fühlen sich vielleicht nicht alle Menschen betroffen, wenn es um ein Thema wie Politik geht. Doch wir erschaffen hier ja ein ganzheitliches Bild, und in diesem Bild ist die Gesellschaft der Grundstock, auf dem wir stehen und von dem aus wir uns verändern und entwickeln können. Im Kleinen, wie im Großen trifft hier umso mehr zu.

Das, was kommt

Wenn wir die Möglichkeit schaffen, die Gesellschaft in ihrer rechtlichen Basis zu verändern, dann ist es auch möglich, diese Veränderung in das Individuum zu tragen und dort zu etablieren, und umgekehrt. Wenn wir die Strömungen und Veränderungen, die in diesem Augenblick vorherrschen, und ihre mögliche Entwicklung verfolgen, sind weitere Veränderungen abzusehen, die ich im Folgenden gerne erläutern möchte.

Es handelt sich hierbei um Vorschläge, wie eure Gesellschaft sich entwickeln könnte. Es geht nicht um Tatsachen die so eintreffen werden. Vergiss nicht, dass du einen freien Willen hast und dich jeden Tag aufs Neue entscheiden kannst. Somit kann ich nur eine Vision geben, wie die Gesellschaft sich entwickeln wird, wenn die Entwicklung in dieser Richtung weitergeht. Es ist ein Bild, das ich hier mit dir kreieren möchte.

Es ist die natürliche Dynamik einer Sache, dass sich Zustände verändern. Erinnere dich, in der Geschichte gab es schon einige tiefgreifende Veränderungsprozesse. In der Zeit der Französischen Revolution wurde eine Reform durchgeführt und etabliert, die das gesamte Leben der damaligen Zeit veränderte. Dass eine Situation, eine Lebenslage, stabil ist, ist eine Illusion. Lebenslagen können nicht stabil sein, da sie der natürlichen Dynamik unterliegen. So auch die Politik und die Machtstrukturen, die derzeit vorherrschen.

Erkenne, dass Wandlung immer passiert. Auch wenn du glaubst, es hätte sich nichts getan, kann ich dir versichern, dass unterschwellig sehr viel passiert. Es sind auch die unterschwelligen Veränderungen, die eine Veränderung im Außen erst möglich machen. Die Politik ist sich der Notwendigkeit der Änderung in der Gesellschaft bewusst. Jedoch wurde eine Regierungsform geschaffen, die eine Anpassung an veränderte Umstände sehr schwer umzusetzen weiß. Die Tatsache, dass erst ein Bescheid mit allen Parteien und in allen möglichen und unmöglichen Formen diskutiert werden muss, ist in diesem Fall sehr hinderlich. Andere Länder werden von Einzelnen beherrscht, die ihre Macht erhalten möchten und somit nur in bestimmte Richtungen handeln können. Innerhalb der Länder dieser Erde gibt es verschiedene Strukturen der Politik und der Macht. Keine gleicht der anderen, und doch haben sie alle diese Tatsache gemein.

Es ist weithin bekannt in der Politik, dass die gesellschaftliche Veränderung der politischen weit voraus ist. Menschen, die eine machtvolle Position innehaben, sind sich dessen wohl bewusst. Jedoch wurden über die Jahrzehnte Strukturen innerhalb der Regierung geschaffen, die nicht ohne weiteres geändert werden können, da sie mit Gesetzen besiegelt und untermauert sind. Und auch das bewusst, aus Gründen des Machterhalts und des Strebens nach Ausbau der eigenen Macht. Aus diesem Grund scheint es, als würde nichts geschehen, als würde sich nichts tun. Es scheint, als würde sich nichts verändern und die Situation sei so festgefahren, dass Veränderungen nicht möglich sind, zumal so viele verschiedene Details beachtet werden müssen. Ein Wirrwar, durch das auch ein Politiker nicht ohne weiteres durchblickt.

In Wahrheit geschieht sehr viel. Diese Strukturen, die sich über Jahrzehnte stabilisiert haben, gehen nun in eine Phase der Veränderung ein. Sie öffnen sich langsam und erlauben, dass neue Impulse Einzug halten in die Politik, die ihr kennt. Die Crux an der Sache ist: Je weiter die Veränderung ihren Lauf nimmt, desto mehr Widerstand entsteht in den Reihen der Menschen, die ihre Macht behalten möchten. Diese befinden sich zum großen Teil in Positionen, die großen Einfluss haben. Um ihre Macht nicht zu verlieren, steuern sie diesen neuen Impulsen entgegen und verhindern ihren Ausdruck in Form von neuen Gesetzen oder Reformen. Aus diesem Grund verlaufen viele gute Ansätze im Nichts und es kommt zum Stillstand der Reform und zu Unstimmigkeiten in den Reihen der Politik.

Man kann sich das vorstellen wie ein Bach, der sein Ufer langsam abträgt. Durch das beständige Schleifen des Wassers ist es auch dem Fluss möglich, seinen Lauf zu verändern. Erkenne, dass die Veränderung ein Faktor ist, der sich nicht aufhalten lässt. Er lässt sich behindern, aber nicht aufhalten. Auch wenn die geplanten Reformen und liberalen Ansätze scheinbar im Nichts verlaufen und aus revolutionären Ideen handlungsunfähige Kompromisse werden, läuft die Veränderung weiter. Und beständig wird das Flussufer ausgehölt. Auch die kleinen Dinge fallen am Ende mit in die Waagschale der großen Wertung.

Gedanken der Macht

Die Politik hat auch mit weiteren Problemen energetischer Natur zu kämpfen, und um das zu erklären, möchte ich ein wenig weiter ausholen. Stell dir vor, dass jeder Gedanke, den du denkst und somit aussendest, ein gewisses Potenzial der Veränderung hat. Wie ein kleines Päckchen voll mit Energie, ordentlich verpackt und bereit zum Versand, das du, sobald du daran denkst, nach außen abgibst.

Es heißt nicht umsonst: Aus Gedanken werden Worte, aus Worte werden Taten. Stell dir vor, dass deine Gedanken bereits die Macht haben, Einfluss auf deine Umwelt zu nehmen, auch wenn du das nicht offensichtlich nachvollziehen kannst, da sich Veränderungen nicht immer im Offensichtlichen vollziehen. Stell dir einfach vor, es wäre möglich.

Bis hierhin war dieses Beispiel bewertungsfrei. Wenn du nun einen Gedanken mit einer negativen Intention aussendest, wird sich diese negative Intention auch auf das Thema deines Gedankens auswirken. Deine Gedanken ziehen weite Kreise und beeinflussen deine Umgebung maßgeblich. Nur weil du es nicht wahrnehmen kannst, heißt das nicht, es wäre nicht da. Das heißt, um einmal ein Beispiel zu nennen: Mit dem Gedanken „alle Politiker sind Lügner", unterstützt du eine nicht „ehrliche Schwingung" in der Politik. Nehmen wir nun einmal weiter an, du würdest mit Vertrauen an die Arbeit verschiedener Politiker denken..., rate einmal, wie sich dieses niederschlagen würde. Es würde ihrer Arbeit Kraft geben. Betrachte diesen Vorgang ohne Bewertung. Erkenne das Prinzip, das hinter allem steht.

Erlaube dir nun, diesen ersten Gedanken, Politiker seien Lügner, weiterzuspinnen. Stell dir vor, nicht nur du bist dieser Meinung, sondern noch viel mehr Menschen haben diese Gedanken und tragen sie in ihren Handlungen nach außen. Eure gesammelte Gedankenkraft wirkt sich auf die gesamte Arbeit in der Politik und auf sämtliche Felder, die die Politik berührt, aus. Ich möchte hier keinen Vorwurf machen, sondern lediglich aufzeigen, wie sehr du als einzelne Person die Möglichkeit hast, den Lauf der Geschichte und die Gesellschaft zu verändern.

Das Prinzip der Aussendung der Gedanken betrifft nicht nur die Politik. Sie ist auf jeden anderen Abschnitt deines Lebens ebenso anwendbar. Deine Gedanken besitzen mentale Kräfte. Die Auswirkungen deiner Gedanken sind nicht sofort sichtbar, jedoch wirken sie sich auf die Situation aus. Dieses Phänomen ist auch als „self-fulfilling-prophecy" bekannt, das besagt, wenn du zum Beispiel der Meinung bist, eine schlechte Arbeit zu leisten, du auch eine schlechte Arbeit leisten wirst. Wenn du jedoch der Meinung bist, deine Arbeit ist gut, wird diese auch gut sein, oder wenn du glaubst, niemand mag dich, wird dem auch so sein, dass die Menschen in deinem Umfeld dich meiden werden. Deine Gedanken besitzen manifestierende Kräfte, die sich auf dein Leben oder das Leben der anderen auswirken. Immer! Mit diesem Wissen besitzt du auch Verantwortung dir und deinem Umfeld gegenüber. Erkenne, welche Auswirkungen deine Gedanken auf andere Menschen haben können. Auch wenn du einem anderen Menschen die Pest an den Hals wünschst, hat das eine Wirkung auf diesen. Er könnte unter Umständen, auch als direkte Auswirkung auf deinen Wunsch, einen Ausschlag bekommen.

Um zurück zu unserem Thema der Politik zu kommen, bedeutet das, dass die Einstellung der Menschen sich gegenüber der Politik verändern muss, damit diese sich auch verändern kann. Dieses wird mit der Zeit geschehen, ohne dass sich Widerstand bildet. Es wird immer mehr in den Fluss kommen, entsprechend den Schwingungen der Zeit, in der ihr euch befindet. Die Einstellung und die Gedanken der Menschen werden sich parallel zur Politik wandeln und somit unterstützend auf einen Prozess der Wandlung der politischen Grundstruktur einwirken. Begreife die Zusammenhänge.

Humanitäre Politik

Die Ansätze einer humanitären Politik, die heute schon etabliert sind, werden sich erweitern und mit der Erkenntnis bereichert, dass jeder Mensch als ein Zahnrad in einem großen Getriebe fungiert und dieses Getriebe auf jedes Rad angewiesen ist. Und damit meine ich wirkliches Erkennen und Verstehen. Ein Verstehen, das über das jetzige weit hinausreicht.

Erkenne, dass der jetzige Zustand eine Phase ist, die von großen Veränderungen geprägt sein wird. Das wird nicht über Nacht geschehen, sondern über einen Zeitraum von mehreren Jahren, so lange, bis sich langsam neues Denken in der Gesellschaft manifestieren kann. Halte dir das Bild von dem beständig fließenden Fluss vor Augen.

Es wird sich so etwas wie eine kollektive Schwingung ausbreiten, in der jedem Menschen bewusst werden kann und darf, dass ein größeres Ganzes existiert, von dem jeder ein Teil ist, und dass das Beste für den Einzelnen mit dem Besten für die Gesellschaft verbunden ist. Erlaube dir, Weitblick zu entwickeln. Schau über deinen Tellerrand und habe den Mut, deinen Blickwinkel zu erweitern.

Ich kann dir sagen, dieser Gedanke ist nicht neu. Es gab ihn in veränderter Form im Lauf der Geschichte schon einige Male. Jedoch war es damals das gleiche Phänomen, wie zum Beispiel in der Zeit der 68er. Der Grundgedanke war vorhanden, jedoch konnte er noch nicht in der ganzen Gesellschaft umgesetzt werden, um so die Menschen nachhaltig in ihrem Zusammenleben zu verändern.

Gemeinschaft

Bitte nimm Abstand davon, dass Veränderungen immer etwas Negatives sein müssen. In diesem Fall sind sie positiver Natur. Der Gedanke der Gemeinschaft wird andere Formen annehmen und sich wieder in den Köpfen der Menschen etablieren. Gemeinschaft kann wieder gelebt werden. Gemeinschaft, die für die Menschen um dich herum wieder einen Sinn ergeben und sich ausdrücken kann, in und durch dich. Gemeinschaft, die nicht den Kampf der Konkurrenz oder das Recht des Stärkeren bedeutet, sondern ein Miteinander mit dem Ziel, das Beste für jeden Menschen innerhalb der Gesellschaft zu erreichen.

Früher gab es das schon einmal, und zwar in den Großfamilien. Eine Form des Zusammenlebens, in der jeder nach jedem geschaut hat, ja, schauen musste, und in dem das Wohl des Einzelnen vom Wohl der Familie abhing. Das Prinzip ist das gleiche, jedoch denken wir heute in größeren Maßstäben. Man kann sich aber an dem Prinzip der Großfamilie bildhaft orientieren, um die Gemeinschaft, in der Menschen zusammenleben, besser zu verstehen. Bitte vergiss nicht, wie im Kleinen, so im Großen. Dieses Prinzip findet hier erneut Anwendung und wird uns weiterhin durch das Buch begleiten. Du musst nicht nach außen gehen, musst nicht alles gesehen haben, um dich mit dem Prinzip des Lebens und des Zusammenlebens vertraut zu machen. Und dieses Vertraut-Machen wird in der Zukunft immer wichtiger werden. Sei wie ein Tänzer, der zwischen den Strömungen und Eigenarten des Lebens zu wandeln weiß. Sei in deinen Gedanken frei und erkenne, dass du, gleich einem Tänzer, dich dem Rhythmus des Lebens hingeben kannst, ohne dich dabei zu verlieren.

Die Strukturen und Facetten des Lebens sind deine Schritte, die du, je nach Musik, flexibel und in Freiheit und Freude tanzen kannst. Begreife, es geht darum, dich zu befähigen, dem Leben flexibel und in Freiheit zu begegnen. Erkenne das große Bild, das hinter allem steht. Alles ist eins, alles, dem du in deinem Leben begegnest, hat seinen Ursprung in ein und derselben Quelle. Einem Bühnenbild gleich kannst du die einzelnen Elemente des Bildes betrachten, die in verschiedenster Beziehung zueinander stehen und je eine Rolle im Spiel des Lebens spielen. Ich tue nichts anderes, als dir die Facette dieses Bildes im Einzelnen zu erklären. Der Begriff der Gemeinschaft wird mit Leben gefüllt. Tauche ein in diesen Begriff und schau, was er in dir bewirkt. Die Gemeinschaft wird sich im Sinn des Wassermannzeitalters verändern.

Ist es nicht so, dass die Welt scheinbar immer enger zusammenwächst? Hier möchte ich einmal den Gedanken der Globalisierung aufgreifen. Ihr seid alle Menschen. Dieses Erkennen wird mit dem Erkennen der gesellschaftlichen Strukturen und des Zusammenhalts in der Gesellschaft einhergehen. Und dieses Erkennen findet nicht in eurem Geist statt, sondern in eurem Herzen. Die Gemeinschaft, sei es nun die Gemeinschaft der Familie, die eines Landes, die eines Kontinents oder die eines Planeten, ist von der Empfindung her die gleiche. Egal, welche Hautfarbe du hast oder welche rituelle Ausrichtung. Ihr seid alle

Menschen, Kinder Gaias. Der Mensch ist ein Wesen der Gemeinschaft und als solches darauf ausgerichtet, in einer Gemeinschaft zu leben. Sozial miteinander zu interagieren und sich im Sinne eines großen Ganzen zu ergänzen, gehört zu den natürlichen Begabungen eines jeden Menschen. Der Mensch ist nicht dafür geschaffen, sein Leben alleine zu fristen. Er ist ein Gemeinschaftswesen, das darauf ausgerichtet ist, als Teil eines Ganzen, und dennoch in seiner Individualität zu leben.

Individualität

Wenn ihr Teil einer Gemeinschaft seid, werdet ihr nicht eure Individualität verlieren, sondern um ein Vielfaches individueller sein können. Du bist einzigartig, jedoch kannst du nur wahrhaft einzigartig sein, wenn du dich von anderen unterscheidest. Mensch, erstrahle in deiner Vielfalt des Seins! Ihr bereichert die Gemeinschaft durch eure Persönlichkeit. Die Individualität des Einzelnen wird nicht durch den Zusammenschluss zu einer kollektiven Gemeinschaft behindert oder eingeschränkt werden. Es ist vielmehr so, dass du dadurch mehr und mehr in der Persönlichkeit stärker und ausdrucksfähiger und somit selbstbewusster werden kannst.

Kollektiv bedeutet, eine wahre Gemeinschaft zu leben. Eine Gemeinschaft, in der wahres Miteinander stattfinden kann. Das ist wichtig für die weitere Entwicklung dieser Erde, die sich vollziehen wird. Und darum ist es so wichtig, dass ihr euch wieder Gefühle der Freude und der Freundschaft entgegenbringt. Es gab so viel Einsamkeit, Hass und Schmerz auf der Welt. Lerne wieder, das Leben und die Gemeinschaft, in der du lebst, zu schätzen. Damit gibst du dir die Möglichkeit, die Fülle von dem, was sein kann, in einer harmonischen Gemeinschaft zu erleben. Zusammenleben kann dir so viel geben. Es liegt an dir, dieses zu unterstützen und dich ihm zu öffnen, indem du dich der Gemeinschaft und damit dem Miteinander öffnest, oder eben, indem du dich verweigerst.

Welche Vorstellungen hast du von Gemeinschaft? Beantworte diese Frage für dich.

Traust du den Menschen zu, sich in einer Gemeinschaft wahrlich zu integrieren und miteinander zu leben?

Traust du es dir selbst zu?

Vielleicht vertraust du auch nur dir und gehst davon aus, dass dein Umfeld zu wahrer Gemeinschaft nicht fähig ist?

Hast du das Gefühl, zu kurz zu kommen oder vergessen zu werden in dieser großen Maschine, die die Gesellschaft darstellt?

Kannst du dir vorstellen, voll und ganz in ein gemeinschaftliches Gefüge integriert zu sein?

Oder verspürst du Angst bei dem Gedanken, dich und dein Leben einem anderen Menschen anzuvertrauen?

Glaubst du, dass eine Gemeinschaft tragfähig genug wäre, dich mitzutragen? Gleich einem Wasserträger, der einen Krug Wasser auf seinen Schultern trägt?

Vergiss nun für einen Augenblick sämtliche Ängste, die vielleicht in dir hochgekommen sind. Gefühle wie: Ich werde vergessen, missbraucht oder ignoriert von der Gesellschaft. Finde deinen Standpunkt. Definiere ihn für dich. Erkenne: Wenn du deinen Standpunkt reflektierst, erweiterst du deine Handlungsfähigkeit und erkennst auch verborgenere Ressourcen. Erlaube dir, alle Gefühle für die Weile dieses Gedankens abzugeben wie ein Kleidungsstück. Du kannst es dann wieder an dich nehmen und überziehen. Doch jetzt möchte ich dich dazu einladen, deine Gefühle und Gedanken zur Seite zu legen. Komm an einen Punkt, an dem du einen bewertungsfreien Blick auf dein Umfeld werfen kannst. Kreiere in deinem Inneren ein Bild und gib diesem Kraft.

Stell dir eine Gesellschaft vor, in der das Wohl des Einzelnen genauso wichtig ist wie dein eigenes. Stell dir eine Gesellschaft vor, in der du angenommen bist als das, was du bist. Male dir das Gefühl aus, aufgefangen zu werden, solltest du den Boden unter den Füßen verlieren. Nimm dir einige Minuten Zeit, um dieses Bild in deinen Gedanken zu kreieren.

Veränderungen in der Gesellschaft

Erkenne, dass dieses Bild in dir Wirklichkeit werden kann. Erschaffe eine Vision. So viele Menschen sind ohne Visionen. Kreiere wieder Visionen und trage sie in dir. Trägst du dieses Bild im Herzen, wird es sich auch auf deine Umwelt übertragen. Vergiss nicht: Deine Gedanken werden deine Worte, deine Worte werden zu deinen Taten, und deine Taten spiegeln sich im Außen wider. Lass es für dich zur Wahrheit werden. Es kann für jeden, der deine Gesellschaft teilt, Wahrheit werden.

Und Veränderungen können wieder bewusst Einzug halten in dein und in das Leben deiner Mitmenschen. Auch hier greifen die Veränderungen, von denen ich bereits gesprochen habe. Bitte erkenne: Es ist eine globale Veränderung, die alle Bereiche deines Lebens betrifft. Und das ist gut so.

Dieses wird sich nicht über Nacht einstellen, und kein Mensch wird aus allen Wolken fallen, wenn er am nächsten Morgen aufwacht und die Welt nicht mehr so ist wie zuvor. Es wird kein Chaos ausbrechen, und es wird nicht zu einer schwierigen Prüfung werden, an der die Menschheit scheitern kann.

Es ist wie ein Fluss, der sich seinen Weg bahnt und sanft die Landschaft um sich herum formt. Die Veränderung eurer Gemeinschaft ist aber auch wie ein Fluss, der beständig vorwärtsfließt. Die Strömung ist das Leben, das nur mit der Veränderung fließen kann. Es gibt kein Leben ohne Veränderung. Und so werdet ihr sozusagen in diese neue Form der Gesellschaft hineinschwimmen oder getrieben werden. Es ist deine Entscheidung, gegen den Strom zu schwimmen oder dich sanft vom Wasser tragen zu lassen.

Frauen in der Politik

Es wird weiterhin so sein, dass Frauen einen Teil der Politik gestalten. Dieser Anteil wird sogar noch zunehmen, und die Frauen werden mehr in den Reihen der oberen Machtpositionen vertreten sein. Nicht nur in Bereichen der Familienpolitik, die man den Frauen noch am ehesten, ich möchte das einmal bewertend sagen, zutrauen würde, sondern in allen Bereichen des öffentlichen Lebens. In Räten, Gremien, Vorsitzen, Kliniken und der Regierung wird das Gleichgewicht zwischen Mann und Frau ausgeglichen sein.

Das ist auch unbedingt notwendig, da sonst die Regierung zu einseitig wäre. Die Politik und andere öffentliche Bereiche der Macht waren viel zu lange in einem Ungleichgewicht. Mit einer Kanzlerin wurde schon ein sehr großer Schritt in die richtige Richtung getan. Ihr werden noch weitere Frauen folgen, die andere Aspekte einbringen werden. Das allgemeine Verhältnis zwischen Mann und Frau darf sich mehr und mehr einander angleichen, was auch Auswirkungen auf die Politik an sich haben wird, auch wenn das bisher immer der Handlungsraum der Männer war. Die Gleichstellung wird in allen Bereichen, so auch in der Politik, erfolgen. Sie wird sich mehr und mehr dem weiblichen Prinzip der Fürsorge und des Nährens öffnen.

Der soziale Bereich, der immer noch ein rotes Tuch für viele Politiker ist, wird und darf sich entspannen und sich von einem roten zu einem gelben und schließlich zu einem grünen Tuch transformieren. Auch wenn dir das jetzt noch unmöglich erscheint, bitte ich dich, es als Möglichkeit zu sehen und dem nicht ablehnend gegenüberzustehen. Erinnere dich, deine Gedanken besitzen Macht! In jedem Bereich des Lebens.

Die Frauen, die in diese Positionen hineinwachsen werden, werden bereits von uns auf der feinstofflichen Ebene geschult und ihr Talent gefördert. Natürlich werden sie nicht wie die buchstäblichen Meister vom Himmel fallen, sondern mit der Veränderung und den Anforderungen wachsen. Die wichtigen zukünftigen Reformerinnen sind bereits geboren und bereiten sich – zumeist noch unbewusst – auf ihre spätere Rolle in wichtigen Positionen dieser Gesellschaft vor. Die Veränderung, von der ich sprach, liegt nicht in so weiter Zukunft. Sie wird greifbar. Ich möchte damit deutlich machen, dass die Zeit der Veränderung bereits begonnen hat. Nicht zu einem anderen Zeitpunkt, sondern jetzt! Und es ist sehr wichtig, dass du dich ihr öffnest. Ich möchte dich darauf vorbereiten dass tiefgreifende Veränderungen in nächster Zukunft stattfinden werden, und zwar in den Jahren bis 2012. In dieser Zeit werden die Grundsteine für die großen Umwälzungsprozesse gelegt, die eure Gesellschaft auf eine nachhaltige und durchaus positive Weise verändern werden.

Die Männer in der Politik werden ebenfalls von uns dahingehend geschult, dass sie sich für die Veränderung, die auf sie zukommt, öffnen, sie ihre Gedanken der Macht transformieren können und somit Veränderung stattfinden kann. Aus einem Ringen um Macht darf ein gemeinschaftliches Anwenden werden, das bestimmt ist durch die Gemeinschaft, durch den Sinn der Gemeinschaft.

Ihr seht, welche Möglichkeiten euch offen stehen, wenn ihr bereit seid, diese auch anzunehmen. Es geht darum, dass ihr darauf gefasst seid, wie sich diese Veränderung ausdrücken wird und in welchen Bereichen sie zum Tragen kommt. Die Entwicklung wird Hand in Hand mit eurer persönlichen Entwicklung gehen. Ihr seid mit eurer Umwelt verbunden, wie die Umwelt, in der ihr lebt, mit euch. Ihr könnt es nicht getrennt betrachten, sondern nur als großes Ganzes.

Kokon

Nur wenn du dich der Veränderung hingibst, kann sich deine Umgebung dieser Veränderung auch anpassen. Bisher hast du deine Welt wahrgenommen wie in einem Kokon. Das, was du jeden Tag von deinem Umfeld wahrnimmst, ist nur ein Bruchteil dessen, was in diesem Kokon passiert. Die wahren Prozesse spielen sich innerhalb dieses Gebildes ab. Noch kannst du nur erahnen, welches Wesen sich daraus erheben wird. Kannst du dir vorstellen, was für ein Tier sich in dem Kokon entwickelt und wie es einmal aussehen wird? Stell dir vor, du hättest vorher noch niemals einen Schmetterling gesehen. Habe den Mut, etwas Neues zu erwarten. Habe den Mut, deiner Fantasie freien Lauf zu lassen. Bist du noch zu sehr verhaftet in alten Ansichten, Vorstellungen und Einstellungen? Jetzt hältst du es nicht für möglich, dass ein anderer Zustand als der jetzige lebbar ist – sein kann. Entschuldige, wenn ich das so sage, aber er wird lebbar sein. Erlaube dir, Möglichkeiten der Existenz, neue Möglichkeiten des Lebens, in Betracht zu ziehen.

Visionen werden wahr

Damals wussten die Menschen, dass sie sich nicht wie ein Vogel in die Lüfte erheben können. Bis zu dem Tag, an dem die Gebrüder Wright diese Tatsache für alle Menschen veränderten. Verstehe, es geht immer auch um eine Vision. Die Gebrüder hatten die Vision vom Fliegen.

Andere Menschen bauten Flugzeuge, die die Meere überqueren konnten. Bedenke, ein Flug von hier nach Amerika ist keine Seltenheit mehr, sondern findet tagtäglich statt. Reisen, die damals Monate in Anspruch nahmen, kann man heute in wenigen Stunden meistern. Die Welt wächst zusammen, und das nicht nur im Geist, sondern auch räumlich, dank der Vision einiger weniger.

Genauso wie der Mensch damals dachte, die Erde sei eine Scheibe, und wenn man zu weit segle, fiele man über den Rand der Welt. Es ist das gleiche Prinzip. Damals wurde ein gesamtes Weltbild erschüttert, als Kolumbus mit einem Schiff das Meer überquerte und Amerika erreichte.

So, wie die Gebrüder gleich einem Vogel flogen, was alle anderen anzweifelten, und Kolumbus über den Rand der Welt fuhr, werden weitere Veränderungen stattfinden, die die Menschheit in ihren Grundprinzipien verändern wird. Erlaube dir, deine Gedanken zu fernen Ufern auszusenden, um neue Möglichkeiten zu ergründen. Schließe das Unglaubliche nicht aus. Genauso, wie die Gebrüder Wright es nicht ausschlossen, wie ein Vogel durch die Lüfte zu fliegen, oder Kolumbus das Unmögliche schaffte und über den Rand der Welt segelte.

Damals versetzten diese Menschen die Welt in Aufruhr und veränderten die Ansicht über das Fliegen und das Weltbild eines ganzen Planeten. Erlaube dir, dich auf die Energie dieser Zeit einmal einzustellen, in der große Veränderungen stattfanden und auch möglich waren. Diese Veränderungen geschehen jeden Tag aufs Neue. An jedem Tag hast du die Möglichkeit zu neuen Erfahrungen und neuen Einsichten. Nimm dieses Wissen und trage es in dein Leben hinein. Sei auf diese Weise ein Vorbild, um anderen die Möglichkeiten des Lebens näherzubringen. Auf diese Weise erreichst du sehr viele Menschen, die wiederum als Teil der Gemeinschaft die Strukturen verändern können. Du als kleines Rad in diesem großen Getriebe kannst einen Anstoß geben, der andere Räder dazu ermuntert zu rollen, die dann wiederum das große Ganze verändern können. Ich möchte dir die Dynamik dieser Angelegenheit deutlich machen. Es ist wichtig, dass du deine Rolle in dieser Welt nicht unterbewertest, denn das entspricht nicht der Wahrheit. Glaube nicht, du seist machtlos. Du bist nicht machtlos hier auf diesem Planeten. Du musst die Möglichkeit deines eigenen machtvollen Handelns akzeptieren und annehmen.

Deine Gedanken und das Morphogenetische Feld

Ich sagte, auch ein Einzelner kann den Verlauf verändern. Ich möchte dieses noch einmal wiederholen, da es in der jetzigen Zeit so überaus wichtig ist. Es wird immer jemanden geben, der den Anfang macht. Habe den Mut, zu beginnen. Dadurch, dass du dein Leben wie alle anderen Menschen auf diesem Planeten lebst, bist du mit ihnen verbunden. Die Gedanken und Initiativen eines Einzelnen speisen sich in das Morphogenetische Feld dieser Erde hinein. Sie stehen damit als Information und Eindruck den anderen Menschen dieses Planeten zur Verfügung. Das bedeutet, jeder Mensch kann auf diese Gedanken zugreifen. Das geschieht in der Regel unbewusst. Und somit verstärkt sich die Energie dieses Gedankens, je mehr Menschen auf ihn zugreifen, und speist sie in das Morphogenetische Feld.

Die Erde hat als Planetenbewusstsein ein eigenes Kraftfeld, das sie umgibt, wie den Menschen die Aura. So wie der Mensch über Gedanken, Ziele und Eindrücke verfügt, die in der Aura gespeichert sind, verfügt die Erde über ein eigenes Feld. In diesem Feld, das wie ein Mantel um die Erde liegt, sind alle Erfahrungen, Eindrücke, Gedanken und Taten gespeichert. Jeder Mensch greift auf dieses Feld zu. Aus diesem Grund kommt es auch vor, dass viele Menschen die gleichen Gedanken oder Ansichten zu einem bestimmten Thema haben. Die Ideen, die in der Morphogenetik gespeichert sind, können Einfluss auf das

Geschehen in der Welt nehmen, da andere Menschen auf diese Informationen zugreifen können. Ähnlich wie beim Internet können verschiedene Informationen heruntergeladen werden. Jeder Mensch kann die verschiedenen Seiten aufrufen, tut dieses jedoch fast immer unbewusst.

Die Wissensspeicher dieses Planeten werden zudem gespeist von Sternenenergien, die ebenfalls auf diesen Planeten einstrahlen. So entstehen auch gesellschaftliche Ansichten und Eigenheiten, wie sie sich in jeder Kultur ausprägen. Menschen, die auf einem begrenzten, genau definierten Raum zusammenleben, greifen auf ähnliche Informationen zu und prägen so gemeinschaftliche Ansichten aus. So entstehen zum Beispiel auch konservative und liberale Landstriche innerhalb eines Landes.

Eigene Ermächtigung

Die Gesellschaft, wie wir sie kennen, wird sich verändern. Verschließe dich nicht dieser Veränderung, sondern lass dich auf ihr treiben. Nutze die Strömungen, wie ein Surfer die Wellen. Die Energie, die es kostet, dich gegen die Veränderung zu wehren, kannst du gewinnbringender einsetzen. Veränderung bedeutet nicht eine Wandlung zum Negativen, zum Schlechteren, und Veränderung bedeutet nicht gleich eine Wandlung zu deinem Schaden. Spiele mit dem Gedanken, dass sich Veränderung durchaus sehr positiv auf dich und dein Leben auswirken wird. Lerne die Freude, die die Veränderung bringt, kennen und lebe diese Freude. Sobald du dich auf die Veränderung einlässt, dominiert sie nicht dein Leben, sondern bietet dir neue Möglichkeiten des Seins.

Es ist deine Entscheidung, inwieweit du dich verändern möchtest. Dieses wird dir keine fremde Macht aufdiktieren oder aufdiktieren können. Ich möchte dich dazu ermuntern, in die Ermächtigung deines eigenen Lebens einzutreten und als machtvolles Wesen, das du bist, zu agieren. Denn du hast die Möglichkeit dazu. Du hast alle Werkzeuge dazu, die du brauchst: den bewussten Umgang mit deinem eigenen Leben und der Gesellschaft, in der du lebst. Denn du bist für dein Leben, deine Handlungen und die Veränderungen in deinem Leben verantwortlich und kannst Einfluss nehmen. Somit kannst du auch Einfluss nehmen auf deine Umwelt, und der Kreislauf schließt sich erneut.

Übrigens, die Ansicht, dass du machtlos seist, stammt ebenso aus dem Morphogenetischen Feld und aus einem Gefühl des Mangels, den die Menschen über Jahre hinweg kultiviert haben. Erlaube mir, dass ich es so ausdrücke, und erlaube dir, hinter die Strukturen deines Verhaltens, deiner Persönlichkeit und das Verhalten der Menschen in deiner Umgebung zu blicken und wahrzunehmen. Nimm dich in der Struktur, in der du lebst, bewusst wahr und erkenne, wo dein Handlungsspielraum liegt, was du tun kannst, und was nicht. Und du hast immer Handlungsspielraum.

Dadurch öffnet sich in dir die Bereitschaft zur Veränderung. Und damit veränderst du deine eigene Machtlosigkeit. Du träumst davon, dein Leben eigenhändig zu gestalten, fürchtest dich jedoch davor, in die Ermächtigung zu gehen um Initiative zu ergreifen? Du fürchtest dich davor, Altbekanntes zu verändern aus Furcht, es könnte sich für dich zum Negativen wenden? Ich sage dir, alles, was du brauchst, hast du bereits, du musst es lediglich einsetzen, um dein Leben zu gestalten.

Kreation des eigenen Lebens

Ich möchte dir nun eine Methode an die Hand geben, mit der du dich darin üben kannst, dein Leben zu kreieren. Und vergiss nicht: wie im Kleinen, so im Großen. Die Möglichkeiten, die du kreierst, die in deine Gedanken Einzug halten, werden sich auch in deinem Leben umschlagen und auswirken können. Habe den Mut, dein Leben zu erfinden und zu erkennen, welche Möglichkeiten sich dir bieten.

Erinnere dich an die Zeit, als du noch ein Kind warst. Damals fiel es dir nicht schwer, deiner Kreativität freien Lauf zu lassen. Kannst du dich daran erinnern, welche Ideen und Gedanken du damals hattest? Du könntest nun sagen, dass es damals eine andere Zeit war. Dass es zur Zeit als Kind einfacher ist, seiner Kreativität und Fantasie freien Lauf zu lassen und Fantasie nicht in die alltägliche Wirklichkeit gehört. So zumindest könntest du denken. Doch haben sich eure Kinder etwas bewahrt, von dem ihr auch profitieren könnt. Heißt es nicht in der Bibel: Erst wenn ihr werdet wie die Kinder, sei euch das Paradies gewiss? Genau darum geht es. Ihr sollt keine kindliche Unschuld erlangen, sondern das göttliche Prinzip, den kreativen und der fantasievollen Umgang mit dem Leben, wieder erlernen.

Euren Kindern ist dieses Prinzip weitaus mehr vertraut. Das ist auch mit diesem Spruch gemeint. Nur der bewusste kreative Umgang mit deinem Leben kann sich zu einem Kreator deiner Umstände machen. Aus diesem Grund ist es auch so wichtig, dass du dir erlaubst, Fantasien zu haben, Träume zu haben, und diese auch zu leben.

Was sind denn Ziele? Ziele sind das Produkt deiner Träume. Du kannst nur ein Ziel setzen, wenn ein Traum vorhergeht.

Auf diese Weise entstehen Visionen. Und nur mit Visionen konnte der Mensch sich so weit entwickeln, wie er es getan hat. Ich möchte dir Mut machen, deine Gedanken schweifen und Träume und Visionen in deinem Leben real werden zu lassen. Natürlich musst du dafür sehr viele kleine Schritte tun – wir sind hier nicht im Schlaraffenland. Die Visionen können dir nicht in den Kopf fliegen wie die gebratenen Hühnchen in den Mund. Du musst deine Träume selbst träumen. Du kannst nicht mit einem Satz auf einen Berg springen, sondern musst ihn besteigen mit vielen Schritten. Jeder Schritt bringt dich weiter an dein Ziel.

Darum lade ich dich ein: Lass wieder die Träume zu in deinem Leben. Erlaube dir, wieder Gedanken zu haben, auch wenn du sagen würdest es sind die Gedanken eines Kindes. Die Kreationen deines Lebens beginnen mit jedem deiner Gedanken. Und je schillernder und farbiger deine Gedanken sind, desto farbiger kann deine Realität werden. Die Fähigkeit zu träumen ist das Erste, was du brauchst zur Manifestation. Es ist der erste Schritt in die Materie hinein.

Erst war der Gedanke, dann war das Wort, das Fleisch geworden ist. Nur wenn du dir deine Träume erhalten kannst und diese in dein Leben, in deinen Alltag, trägst, wirst du deine Ziele und Träume verwirklichen können.

Darum lade ich dich ein, mit offenen Augen zu träumen, am helllichten Tag und im Hier und Jetzt, egal, wo du bist. Egal, ob es Abend oder Morgen ist, ich möchte dich einladen, zu träumen und dein Leben neu zu kreieren in deiner Vorstellung. Denn in deiner Vorstellungskraft liegt das Potenzial der Zukunft. Habe den Mut zu träumen.

Übung: Träume und Visionen

Nimm dir einige Minuten Zeit und lass deinen Verstand ruhen. Verbinde dich mit deinem Hohen Selbst. Gehe nun in deinen Alltag. Was siehst du? Was macht deinen Alltag aus? Woran kannst du ihn von anderen unterscheiden? Hast du hier die Möglichkeit zu träumen? Ist hier der Raum, der dir ermöglicht, Träume und Visionen zu spinnen? Oder hast du dafür keinen Platz in deinem Leben?

Nimm dir jetzt die Zeit, deinen Alltag zu erkunden. Beginne am Morgen, wenn du aufstehst. Folge in Gedanken deinem Tag. Erst in dein Badezimmer, in deine Küche, zu deiner Arbeit und dann wieder zurück. Hast du hier die Möglichkeit zu träumen? Jeder Alltag hat die Möglichkeit, voll von Ideen, Kreationen und Visionen zu werden. Hab den Mut und den Willen, aus jedem Tag den schönsten deines Lebens zu machen. Habe den Mut, an jedem Tag dein Leben neu zu erdenken. Und habe den Mut, dein Leben jeden Tag aufs Neue zu kreieren.

Gehe gedanklich nun dorthin in deinen Körper, wo Ideen entstehen. Das tust du wie folgt:

Lass das Wort Kreativität, Idee oder Vision ihn dir widerhallen. Lass dich von diesem Wort erfüllen, dass es deinen ganzen Körper ausfüllt, als sei dieser ein Glas und das Wort die Flüssigkeit.

Gehe nun gedanklich an die Stelle in deinem Körper, wo das Zentrum deiner Kreativität, deiner Ideen oder Visionen sitzt.

Wie fühlt sich dieser Bereich in deinem Körper an?

Was weißt du über diesen Bereich? Er ist bei allen Menschen verschieden. Jeder Mensch fühlt, denkt und handelt anders.

Und nun lass das Licht der Kreativität fließen, das magentarot ist. Lass es deinen Körper ausfüllen. Bade darin und nimmt die Kraft des magentafarbenen Lichts in dich auf. Auf diese Weise kannst du die Speicher deiner Kreativität immer wieder aufs Neue füllen.

Mach diese Übung, so oft du es möchtest. Lass auf diese Weise deine Kreativität neu fließen und integriere sie neu, als einen Teil seines Lebens. Erkenne bitte, dass du auf diese Weise deinen Alltag bereits verändern kannst, und zwar, indem du neue Impulse in dein Leben einbringst. Erlaube dir, einen neuen Quell der Kraft in dir zu finden und diesen auch zu gebrauchen. Es steht dir frei, dein Leben in die Hand zu nehmen. Koste dein Leben voll und ganz aus und den kreativen Zustand, den du als Kind gehabt hast. Und ich möchte dir sagen, dass dieses möglich ist. Im Vergleich zu deiner Kindheit wird sich deine Kreativität verändert haben. Heute wirst du in der Lage sein, deine Gedanken und Visionen in die Realität zu bringen, dass sie sich in deinem Leben manifestieren und dein Alltag sich verändern kann. Habe den Mut zu träumen und deine Träume wahr werden zu lassen. Ich meine hier wirklich: habe den Mut! Denn es bedarf des Muts, sein Leben zu verändern. Hab keine Angst davor, deine Träume zu leben und in die Wirklichkeit zu tragen. Nur wenn du es wagst, dein Leben zu verwirklichen, kannst du Visionen in die Manifestation bringen.

Mit dieser Technik kannst du deine eigene innere Kraftquelle freilegen, um Veränderung zu bewirken.

Erlaube dir nun, dass dein Geist beginnt, Möglichkeiten deines Lebens zu kreieren. Ich bitte dich, enthalte dich der Bewertung. Lass einfach geschehen dass sich neue Eindrücke, neue Möglichkeiten in deinen Gedanken ausdrücken. Beachte nicht, ob diese Gedanken sinnlos oder unmöglich sind. Wichtig ist allein, dass du deinen Gedanken die Fesseln nimmst und ein Gefäß dessen bist, was möglich ist. Auf diese Weise befreist du deine Gedanken, deine Gefühle und letztendlich auch dein Sein von der eingeschränkten Sichtweise, die jede Gesellschaft hat. Auf diese Weise hast du die Möglichkeit, ein eigenständiges, selbstständig denkendes Wesen zu werden und deinen eigenen Weg für dich selbst zu definieren.

Schritte der Manifestation

Dieser Schritt ist der erste zu einem eigenbestimmten Leben. Die Möglichkeiten, die der freie Willen dir bringt, können so mannigfaltig sein wie die Sterne am Himmel. Lass Träume und Möglichkeiten wieder zu, um so dein Leben zu bereichern. Nicht nur Tiefen, sondern auch Höhen soll es geben. Du wirst feststellen, dass sich durch das Spiel mit der Möglichkeit eine sehr kreative Energie freisetzen wird. Nutze diese Energie und gestalte damit dein Leben freudvoll und farbig. Du lebst in einer Zeit, in der du lernen kannst, auf solche Energieformen zuzugreifen. Auch wenn der Anfang noch nicht effektiv erscheint, er ist es. Und je mehr du dich darauf einlässt, desto schneller und eindrucksvoller wird sich Kreativität in deinem Leben manifestieren. Lerne, dich selbst zu entdecken, und erkenne, dass du so dein Umfeld verändern kannst. Erkenne und begreife.

Und so wirst du in einem zweiten Schritt auch die Möglichkeit haben, dein Umfeld zu beeinflussen. Du wirst die Menschen in einem Umfeld erreichen, da du direkt mit ihnen verbundenen bist. Du wirst Eindruck hinterlassen und das Leben der Menschen in deinem Umfeld bereichern. So, wie du dich verändern kannst, kann sich dein Umfeld verändern. Menschen, denen du begegnest, hinterlassen einen Eindruck in dir, genauso wie du einen Eindruck in ihnen hinterlassen wirst. Auf diese Weise kannst du zu einem Vorbild werden, an dem sich Menschen orientieren können. Dein Verhalten, der Ausdruck deines Seins, kann

Kreise ziehen. Wie ein Stein, den du ins Wasser wirfst. Die Kreise werden immer größer. Andere Menschen, die auch ihre Kreativität und ihr Sein leben, erzeugen ebenso Kreise in Kreisen. Viele Impulse können einen ruhigen See in Bewegung versetzen und somit Wellen erzeugen. Erkenne die Chance, die sich dir bietet.

Gemeinschaft Mensch

Aus einer Gemeinschaft heraus ergeben sich immer Strukturen, die das Zusammenleben regeln. Diese sind sehr wichtig, auch für dich. Aus diesem Grund ist es notwendig, dass du überprüfst, welchen Gemeinschaften du dich zugehörig fühlst. Beginnen wir im Kleinen, in der Familie. Wie setzt sich deine Familie zusammen, und wen zählst du dazu? Nimm dir nun ein wenig Zeit und beantworte für dich folgende Fragen:

Was macht diese Einheit aus?
Was fühlst du, wenn du an deine Familie denkst?
Welche Art Zusammenhalt gibt es in deiner Familie?
Empfindest du deine Familie als eine Gemeinschaft?

Gehen wir weiter zur nächstgrößeren Einheit, zu deinem Freundeskreis oder deinen Kollegen. Nimm dir nun wieder etwas Zeit und stell dir die Fragen erneut. Hat sich die Antwort verändert? Wenn ja, wie?

Gehe nun weiter, und stelle diese Frage bezogen auf die Stadt, in der du lebst.
Fühlst du dich deinem Lebensraum zugehörig? Oder bist du nur zu Besuch und suchst noch deinen Raum, dem du dich zugehörig fühlen kannst?
Was erwartest du von dem Raum, in dem du lebst?
Bist du hier glücklich?

Gehe eine Einheit weiter, stelle diese Frage in Bezug auf das Land, in dem du lebst.

Fühlst du dich diesem Land zugehörig?

Kannst du von dir selbst sagen: Ja, ich bin Deutscher, oder Ja, ich bin Franzose?

Was beinhaltet es für dich, Deutscher, Franzose oder Engländer zu sein?

Gehe nun die letzte Stufe und werde dir bewusst, was es heißt, ein Mensch zu sein, einen Planeten zu bewohnen, auf dem so viele andere Menschen leben.

Wenn du jemandem begegnest, der dir fremd ist, fokussiere dich auf das Bekannte. Auf das, was dich mit deinem Gegenüber verbindet. Suche nicht die Unterschiede, sondern die Gemeinsamkeiten. Das ist wichtig, um Menschen einander näherzubringen. Das ist wichtig, um die Menschheit zu einen. Ihr seid ein Volk. Es gibt keinen Unterschied zwischen dir und einem anderen. Erkenne, dass du auf das gleiche Ziel ausgerichtet bist, wie die anderen. Nur wenn ihr alle an einem Strang zieht, könnt ihr wirklich etwas bewegen. Nur so ist nachhaltiger Frieden möglich, mit der Fokussierung auf das Gemeinsame, nicht auf das, was euch trennt.

Ein Volk – Einheit

Sehr viele spirituelle Schulen bezeichnen die Menschen als Brüder und Schwestern. Das ist ein sehr schöner Vergleich, der den Kern der Sache gut trifft. Wenn du als Bruder oder Schwester wahrgenommen wirst, verbindet dich das. Einem Bruder oder einer Schwester willst du auch nicht Schaden zufügen. Das Ziel ist die Einheit. Eine Einheit zu erschaffen, der alle Menschen dieses Planeten angehören. Ein Volk zu bilden, das da heißt: Mensch.

Europa vereint sich immer mehr, sowohl durch eine einheitliche Währung, als auch über eine auf die Gemeinschaft hin ausgerichtete Politik. Die verschiedenen Länder werden immer mehr zusammenwachsen, bis sie einen Zusammenschluss bilden. Diese Bestrebungen gibt es auch in anderen Ländern dieser Erde. Die Menschen werden immer mehr zusammenrücken und sich mehr und mehr als ein Volk bezeichnen und betrachten. Es ist eine Chance, die Angst vor der Andersartigkeit zu überwinden und eine Einheit zu bilden. Hass ist nicht die Lösung, und das werden immer mehr Menschen begreifen und in ihrem Leben umsetzen. Hass ist geboren aus der Angst vor der Andersartigkeit. Erkenne: Alles ist eins.

Es geht um die Erschaffung einer ganzheitlichen globalen Politik, der du als einzelnes Individuum beitreten kannst und wirst. Bitte erkenne, wie wichtig es ist, dass du deine Entscheidungen triffst. Deine Entscheidungen, deine Gedanken und deine Meinung wirken sich auf diesen großen Prozess, ein Volk zu werden, aus. Im Kleinen, wie im Großen. Wenn du Frieden in dir schaffst, kann sich auch Frieden im Außen etablieren. Und das ist notwendig für diese Welt. So viele Menschen sind die Kämpfe und den Hass leid. Darum möchte ich dich im Namen des Volkes Mensch auffordern: Sei Frieden und Liebe für dich und dein Umfeld. Sei Frieden und Liebe für diese Erde. Sei ein Vorbild für andere, die sich auch auf den Weg begeben. Das ist so wichtig. Nicht nur für dich, sondern für alle.

Arbeit und Werken

Jeder Mensch auf diesem Planeten hat sich Arbeit zu eigen gemacht. Dabei ist es gleichgültig, ob es ein erlernter Beruf oder Hausarbeit ist. Und das meine ich wirklich mit diesen Worten: Es ist gleichgewichtet, also gleich-gültig. Arbeit ist einfach nur Arbeit. Gemeint ist die Arbeit, die jeder Einzelne auch als Arbeit bezeichnet.

In der Ausübung einer Tätigkeit definiert man sich und ordnet sich entsprechend den eigenen Vorstellungen über die Welt, in der man lebt, ein. Für den Einzelnen bedeutet das, dass die Definition des Selbst nicht aus sich heraus geschieht, sondern sich als aktiver Prozess angeeignet werden muss. In der Kindheit über die Sozialisation und später über die Tätigkeit, der man nachgeht. In eurer Welt gibt es die verschiedensten Berufe. Da sind die Bäcker, die Verkäufer, die Ärzte und viele mehr. Alle haben gemein, dass sie sich durch die Tätigkeit an sich und im Außen definieren.

Anhand verschiedener Faktoren wird dann der Wert einer Arbeit beurteilt. Ein Hauptfaktor ist das Einkommen. Alles, was ein Mensch in einem Beruf erwirtschaftet, fließt in das Ansehen oder Prestige des entsprechenden Berufsbildes ein. Die Arbeit an sich mag eine ähnliche sein wie in einem anderen Beruf. Unter einer anderen Bezeichnung wird sie jedoch anders bewertet. Es ist für euch immer interessant zu wissen, welchen Beruf das Gegenüber ausübt. An seinem Beruf wird oberflächlich auch die Wertigkeit eines Menschen gemessen. Jemand ohne eine Ausbildung wird in dieser Art von Wertigkeit in den unteren Schichten eingestuft. Leider geschieht das häufig, ohne den Prozess des Bewertens zu reflektieren und wahrzunehmen. Das Bild, das im Unterbewusstsein eines Menschen über einen anderen kreiert wird, hängt oft mit der Bewertung des Berufs zusammen, den dieser ausübt. Darum ist das Thema, einen guten Beruf zu erlernen und eine gute Ausbildung zu haben, für jeden von großer Bedeutung. Mit der Bildung muss das Leben erwirtschaftet und mit der Meinung, die über einen bestimmten Beruf herrscht, sozialer Status erreicht werden.

Geld und Prestige, die damit zusammenhängen, wirken sich auf den Lebensstandard aus. Also auf die Möglichkeiten, sein Leben zu gestalten. Das bedeutet auch, dass zwischen den Menschen unterschieden wird. Ich möchte die Erklärung des Offensichtlichen als Einstieg in das Thema Arbeit benutzen. Es ist nicht die Natur der Sache „Arbeit", zwischen Menschen zu unterscheiden und diese anhand der ausgeführten Arbeit zu bewerten.

Gleiche unter Gleichen

Die Bewertungen, die Menschen unter ihresgleichen machen, werden von euch immer noch hoch gehalten und angepriesen. Jedoch gelangen sie, so wie sie derzeit gehalten werden, nicht in die Herzen der Menschen, wo Veränderung stattfinden kann. Denn dort existiert bereits ein Bild von den besseren und den schlechteren Menschen.

Ausgehend von der Sicht der eigenen Person wird die Welt um dich herum von dir bewertet und eingestuft. Das Bestreben eines jeden, sich ein positives Bild von sich selbst zu erschaffen, macht dich in deiner eigenen Welt immer zum Maß aller Dinge, an denen du deine Umwelt bemisst. Natürlich ist es sinnvoll, sich einen Eindruck von der Welt zu machen. Jedoch möchte ich dich gerade bei diesem Thema noch einmal dazu einladen, dich der Bewertung zu enthalten. Du kannst dir natürlich einen Überblick verschaffen und deine Welt einschätzen. Dann nimm jedoch eine kritische Haltung zu der Welt um dich herum und deiner Person an. Du wirst staunen, wie sich die Dinge gestalten.

Und vor allem gehe mit einem offenen Herzen und offenen Augen durch die Welt. Es ist so wichtig. Öffne dich dem, was außerhalb von dir geschieht. Und erlaube dir, deinem Umfeld in Liebe zu begegnen. So, wie du deinem Umfeld begegnest, so begegnet dein Umfeld auch dir. Erkenne, es funktioniert wie ein Spiegel. Und was im Spiegel erscheint, wird von dir bestimmt. Die erste Trennung zwischen den Menschen beginnt in dir, indem du feststellst, dass andere Menschen nicht zu dir gehören, wie zum Beispiel deine Arme oder deine Beine. Du erkennst sie als etwas Fremdes, als ein Gegenüber. Und dieses Gegenüber entzieht sich deiner Kontrolle. Du beziehst also Position. Dein Bild, das du von dir hast, ist für die Bewertung deines Umfelds mit verantwortlich. Anhand deines Selbstbilds entsteht nun ein Maßstab, nach dem du dein Umfeld einordnest. Anhand deiner eigenen Ethik und Moral entscheidest du nun, wer in deinen Augen ein gutes oder ein schlechtes Leben führt. Ist solch eine Entscheidung einmal getroffen, lässt sie sich nur schwer revidieren. Aus diesem Grund bitten wir euch schon seit Jahren: Enthaltet euch der Bewertung. Von eurem Standpunkt mag eine Bewertung einleuchtend sein, aber sie wird nie die kosmische Wahrheit treffen, die dem Ganzen zugrunde liegt. Daher geht mit einem offenen Herzen mit eurem Umfeld um. Erlaubt euch, die Welt nicht gleich in Gut und Schlecht zu unterteilen. Die Medaille hat immer zwei Seiten, nicht wahr?

Das Motto der Gleichheit war schon in der Vergangenheit Thema. Erinnere dich an die großen Umwälzungen der Vergangenheit, wie zum Beispiel die Französische Revolution. Heute ist sie nicht minder aktuell. Es geht immer noch um das Erreichen besonderer Privilegien oder eines bestimmten Status. Erkenne, dass der Mensch neben dir nicht besser oder schlechter ist als du. Er ist wie du ein Ausdruck der göttlichen Energie. Er ist lediglich ein *anderer* Ausdruck. Er ist ein anderes Ich. Wertschätzung ist ein so wichtiger Punkt im Umgang mit anderen Menschen. Leider ist es so, dass viele im Umgang mit anderen

Menschen abgestumpft sind. Wenn ein Mensch einem anderen bevorzugt wird, wenn er wenig Nächstenliebe in seinem Herzen trägt, läuft er Gefahr, für die Menschlichkeit an sich abzustumpfen. Du bist ein Wesen der Gemeinschaft, und nur in der Gemeinschaft kannst du ein erfülltes Leben führen.

Ohne den Blick auf andere Menschen manövrierst du dich aus den sozialen Bezügen, die eine Gemeinschaft ausmachen. In einer Gesellschaft oder Kultur, in der die eigene Position mit Ellbogen verteidigt wird und es vor allem um eine sichere und „wertvolle" Position geht, sind die Menschen nicht glücklich. Es gibt kein harmonisches Miteinander. Es gibt nur ein Gegeneinander. Ist das ein liebevoller Umgang? Es gibt so viel Neid und Hass unter den Menschen. So viel Wut und Zorn und Angst vor der Andersartigkeit. Erkenne: Wenn du in einem liebevollen Verhältnis zu deiner Umwelt stehst, gibt es für Neid und Zorn keine Notwendigkeit mehr. Ein Miteinander wird dich immer weiterbringen als der Kampf auf verlorenem Posten, ein Kampf, in dem einer gegen alle steht. Erkenne, es geht hier um die Gemeinsamkeiten und nicht um die Unterschiede. Fokussiere dich auf die Gemeinsamkeiten, die du mit einem Menschen hast, und du wirst eine Veränderung im Umgang erleben.

Geld macht sexy *oder* Enthalte dich der Bewertung

Die Gemeinsamkeit, die euch alle verbindet, ist, ihr seid alle Menschen. Leider wird das in einer Situation der Bewertung sehr schnell übersehen. Als Beispiel möchte ich die Eliteuniversitäten anführen. Bildung, die nur einem kleinen Kreis Menschen zugänglich gemacht wird, verbunden mit einem gehobenen sozialen Ansehen. Ein Definieren der Wertigkeit eines Berufs in Verbindung mit dem Definieren der Wertigkeit eines Menschen bestimmen den Erfolg, den ein Mensch vorweisen muss. Beruflicher Erfolg und Ressourcen werden schnell zum Maßstab, an dem der Wert eines Menschen gemessen wird. Ob er zu den zehn mächtigsten Männern oder Frauen dieser Welt gehört, oder ob es sich um einen Arbeitslosen oder Obdachlosen handelt. Geld macht sexy – heißt es. Oder etwa nicht?

Gleichheit beinhaltet auch immer die Akzeptanz des Gegenübers. Nun frage ich dich, wie willst du jemanden wirklich akzeptieren, wenn du dich von seiner „Wertigkeit" beeinflussen lassen kannst? Das Geheimnis ist: Enthalte dich der Bewertung. Das Wesen eines Menschen ist in seiner Ausführung so unterschiedlich wie die Sterne. Jeder Mensch ist einzigartig. Jeder Mensch geht seinen eigenen, ganz persönlichen Weg. Jeder Mensch ist wertvoll, weil er ein Mensch und somit Ausdruck des Göttlichen ist. Dieses Prinzip der Gleich-wertigkeit ist ein uraltes in diesem Universum. Im wahrsten Sinne des Wortes ist es gleichwertig. Denn du als Mensch lebst in einem Universum der Dualität. Alles hat einen Gegensatz: Mann und Frau, heiß und kalt, oben und unten. Jedes hat seinen Gegenpart. Bedenke nur einmal das Zeichen Yin und Yang, das Zeichen der Pluralität. Zwei sich in ineinander drehende, ergänzende Flächen von konträrer Farbe. Es symbolisiert den Ausgleich zwischen den Mächten, die doch scheinbar in Widerstreit stehen.

Die menschliche Natur hat ebenfalls diesen Ausgleich. Und zwar in der Vereinigung zwischen Mann und Frau. Aus diesem Ausgleich entsteht neues Leben, das den Fortbestand der Spezies Mensch sichern kann. Nur durch die Vereinigung der Gegensätze kann neues Leben entstehen. Gleiches kann Gleiches nicht befruchten.

Bewertung

Begreife, dass die Dualität, die Gegensätze, in denen du lebst, ein Bewerten vorprogrammiert. Du grenzt dich als Mensch von deinem Standpunkt aus von anderen Menschen ab, um dich mit ihnen vergleichen zu können. Und das ist auch gut so. Ich betone hier wirklich das Können. Du kannst dich vergleichen. Du hast die Möglichkeit dazu. In der Evolution des Menschen war es notwendig, Unterscheidungen zu treffen. Zum einen die Unterscheidung zwischen Mann und Frau, um die Spezies zu sichern. Zum anderen zwischen Gut und Böse, um selbst am Leben zu bleiben oder gefährliche von ungefährlichen Tieren zu unterscheiden. Der Mensch ist darauf ausgelegt, Unterscheidungen zu treffen und Eigenschaften, Situationen oder Lebewesen zu bewerten. Das gehört zur Natur des Menschen.

Wenn wir euch sagen, enthaltet euch jeglicher Bewertung, meinen wir damit den unvoreingenommenen Umgang miteinander, aus dem sich Möglichkeiten der Entwicklung ergeben können.

Ich möchte dich ermuntern, Möglichkeiten und Neues zuzulassen, indem du dich der Bewertung enthältst. Sozusagen den ersten Kontakt unvoreingenommen wahrnimmst. Sobald du in eine Situation hineinkommst, betrachtest du in Sekundenschnelle die Situation und weist ihr eine Wertigkeit zu, um sie in deinem Lebensbild einbauen zu können. Die Situation wird in das Bild deines Lebens und die Welt, in der du wohnst, aufgenommen. Du definierst dieses Bild und integrierst es so in deine Welt, damit es sich in deine Welt ergänzend einfügen kann. Erkenne, dass dieses ein normaler Zustand von Leben in diesem Universum ist. Erkenne aber auch, dass eine wahre Begegnung nur über die Akzeptanz und die Toleranz der Andersartigkeit des anderen vonstatten gehen kann. Gehst du wirklich mit offenem Herzen in eine Situation und wagst es, ihr unvoreingenommen zu begegnen? Was hindert dich daran, wenn es nicht so ist?

Akzeptanz erschafft Akzeptanz

Deine Erziehung spiegelt ein Gefühl von Getrennt sein zwischen Mutter und Kind wider. Als Säugling hast du erfahren, wie es ist, von der Mutter getrennt zu sein. Dieses Gefühl bildet die Basis der Urangst, die jedem Menschen innewohnt. Aus dieser Angst heraus bewertest du deine Umwelt und erschaffst dir ein Bild, das den Wunsch nach der Überwindung der Trennung widerspiegelt. Dein Leben lang grenzt du dich auf diese Weise von deinem Gegenüber ab, um ihm wieder nahezukommen und die Trennung zu überwinden.

Das, was bei dem anderen verschieden ist, fällt dir gleich auf. Jedoch, was mit deinem Wesen übereinstimmt, wird schnell übersehen. Die Fokussierung auf den anderen in seinem Getrenntensein spiegelt das Getrenntsein, das jeder Mensch in seinem Leben erfahren hat. Du siehst dein Gegenüber nicht als zu dir gehörig, und somit wird er zu jemand anderem.

Erkenne das Gleiche in jedem Menschen, dem du begegnest, und erkenne, wie facettenreich das Leben und der Mensch sein können. An jeder Eigenschaft, die einen Menschen ausprägt, hast du einen Grund, dich zu erfreuen. Jede neue Eigenschaft oder Facette, die du an einem Menschen wahrnimmst, spiegelt dir die Möglichkeit des Seins wider. Aus diesem Gefühl erwächst eine wahre Toleranz dem anderen gegenüber. Aus dieser Toleranz, die jede Möglichkeit, jede Facette eines Menschen wertschätzt, kann Fülle entstehen. Auf diese Weise kannst du einem anderen Menschen frei und offen begegnen. Diese innere Haltung ist wichtig für den Umgang, den du mit deinen Mitmenschen pflegst. Denn so, wie du sie annimmst, werden sie dir ebenfalls begegnen. Akzeptanz erschafft Akzeptanz. Du entscheidest, wie du in das Außen gehst. Somit entscheidest du auch, wie das Außen dir begegnet.

Von diesem Standpunkt aus kannst du einem Menschen, unabhängig von seinem Beruf oder seinem sozialen Status, als Mensch begegnen. Die Eigenschaft des Menschseins zeichnet euch beide aus. Dieses zu begreifen ist eine wundervolle Erfahrung. Menschen, die einander im öffentlichen Leben als Menschen begegnen können und nicht in der Position ihrer Berufs, werden nicht mehr an ihre engen Vorgaben des gesellschaftlichen Zusammenlebens gebunden sein. Wenn ihr begriffen habt, dass die Ausübung eines Berufs nicht unbedingt etwas über einen Menschen aussagt, habt ihr die Möglichkeit, ihm wertfrei zu begegnen.

Beruf und Berufung

Das, was ein Mensch beruflich tut, ist häufig nicht das, was er wirklich machen möchte und wozu er sich berufen fühlt. Es gibt viele Menschen, die ihren Beruf nur des Geldes wegen ausüben, jedoch nicht von ihm erfüllt werden. Das Leben dieser Menschen beginnt erst nach dem Feierabend. Erst dann können sie sich dem widmen, was sie erfüllt. Aus der Notwendigkeit heraus, Geld zu verdienen, wurden viele in Sparten gedrängt, die ihren Fähigkeiten nicht entsprechen. Arbeit ist ein notwendiges Übel geworden, mit dem man sein Überleben sichert. Das hat nichts mehr mit Leben, sondern nur noch mit Existieren zu tun. So sind viele in ihrem Beruf nicht glücklich.

Das kosmische Konzept des Menschen als ein Wesen der Gemeinschaft sieht vor, dass eine Tätigkeit im Dienst der Gemeinschaft ausgeübt wird, und das entsprechend seinen Fähigkeiten. Über sie kann ein Mensch sich definieren und erkennen. Das bedeutet, Beruf ist gleich Berufung. Zu einem Beruf berufen zu sein erfüllt den Menschen mit Liebe zu der Tätigkeit, die er ausübt, und mit Liebe zum Feld des Berufs. Damit bereichert er sein Leben, und damit sucht er das Leben der anderen. Die Veränderungen, die sich in der Gesellschaft gerade abspielen, machen es möglich, dass du beginnst, dein Leben eigenständig zu gestalten, zum Beispiel, indem du einen Beruf ausüben kannst, der deinen Neigungen und Fähigkeiten entspricht und dich glücklich macht.

Alte Strukturen werden weich und können aufgebrochen werden. Jeder Mensch wird die Möglichkeit haben, seinen Beruf als Berufung zu gestalten. Auch das ist ein Ausdruck der Schwingungserhöhung, wie wir sie gerade erleben. Du wirst die Möglichkeit haben, dich selbst zu kreieren und zu entwerfen.

Unternehmen der Neuen Zeit

In einer Zeit der großen Veränderungen bleiben die Strukturen eurer Unternehmen nicht außen vor. Die Idee des Unternehmens wird sich zunehmend verändern. Neue Möglichkeiten werden geschaffen, um den Menschen den Freiraum zu geben, den sie zu ihrer Entwicklung benötigen. Das System wird sich dahingehend verändern, dass jeder Mensch seiner Berufung nachgehen kann. Die Arbeitsstrukturen, wie ihr sie heute kennt, werden sich verändern, sich verändern müssen. Wie du sicherlich gemerkt hast, tun sie das bereits. Teilzeit ist neben der Vollzeitarbeit eine realisierbare Alternative geworden. In Zukunft wird es so sein, dass der Mensch nur in einer Teilzeitbeschäftigung zum eigenen Wohl und dem Wohl der Gesellschaft arbeiten muss. Und dabei wird es dir an nichts mangeln. Im Gegenteil, du wirst dann nicht mehr im Mangel sein müssen.

Die Veränderungen der Gesellschaft, die ich in den vorherigen Kapiteln angesprochen habe, gelten hier ebenso. Erlaube dir, dir dieses Gedankenbild vorzustellen. Erlaube dir, dir in deinen Gedanken eine solche Zukunft zu kreieren. In dieser Zukunft könnte es so sein, dass du nur einen Teil deines Tages mit der Finanzierung deines Lebensunterhalts verbringst. Die restliche Zeit hättest du die Möglichkeit, dich in deinem Menschsein zu erfahren und zu leben.

Entscheidungen und Konsequenzen

Öffne deinen Geist. Erkenne, dass die Veränderungen sich nach einem kosmischen Plan entwickeln. Im Kleinen nennt ihr diesen Plan Schicksal, sei es nun eine schicksalhafte Begegnung oder ein Schlag des Schicksals. Im Großen wird es zu Bestimmung oder zu einer vorhergesehenen Entwicklung. Es ist nichts anderes, als sich nach einem eigenen inneren Plan zu entwickeln. Einige mögen ihn nun Schicksal, andere Lebensplanung nennen. Wie so häufig, gibt es Situationen, in denen du ein Gefühl von Schicksalhaftigkeit hast. Situationen, die deinem Leben scheinbar vorbestimmt sind. In Wahrheit ist das, was du Schicksal nennst, ein Teil eines großen Ganzen, das hin zur Vollendung und zur Heilung dieses Planeten strebt.

Beginnen wir nun im Kleinen mit der Einheit Mensch. Die Anforderungen, die sich dir als Mensch stellen, werden sich verändern.

Du gestaltest dein Leben nach geordneten Bahnen. Das heißt, dass du dir eine Struktur, einen Plan, geschaffen hast und in diesem Plan lebst und arbeitest. Du orientierst dich dabei an verschiedenen Vorgaben: deiner Herkunft, deiner derzeitigen familiären Situation, deinem Lebensalter und daran, was du dir für dein Leben noch vorgestellt hast zu tun. Mit welcher Tätigkeit du dein Geld verdienst, hängt immer noch sehr häufig von den sogenannten äußeren Umständen ab. Kommst du aus einem Elternhaus mit einem eigenen Betrieb, ist die Wahrscheinlichkeit groß, in diesen involviert zu werden. Kommst du aus einem reichen Elternhaus, stehen dir andere Möglichkeiten zur Verfügung, als wenn du aus einem armen Elternhaus stammst. Weitere Faktoren sind, bei welcher Firma oder bei welchem Arbeitgeber du angestellt bist, oder ob du dich selbstständig gemacht hast. Sind das alles Lebenssituationen, die sich so ergeben haben? Was denkst du, sind deine Lebensumstände zufällig oder selbstbestimmt?

Erkenne, dass die Umstände deines Lebens das Produkt des Zusammenwirkens äußerer Umstände auf dein Leben und das Einwirken deiner Person sind. Du bist immer ein Schmied deines Glücks und bestimmst, wie dein Leben verlaufen wird. Hast du dir nun dein Leben selbst zuzuschreiben? Ja, mit allen Folgen. Der Schmied deines Lebens zu sein bedeutet, dass du dein gesamtes Umfeld selbst erschaffst. Es bedeutet, dass du deine Ziele selbst bestimmst und Situationen beeinflusst. Du bestimmst über dein Leben. Wenn äußere Einflüsse scheinbar auf dich niederbrechen oder du von einer Situation vor vollendete Tatsachen gestellt wirst, ist das nicht willkürlich. Du triffst Entscheidungen, die Konsequenzen haben. Jede Entscheidung, die du triffst, hat eine Konsequenz. Meist läuft dieser Vorgang im Un- oder Vorbewussten ab. Dort werden dann die Konsequenzen abgewogen, und es wird, scheinbar aus dem Bauch heraus, eine Entscheidung getroffen. Du hast für jede Entscheidung, die du in deinem Leben fällst, die volle Verantwortung. Und bitte, erkenne das nicht als Bürde an, sondern als Geschenk.

Irgendwann hast du einmal die Entscheidung getroffen, dich in einer bestimmten Situation so zu verhalten, wie du es getan hast. Dieses mag eine bewusste oder eine unbewusste Entscheidung gewesen sein. Du hast einen bestimmten Weg für den weiteren Verlauf eingeschlagen. Hast dich sozusagen entschieden, bei einer Kreuzung die eine Strecke zu wählen. Der Punkt ist, DU hast die Entscheidung getroffen. Je bewusster du dir bist, je bewusster du deine Umwelt wahrnimmst, desto bewusster triffst du deine Entscheidungen. Desto mehr Weitblick hast du auch, was die Konsequenzen betrifft. Bist du dir deiner selbst bewusst, kannst du den Verlauf der Dinge aktiv für dich gestalten. Im Umkehrschluss heißt das aber auch, dass du dich fühlst, als seist du einer Situation hilflos ausgeliefert und könntest keinen Einfluss nehmen, wenn du dir nicht deiner selbst bewusst bist.

Wie heißt ein Sprichwort. Erst im Nachhinein ist man klüger. Und: Hätte ich das gewusst, hätte ich anders gehandelt. Oder: Was hätte ich anders machen können?

Oft kommt noch hinzu, dass die eigene Verantwortung auf andere übertragen wird.

„Aber die anderen haben dies und jenes getan. Und ich bin sowieso nicht schuld an dieser Sache oder diesem Zustand. Auch das haben sich die anderen selbst zuzuschreiben."

Bitte erlaube mir, dass ich hier widerspreche. Es sind nie immer nur die anderen, auch ist man nie nur im Nachhinein klug. Du bist immer der Schmied deines Lebens. Immer wenn du in eine Situation hineingehst, bist du Beteiligter und beeinflusst die Situation mit. Auch wenn du nur als Beobachter auftrittst, veränderst du Situationen durch deine pure Anwesenheit. Erkenne, wie wichtig es ist, dir deiner selbst bewusst zu sein.

Viele Konflikte auf diesem Planeten entstehen, weil sich Menschen in verschiedenen Situationen ihrer selbst nicht bewusst sind. Die Schuld wird schnell einem Dritten zugeschoben. Darum halte ich dich an, deine Entscheidungen und Handlungen zu reflektieren und dir darüber klar zu werden, dass du für deine Entscheidungen immer die Konsequenzen tragen musst. Und bitte, damit sind nicht nur die direkten Konsequenzen gemeint. Wenn ein Kind geboren wird, besteht die Konsequenz ja auch nicht nur darin, es in ein Bettchen zu legen, sondern auch darin, die Familie um einen Menschen zu erweitern, das alltägliche Leben umzugestalten und vieles mehr.

Auch wenn viele Entscheidungen nicht so schwerwiegend sind wie ein Kinderwunsch, so ist es das gleiche Prinzip. Jede Entscheidung, die du triffst, verhält sich wie ein Stein, den du in einen stillen See wirfst. Er erzeugt Kreise. Und diese Kreise setzen sich fort. Sie verebben nicht nach einer gewissen Zeit. Sie setzen sich fort und treffen vielleicht auf Kreise von anderen Steinen oder treffen an das Ufer und werden zurückgeworfen.

Nimm das Bild des Steins, der ins Wasser fällt, und lass es auf dich wirken.

Stell dir vor, wie der Stein ins Wasser fällt und wie die Kreise ziehen. Sei dir bewusst, dass der Stein eine Entscheidung von dir darstellt – und sei sie noch so klein. Beobachte den Weg, den die Wellen nehmen.

Werde dir der Zusammenhänge deines Lebens bewusst und erkenne die Hintergründe. Tauche tief in dein Leben ein und sieh dich um. Sieh dir die Situationen deines Lebens an. Und bitte, verurteile dich nicht für Entscheidungen, die du getroffen hast und jetzt als falsch empfindest. Erkenne die Zusammenhänge. Es ist wie das Muster eines Teppichs. Jeder Faden, den du webst, ist eingebettet in viele andere Fäden. Je bewusster du dein Leben gestalten kannst, desto mehr kannst du Einfluss nehmen auf den Verlauf der Fäden, die du spinnst. Du bist deinem Schicksal und deinen Umständen nicht ausgeliefert.

Die Matrix

Die Matrix ist mehr als die Gesellschaft, die dich umgibt. Sie ist ein Muster, eine Vorgabe. Ein Gitternetz, das über deine eigene persönliche Welt gelegt ist, bestehend aus Faktoren, die gesellschaftlich als erstrebenswert gelten. Die Werbung gehört hier ebenso dazu, wie die vorherrschende gesellschaftliche Moral.

Werbung

Es ist das gesamte gesellschaftliche Gebilde, an dem du deine Orientierungspunkte in deinem Leben setzt oder, eher gesagt, setzen kannst. Erst wenn ein Mensch beginnt, seine Welt, in der er lebt, zu hinterfragen und sich mit den Fragen der Hintergründe auseinanderzusetzen, erkennt er, dass er eingebunden ist in die verschiedensten Faktoren.

Entscheidest du wirklich freiwillig, welches Waschmittel du nimmst, oder orientierst du dich an dem, das die Werbung vorgibt? Ist es wirklich so, dass das eine Waschmittel besser ist als das andere? Das eine wird in der Werbung angepriesen, das andere nicht. Ich kann dir sagen, die meisten Waschmittel sind in ihrer Wirkungsweise gleich. Es kommt auf das Gefühl an, das du damit verbindest. Einem Waschmittel, das in der Werbung solche grandiosen Ergebnisse erzielt, wie zum Beispiel den Erhalt der Farben oder das weißer als Weiß wäscht, schenkt man eher Glauben. Das ist nur einer der Mechanismen der Matrix. Ein weiterer ist das Phänomen, das bekannt ist als öffentliche Meinung – vor allem im Bezug auf Verbrauchsgüter. Sei es nun Materielles, das angestrebt wird, das jeder haben „muss", oder Materielles, das man nicht mehr benötigt. Es ist der Lebensstandard, der für alle scheinbar allgemeingültig vorgegeben wird. Wenn du keinen Fernseher hast, bist du dann ein Versager? Brauchst du einen Fernseher überhaupt? Wer sagt eigentlich, dass man einen Fernseher braucht? Ist es wirklich so, dass du mit einem neuen Fernseher glücklicher bist? Erlebst du Freiheit über die Teilnahme an einer bestimmten Aktion, die gerade in ist?

Religion und Moral

Ein weiterer Eckpfeiler der Matrix ist die Religion. Damit meine ich nicht den Glauben an Gott, sondern das Gebilde, das von Menschen geschaffen wurde, um den Glauben einzubetten in ein System. Es setzt sich aus Überzeugungen, wie etwas sein sollte, zusammen, verbunden mit den Vorgaben, was erstrebenswert ist und was nicht. Anhand eines einheitlichen Bilds wird Gemeinschaft und Zugehörigkeit erschaffen. Eine Abgrenzung nach außen findet statt, und die Welt wird in zwei Seiten geteilt. Die Seite, zu der man selbst gehört, und die der anderen. Matrix grenzt immer nach außen hin ab. Sei es nun ein gutes oder schlechtes Waschmittel oder die Zugehörigkeit zu einer Gemeinschaft. Eine Einstellung wird für die Mitglieder der Gemeinschaft zur Norm, an der man sich orientiert. Das Resultat ist eine der Gemeinschaft eigene Ethik und Moral, wie zum Beispiel die Zehn Gebote, um das Zusammenleben zu regeln.

Die Grundethik einer Gesellschaft spiegelt sich in allen Gruppen und Gemeinschaften wider, was die Akzeptanz einzelner Gruppen erhöht. Der Mensch, als ein Wesen der Gemeinschaft, hat hier die Möglichkeit, sich in Gruppen zu erfahren, sich abzugrenzen und seine Einstellungen zu reflektieren. Werde dir dessen bewusst, was deine Welt für dich beinhaltet. Sei kritisch mit dem, was dich umgibt. Nimmst du etwas an, ohne es für dich zu reflektieren? Wie bewusst stehst du deiner Umwelt gegenüber?

Die Matrix entlarven

Die Matrix kannst du bei genauem Hinsehen entlarven. Überdenke deine Wünsche und Überzeugungen für dein Leben. Inwieweit sind sie wirklich die deinen, und inwieweit sind es vorgelebte Ziele?

Werbung ist das wichtigste Medium der Matrix geworden. Überall, wo dir Werbung begegnet, versucht sie, dein Bedürfnis zu wecken. Es ist in der Regel nicht so, dass ein Mittel besser ist als ein anderes. Erkenne, dass Werbung immer Bedürfnisse weckt, die vorher nicht gegeben waren. Bedürfnisse sind, wenn du die Grundbedürfnisse nach Nahrung und Unterkunft außer Acht lässt, emotional beeinflusst. Immer dann, wenn dir Werbung begegnet, wird dein Gefühl beeinflusst.

Auf keine andere Weise werden Menschen mehr beeinflusst als durch die Suggestion der Werbung. Ich sage nicht, dass du nie mehr Werbung ansehen sollst, oder dass Werbung schlecht sei. Bitte, enthalte dich auch hier der Bewertung. Werbung ist Werbung, genauso, wie Energie Energie ist. Aber ich möchte dich dazu ermutigen, hinter die Fassade der Medien und des öffentlichen Lebens der Ikonen und Stilbilder zu blicken. Das ist äußerst spannend. Entdecke für dich, was deine Welt beinhaltet, wo du mit der Matrix schwimmst und wo nicht. Bist du dir dessen bewusst, kannst du immer für dich entscheiden, ob du einem Trend nun folgen möchtest, oder nicht. Ob du dich beeinflussten lassen möchtest, oder nicht. Wenn du bewusst dein Leben betrachtest, wirst du erkennen, inwieweit dein Leben von äußeren Kräften beeinflusst wird. Damit kommst du in die Möglichkeit, dein Leben eigenverantwortlicher zu gestalten. Und genau darum geht es: Möglichkeiten zu kreieren und diese zu leben. Der Kreator deines eigenen Seins zu sein.

Die Matrix, in der du lebst, zeigt dir die Art von Welt, wie sie im Allgemeinen angestrebt wird. Einige wenige besitzen die Macht, Einfluss auf die allgemeine Meinung auszuüben und neue Trends zu setzen. Meist verbirgt sich hinter einer ganzen Idee nur ein Mensch. Und dieser Mensch hat die gesellschaftliche Macht, Vorgaben zu machen, was für die Allgemeinheit gilt oder als gültig empfunden wird.

Matrix und Beruf

Innerhalb der Matrix hast du deinen Beruf erlernt und dein Leben aufgebaut. Dein Leben, wie du es in dieser Form lebst und auch kennst. Ich möchte dich einladen, dieses Konstrukt, das dich umgibt, zu untersuchen und zu analysieren. Es ist nicht so, dass du gefangen bist, sondern, wenn du die Matrix verstanden hast, dich aus ihr lösen und entscheiden kannst, nur als Beobachter oder Akteur darin zu agieren. Erkenne das als Möglichkeit, die du jederzeit annehmen oder ablehnen kannst. Wenn du das nächste Mal Werbung siehst, geh einen Schritt zurück und erkenne die Strukturen und Eingebungen, die mit diesen Bildern verbunden sind. Mach ein Spiel daraus, dir die Bilder, die dich beeinflussen, genauer anzusehen.

Es ist deine Entscheidung, wie du mit den Bildern umgehen möchtest. Du kannst sie ablehnen, und du kannst sie annehmen. Du lebst schon seit Jahren mit den Eindrücken, die dir geliefert werden. Erlebe die Möglichkeit, deine Reaktionen auf gewisse Reize zu beeinflussen, die Wirkung eines Reizes aus einer gewissen Entfernung zu betrachten. Und gib dir die Möglichkeit, selbst zu entscheiden, wie dieses auf dich wirkt. Der kritische Umgang mit dir und deinen Wünschen gibt dir die Möglichkeit, selbst zu entscheiden. Prüfe, ob deine Wünsche wirklich aus deinem Herzen kommen, oder ob sie ein Produkt der Matrix sind. Du wirst erstaunt sein, um wie viel einfacher sich dein Leben gestalten kann und wie viel glücklicher und zufriedener du damit sein kannst. Gerade die Kenntnis um die Matrix wird dich in die Lage versetzen, dein Leben mit anderen Augen zu sehen.

Für die Aufrechterhaltung der Matrix ist jeder Mensch für sich selbst verantwortlich. Diejenigen, die die Muster der Matrix erschaffen, halten die Fäden in ihren Händen und weben so die Netze der Macht über andere in einem sehr komplizierten und schwer zu entwirrenden Muster. Es ist deine Entscheidung, dein Leben an der Matrix zu orientieren. Wenn ein Mensch sich aus diesem Fädengewirr befreit, ist er in der Lage, sein Leben selbst zu bestimmen, da er nicht mehr von den Machtfäden abhängig ist. Es ist nichts anderes als die Erschaffung von Abhängigkeiten. Ohne einen ganz bestimmten Reiniger wird mein Bad nicht sauber oder nur dieses Produkt fördert meine Gesundheit. Andere Menschen werden dieses wahrnehmen und aufmerksam werden. Auch hier kannst du als Vorbild für andere fungieren. Die Bezeichnung Vorbild meine ich nicht bewertend. Ein Vorbild ist ein Vorbild. Du gibst als Vorbild Möglichkeiten der Veränderung.

Es ist einfach, sich aus der Matrixstruktur zu befreien, wenn du das möchtest. Du hast immer die Möglichkeit, als Besucher wieder darin einzutauchen. Mit dem Unterschied, dass du dir dessen dann bewusst bist. Du musst nicht darauf verzichten, Kleidung einer bestimmten Marke zu tragen. Jedoch wirst du es mit einem größeren Maß an Freiheit tun.

Dein gesamtes Leben ist mit der Matrix verbunden. Die Politik ist ebenso ein Teilaspekt. Erkenne, dass auch alles hier nach einem größeren Plan einiger weniger verläuft. Die Fäden laufen immer noch bei einzelnen Personen zusammen, die Einfluss auf die Gesellschaft nehmen können. Die Rechte und Pflichten jedes Einzelnen werden von wenigen bestimmt. Sei dir dessen bewusst, dass es sich nicht um das Durcheinander handelt, das man dich so oft glauben machen lässt. Das ganze Netzwerk der Politik funktioniert nach einem Plan oder, eher gesagt, nach einem Muster. Dieser Plan wirkt sich durch die verschiedenen Ebenen auf die Menschen, die in einer Gemeinschaft leben, aus. So ist es nicht verwunderlich, dass Dinge einigen Menschen in den Schoß zu fallen scheinen und andere es nicht schaffen, ihre Lage zu verändern. Die Schere zwischen Arm und Reich geht immer weiter auseinander, da die Machtvollen weiter nach Macht streben.

Matrix und Macht

Die Matrix wird zu einem Teil von nicht-lichten Energien beeinflusst. Dort, wo viele Stränge der Macht zusammenlaufen und wenige Menschen im Verborgenen die Gesellschaft bewegen können, wie zum Beispiel in der Politik, finden sich sehr oft „Agenten" des Nicht-Lichts. Ich nenne sie einmal Agenten, da es dem Wesen jener Menschen recht nahekommt. Sie folgen einem eigenen Plan.

Aber nicht jeder Politiker lebt nach den Vorgaben seines Machterhalts. Es gibt sehr viele positive Einflüsse, die mehr und mehr zunehmen. Hier wird es zu Veränderungen und neuen Gewichtungen kommen, die das Wohl der

Allgemeinheit zum Ziel haben. Der Grundstock für eine humanitäre Politik wird bereits gelegt. Es wird immer mehr zu einem Gleichgewicht in der Politik kommen, und erinnere dich an das, was ich bereits über die Politik gesagt habe: Deine Gedanken und Einstellungen beeinflussen das Geschehen.

Alle die genannten Facetten fließen zusammen in die Matrix, die dich wie ein Netz umgibt. Du hast immer die Möglichkeit, die Fäden des Musters in deinem Umfeld zu beeinflussen und so auf den gesamten Ablauf einzuwirken. Erkenne, dass dazu keine große Kraftanstrengung notwendig ist. Es ist die bewusste Entscheidung, dieses Gefüge zu verändern, die von dir ausgehen muss. Erkenne, dass die Matrix so, wie sie jetzt ist, verändert werden muss, um eine Entwicklung zum Besten aller zu ermöglichen. Erkenne, dass du nicht machtlos bist und Veränderungen von dir ausgehen können, die sich in das ganze System übertragen.

Die Tätigkeit, der Beruf, den du ausübst, ist ein direktes Resultat der Matrix. Erkenne, dass hier verschiedene Facetten von Matrix zusammenlaufen: Religion, Lebensstandard, erzeugte Bedürfnisse und Politik. Verändern sich diese, kann sich auch der Fokus der Arbeit verändern. Und hier schließen wir ein weiteres Bild, einen weiteren Kreislauf. Bis noch vor einigen Jahren war das nur mit großer Anstrengung möglich. Die Schwingung war damals noch eine andere. Gesellschaftliche Veränderungen durchzusetzen bedurfte noch einer längeren Zeit als heute.

Veränderungen greifen schneller

Der Vorteil, dass die Welt schnelllebiger geworden ist, liegt darin, dass Veränderungen schneller greifen können. Es ist immer mehr möglich, einen direkten Zugriff auf die gesellschaftlichen Strukturen zu nehmen. Nutze die Schwingungserhöhung der Erde, um dein Leben aktiv zu verändern. Nutze sie für dich und für dein Leben. Sei dir der Matrix, die alles umgibt, bewusst und lerne, in ihr zu agieren, flexibel wie ein Tänzer. Nimm dich einmal zurück, tritt aus der Situation Matrix heraus und betrachte sie von außen. So, als seist du ein Besucher in einem Theater, in dem gerade das Stück „Die Matrix" gespielt wird. Ist es für dich Illusion oder Wahrheit? Wo sind deine eigenen Überzeugungen, und wo beginnt die Matrix?

Eine Änderung der Sichtweise wirkt sich auch auf deinen Alltag aus. Sobald du deine Ansichten änderst, verändert sich dein Alltag. Das ist ganz normal. Das tust du jeden Tag aufs Neue, meist, ohne es zu merken. Fürchte dich nicht vor den Veränderungen die du mit deinem Verhalten erzielst, denn Veränderungen, geschehen immer. Du hast hier die Möglichkeit, bewusst mit Veränderungen zu arbeiten. Erkenne, dass hier das Potenzial liegt, dein Leben in die eigene Hand zu nehmen und es nach deinen Wünschen zu gestalten.

Beruf und Möglichkeit

Nun möchte ich auf den Beruf oder die Tätigkeit, mit der du dein Geld verdienst, zu sprechen kommen. Eingewoben als ein Teil eines großen Ganzen, leistest du einen Beitrag, damit die Gesellschaft funktioniert. Es zeigt sich dir oft so, dass du an den Strukturen deiner Arbeit nichts verändern kannst. Dem ist aber nicht so – diesen Satz werde ich noch einige Male sagen.

Du hast immer eine Wahl, wie du mit einer Situation umgehen willst. Das beinhaltet auch, dass du Strukturen verändern kannst. Du arbeitest in einem genau vorgegebenen Rahmen. Aber ist es nicht auch so, dass du aus dem eigenen Rahmen heraus reagieren und agieren kannst? Auch hier ist wieder der bewusste Umgang gefragt. Gehst du bewusst in deine Arbeit, erkennst du Zusammenhänge, die dir vorher verborgen waren, du erkennst neue Chancen der Veränderung und wirst dir der Hintergründe bewusst, die dich umgeben.

Eine veränderte Grundhaltung wirkt sich natürlich auch auf deine Arbeit aus. Wenn du andere Verhaltensmöglichkeiten hast, werden sich dir Situationen anders oder, besser gesagt, verändert präsentieren und deinen Handlungsspielraum erhöhen. So bist du in der Lage, auf ganz natürliche Weise die Strukturen deiner Arbeit im Außen zu verändern. Dabei ist es völlig egal, welcher Arbeit du nachgehst. Sei es nun Hausarbeit oder Arbeit in einer Bank.

Arbeit und Gemeinwohl

Im Allgemeinen sieht es so aus, dass durch die Geschwindigkeit, mit der gerade Veränderungen vonstatten gehen, sich die Grundlage der Arbeit sehr schnell verändern kann. Die Arbeit wird mehr und mehr am Allgemeinwohl orientiert sein, da die Menschen begreifen, dass sie in der Gemeinschaft die meisten Vorteile für sich nutzen können.

Das wird auch dazu führen, dass Vereinzelungen und Einsamkeit unter den Menschen immer weniger werden. Aus dem Gefühl der Gemeinschaft, das in den nächsten Jahren entstehen wird, werden sich neue Arbeitsformen entwickeln, die das Individuum im Blick haben und nicht mehr nur auf den Profit ausgerichtet sind, wie es die meisten Unternehmen, die in der Zeit des Fischezeitalters gegründet wurden, immer noch sind. Erkenne und entlarve die Strukturen, die dem Fischezeitalter angehören und damit nicht mehr in diese Zeit passen. Folglich werden sich nicht mehr passende Strukturen auflösen oder verändern. Auch hier zeigt sich die veränderte Schwingung ganz deutlich. Die Firmen, die auf der Basis einer niedereren Schwingung entstanden sind, können nicht mehr neben den Firmen auf der Basis einer höheren Schwingung bestehen. Sie müssen sich verändern oder werden im Laufe der Zeit aufgelöst. Transformation oder Kapitulation. Es ist, als würde jemand versuchen, mit einer längst überholten Mode auf einem Modewettbewerb zu bestehen. Es passt einfach nicht mehr in die Zeit. Das wird immer deutlicher zu spüren sein. Wir befinden uns gerade im Übergang zwischen zwei verschiedenen Moderichtungen, wenn wir bei diesem Bild bleiben wollen.

Eigene Möglichkeiten

Jeder Einzelne wird die Möglichkeit haben, seine Arbeit und seine Persönlichkeit einzubringen und sich in Wertschätzung zu erfahren. Immer mehr werden die Matrix durchschauen und sich frei entscheiden können, sich daraus zu lösen oder nicht. Es gibt immer einige wenige, die den Anfang machen, damit andere nachziehen können.

Das alles wird auch nicht über Nacht geschehen, sondern über einen Zeitraum von mehreren Jahren. Diese Zeit wird auch benötigt, um alle Menschen zu erreichen und eine Gesellschaft zu entwickeln, die dem Einzelnen die Möglichkeit gibt, sich entsprechend seiner Persönlichkeit zu entwickeln. Erkenne, hier liegt die Freiheit des Seins: Wenn du dich entsprechend deiner Bedürfnisse entwickeln kannst, ohne an strikten Vorgaben eines Menschenbilds gebunden zu sein.

Sei frei in deinen Einstellungen und erfreue dich der Veränderung. Heilung und nicht Untergang wird es sein, was dich erwartet. Heilung auf allen Ebenen, die miteinander verbunden sind.

Erkenne, dass alles mit allem verbunden ist. Ist ein Mensch in seinem Leben und seinem Alltag glücklich, wirkt sich das auch auf die Menschen in seiner Umgebung aus.

Genauso bist du umgekehrt mit allem verbunden, wenn du unzufrieden bist. Und so wird sich deine Unzufriedenheit auf dein Umfeld auswirken. Gleiches gilt nicht nur für die Menschen, sondern auch für die Strukturen, die die Welt für dich zusammenhalten.

Ein Stein, der in ruhiges Wasser geworfen wird, bildet weitere Kreise, bis er ans Ufer schlägt und wieder zu seinem Ursprungsort zurückkehrt – in veränderter und transformierter Form. So kann man sich das Wirken der Energien und auch der eigenen Einstellung in diesem Universum vorstellen. Alles, was du tust, wird zu dir zurückkehren und dich wiederum verändern. Es ist ein ewiger Kreislauf. Es bleibt deine Entscheidung, ob es freudvoll oder nicht freudvoll für dich ist. Erinnere dich, du bist deines Glückes eigener Schmied, da du in dein Leben eingreifen kannst wie kein anderer. Habe den Mut, dein Leben selbst zu bestimmen. Wer sagt denn, dass etwas nicht möglich ist? Ist der Wille vorhanden und der Mut, etwas zu verändern, werden Wege entstehen. Nun sage nicht, dass das eh nicht funktionieren kann. Es wird dir gelingen, wenn du dich auf die Veränderung wirklich einlassen kannst und es das ist, was du möchtest. Veränderungen werden gelingen, da du ein wandelbares Wesen bist, das sich von Grund auf verändern und erneuern kann.

Erkenne und begreife, dass du die Macht über dein Leben hast, die du dir selbst zugestehst. Nicht mehr und nicht weniger. Es sind immer die Grenzen, die du dir gibst. Und wenn dieses beinhaltet, den Beruf oder Arbeitsplatz zu wechseln, da dieser Beruf oder diese Arbeit dich nicht mehr erfüllt, dann ist es deine Entscheidung, dieses auch zu tun. Es wird immer schneller zu Ergebnissen und handfesten Veränderungen kommen. Sei darauf gefasst, dass Entscheidungen, die du fällst, nun schneller in deinem Leben manifest werden und somit in deinen Alltag dringen können.

Damit hast du ganz neue Möglichkeiten, die du vorher noch nicht ergreifen konntest, da die Zeit dafür noch nicht reif war, im wahrsten Sinn des Wortes. Nun, es verläuft alles im Einklang mit der aktuellen Schwingung.

Alles zu seiner Zeit

Die Energie der Entwicklung windet sich wie ein Fluss in eine bestimmte Richtung. So, wie sich die Schwingung in einem bestimmten Maße erhöhen muss, um die Bedingung des Aufstieges der Erde in die Fünfte Dimension zu schaffen, so hat jedes seine Zeit. Gebunden an das Zeitalter der Fische haben euch in einigen Bereichen nicht die Möglichkeiten zur Verfügung gestanden, wie das heute der Fall ist. Es gibt immer die Zeit der großen Veränderungen und die Zeiten, in denen scheinbare Stabilität in der Gesellschaft herrscht. Zeiten der konservativen und Zeiten der liberalen Ideen. Erkenne, dass dieses so gewollt war, dass dem ein eigenes Gleichgewicht zu Grunde liegt. Erst wenn Zustände etabliert sind, können Veränderungen wieder nachhaltig stattfinden. Strömungen, wie zum Beispiel in der Kunst, erschaffen sich nicht einfach so. Erkenne, dass hinter verschiedenen Strömungen eine lange Entwicklung steht, der Möglichkeiten des Seins zu Grunde liegen.

Einige Menschen spiegeln in ihrer Arbeit, zum Beispiel über die Bilder die sie malen, die Veränderungen, die gerade stattfinden, wider und erreichen damit andere Menschen, die wiederum darüber einen Eindruck von der Veränderung erhalten. Zu anderen Zeiten wäre eine bestimmte Art zu malen nicht angebracht oder anerkannt gewesen. Um in der Kunst zu bleiben: Es gibt Maler, die sozusagen ihrer Zeit um einige Jahre voraus sind. Genau das sind sie dann auch. Sie greifen auf neue Stile zu, die noch nicht etabliert sind, sich aber bereits auf die eine oder andere Weise ankündigen.

Und der Satz, er ist seiner Zeit voraus, trägt so viel Wahrheit in sich. Es gibt immer Strömungen und Schwingungen, die eine gewisse Entwicklung in der Technik, der Kunst oder einer anderen Wissenschaft begünstigen, und andere wiederum verhindern. Aus diesem Grund konnten die Ideale der 68er auch niemals ganz umgesetzt werden. Die Zeit war noch nicht reif für solch eine tiefgreifende Veränderung. Nun bewegen wir uns langsam auf eine Zeit zu, in der genau die Idee der Freiheit von damals Einzug halten kann in die Gesellschaft und ins Leben der Menschen. Und dieses Mal zum richtigen Zeitpunkt. Erkenne, dass du daran teilhaben wirst. Es ist nicht mehr nur Fiktion, die irgendwo in weiter Ferne liegt, sondern es handelt sich hier um greifbare Veränderungen, die sich in den nächsten Jahren umsetzen werden. Sei deswegen darauf vorbereitet und präge das Rüstzeug aus, das du dazu benötigen wirst. Und dieses ist der bewusste Umgang mit dir und deinem Leben, eine dem Leben zugewandte und offene Haltung, die sich in deinem Sein widerspiegelt.

Wiederholungen für die Entwicklung

Es wird immer Wiederholungen in allen möglichen Bereichen der Entwicklung geben, damit du dich als Mensch in einer dir (noch) angemessenen Geschwindigkeit verändern kannst. In einer Geschwindigkeit, in der du nicht überfordert wirst und dich den neuen Strömungen anpassen kannst. Erkenne, dass du immer mehr dazu fähig bist, die Entwicklungsgeschwindigkeit sozusagen zu erhöhen. Auch das ist ein Grund, warum es dir so vorkommt, die Zeit würde dir durch die Finger rinnen.

Sobald du einen Schritt in Richtung Erfolg getan hast, folgt der nächste umso schneller, da du mit dem, was kommt, umgehen kannst. Somit besteht aus kosmischer Sicht kein Grund, die Entwicklung in bleibender Geschwindigkeit fortzuführen. Hab keine Bedenken, der rasanten Entwicklung nicht nachkommen zu können. Vertraue eher auf deine Fähigkeiten und deine innere Führung, dass alles zu rechten Zeit geschehen wird. Gehe ins Vertrauen, vor allem dir gegenüber.

68er heute

Die Ideale der 68er waren in ihrem Kern genau die Ideale, die jetzt erneut manifest werden auf Gaia. Es war die Liebe zum Leben und eine globale Form von Frieden. Jedoch war die Menschheit von ihrer Schwingung her noch nicht bereit dazu. Es war aber gerade zu dieser Zeit notwendig, ein Gespür davon zu bekommen, was möglich ist.

Bereits hier wurde ein Ausblick gegeben, was Realität sein kann. Es ist die Vision eines Lebens in Einheit, nach dem wir alle streben. Aus diesem Grund wird diese Zeit hoch gehalten und schwingt in euren Erinnerungen immer noch mit. Sei es durch die Musik, die, genau betrachtet, auch nur Schwingungen ist, oder durch die Bilder, die durch euren Fernseher kommen. Vor allem in der Musik wird der Geist dieser Zeit wieder hervorgehoben und gibt euch einen Eindruck des Möglichen. Jetzt bewegen wir uns wieder auf eine solche Entwicklungsspitze zu.

Erkenne, dass die Phase der Ruhe nun fast vorbei ist und sich die Erde auf die Erhebung in die Fünfte Dimension bereit macht. Und der Mensch mit ihr. Die Veränderungen, die du wahrnimmst, ergreifen nicht nur dich, sondern auch die Erde. Vergiss das nicht. In einem Maß, das dir wohl erst mit der Zeit klar werden wird, verändert sich das Leben auf deinem Planeten von Grund auf. Du, als Wesen dieses Planeten, bist mit ihm verbunden. Fühle dich in die Tragweite dieser Aussage ein. Wie du bemerkt hast, lade ich dich immer wieder ein, dich in die Situationen hineinzufühlen. Das tue ich aus einem guten Grund. Du sollst dich mit deinen Sinnen und deinem Gefühl darauf einstellen und öffnen können, was um dich herum geschieht. So hast du die Möglichkeit, Veränderungen schon im Vorfeld zu sehen und zeitnah auf diese auch zu reagieren, oder Entwicklungen zu deinen Gunsten zu nutzen. Nun ist es wichtig, deinen Geist zu öffnen und Neues zuzulassen. Erkenne und begreife, du bist Teil eines göttlichen Plans. Das warst du schon immer. Das war jeder Mensch schon immer, und das wird er auch immer sein.

Die Art und Weise zu arbeiten wird sich verändern.

Durch eine veränderte innere Einstellung und neue Gegebenheiten in der Gesellschaft hat der Mensch immer mehr die Möglichkeit, sein Leben selbst zu bestimmen und sich freier zu entfalten. Noch herrscht eine große Unsicherheit bezüglich der eigenen Wünsche und Vorstellungen, vor allem für den Bereich der Arbeit. Aufgrund der Tatsache, dass Beruf und Arbeit wichtig sind, das Leben zu finanzieren, sind vor allem diese Bereiche mit einem enormen Druck belegt, welcher sich in deinem ganzen System ausbreiten kann.

Bei vielen Menschen geht es gefühlsmäßig, wenn sie an ihren Beruf denken, um das nackte Überleben. Das Gefühl, das dem Beruf entgegengebracht wird, ist dann nicht die Freude an der Tätigkeit, sondern das Gefühl des Überlebenskampfes. Sobald es um das Thema Arbeit geht, haben viele Menschen den Mangel in ihrem Leben vor Augen: Dass sie nicht genug verdienen, sie zu viel arbeiten und etwas tun, mit dem sie nicht glücklich sind. Man macht etwas, weil es gemacht werden muss, weil man überleben muss, weil etwas zu essen auf dem Tisch sein muss, heißt es dann. Ich mache das eben, weil es mein Beruf ist und ich von irgendetwas leben muss.

Ich frage dich: Muss das sein? Müssen Arbeiten und Werken mit dem Kampf ums Überleben zu tun haben? Ich möchte behaupten: Nein, das muss es nicht! Du musst deinem Leben und deiner Arbeit nicht den Kampf erklären, um zu überleben. Du erklärst so vielem den Kampf: Sei es nun der Arbeit, den überflüssigen Pfunden usw. Dein Körper befindet sich damit permanent in einem Alarmzustand und schüttet Stresshormone aus. Die permanente Angriffs- oder Fluchthaltung bewirkt in dir, dass du dich nicht mehr richtig fallen lassen, nicht mehr richtig zur Ruhe kommen kannst. Dadurch verlierst du natürlich auch einen Teil deines festen Stands und deiner Vitalität, ganz zu schweigen von der Lebensfreude. So kannst du keine optimale Arbeit leisten. Am Ende leidet die Qualität deiner Arbeit darunter. So schließt sich erneut ein Kreis. Dir wird deine eigene vermeintliche Schwäche bewusst, und du schraubst deine Bemühungen einen weiteren Gang nach oben, um dem gerecht zu werden, was du dir vorgegeben hast. Das ist nicht die Lösung.

Tritt aus der Haltung heraus, alles sei ein Kampf. Versetze dich einmal in dein Selbst, als du noch ein Kind warst. Gehe einmal bewusst in die Situationen in deiner Kindheit, in denen du sorglos warst, in denen du einfach nur du warst, gespielt hast, und die Welt nicht diesen bedrohlichen Charakter hatte, den sie jetzt zuweilen hat. Merkst du einen Unterschied? Das Gefühl von Freiheit, das du gerade fühlst, ist die Basis des Fühlens, wohin sich dein Grundgefühl nun entwickeln darf. Erkenne bitte, dass es nicht mehr nötig ist, deinem Leben permanent den Kampf anzusagen. Wo und wie du das tust, kannst nur du selbst feststellen. Sei nicht so streng mit dir und lass neue Eindrücke, wie zum Beispiel Freiheit, in dir zu.

Auch hier geht es wieder um eine Veränderung der Grundhaltung. Schließe Frieden mit dir. Du bist der wichtigste Verbündete, den du haben kannst. Darum schließe Frieden. Erkenne, dass der Beginn immer in dir liegt.

Mit einer veränderten Einstellung, die dir nicht permanent den Krieg erklärt, kannst du neue Ressourcen in dir freilegen, bist in dir ruhend und kannst so aus deiner Mitte heraus handeln und auftreten. Du bist dir deiner Selbst bewusster und kannst dich bewusst entscheiden, wie eine Situation auf dich wirken soll. Sobald du in deiner Mitte ruhst, stehen dir ganz andere Möglichkeiten der Haltung und des Verhaltens zur Verfügung.

Bewusst in die Veränderung

Dadurch versetzt du dich in die Lage, deine Bedürfnisse neu einzuschätzen und deine Träume neu zu bestimmen. Ohne den Druck, der auf dir lastet, kannst du freier entscheiden und, vor allem, dich freier fühlen. Auch wenn du jeden Morgen als Angestellter zu deiner Arbeit gehst und jeden Abend wieder nach Hause. Hab den Mut, auch Veränderungen zuzulassen. Es gibt so viele Menschen, die in einer Arbeitsstelle verharren, die ihnen nicht mehr guttut, weil sie die Veränderung scheuen, weil sie die Suche nach einer neuen, befriedigenderen Arbeit scheuen. Veränderungen sind nicht immer der Zusammenbruch deiner Welt, und Veränderungen können dein Leben immens bereichern.

Stell dir folgendes Szenario vor: Eine Frau ist nicht mehr glücklich in ihrem Beruf. Sie geht jeden Morgen hin und erfüllt ihre Pflicht. Die Freude an der Arbeit hat sie schon lange verloren. Bisher hat sie sich aber nicht zugetraut, eine andere Stelle zu finden. Eines Tages trifft sie dennoch den Entschluss und begibt sich auf die Suche nach einer anderen Arbeit, die sie auch findet. In der neuen Stelle entdeckt sie die Freude an ihrer Tätigkeit neu.

In dieses kurze Szenario kann sich jeder hineinversetzen. Und genau darum bitte ich dich: Versetze dich hinein und empfinde den Verlauf nach. Gehe bewusst in die Energie der Veränderung. Da es sich hier nicht um dein Leben handelt, ist es natürlich wesentlich einfacher für dich, dich hineinzuversetzen. Jedoch, es ist die gleiche Energie, wenn es dir selbst widerfährt.

Ich möchte dich einladen, gedanklich wieder flexibel zu werden. Dich gedanklich auf neue Situationen einzustellen und Neues zuzulassen. Erkenne, dass in der Kraft der Veränderung dein größtes Potenzial liegt. Du bist so wandelbar als Mensch. Nimm diese Fähigkeit an. Man sagt doch immer, dass der Mensch sich allem anpassen kann. Und das ist auch richtig und wichtig so.

Sei ein Surfer auf einer Welle. Es bringt dir nichts, wenn du in den Wellen stehst und Widerstand leistest.

Du wirst entkräftet aufgeben. Stemme dich nicht dagegen und erkläre der Welle den Kampf, sondern lass dich von der Welle treiben. Seetang ist eine Pflanze, die sich jeder Wellenbewegung anpassen kann. Sie gibt sich den Wellen hin. Und so wird sie nicht entwurzelt und zerstört. Selbst bei hohem Wellengang kann sie wachsen und gedeihen. Auch in nicht einfachen Situationen kannst du, gleich der Wasserpflanze, wachsen und gedeihen.

Gib dich den Wellen hin. Du kannst dir immer aussuchen, wie du den Wellen begegnest.

Übung: Hingabe

Als praktische Übung möchte ich dich bitten, einmal ins Meer zu gehen. Es sollte nicht so kalt sein, dass du dir überlegst, die Übung zu beenden. Steht dir das Meer nicht zur Verfügung, geh in ein Schwimmbad, das ein Solebecken hat.

Nimm dir Zeit für dich.

Und dann leg dich auf das Wasser. Lass dich von der Kraft des Wassers treiben und dich fallen. Gib dir die Erlaubnis, dich komplett fallenzulassen. Sei dir gewahr, dass du getragen wirst von der Kraft des Wassers. Sei dir bewusst, dass du keine Kontrolle über die Bewegung des Wassers hast.

Je mehr du dich hingeben kannst, je mehr du den Widerstand aufgibst, desto besser kannst du auf den Wellen treiben und dich entspannen. Ja, entspanne dich. Fühle dich geborgen und lass alles los, was in dir hochkommt. Du wirst feststellen, wenn du dich nicht vollkommen dem Wasser hingeben kannst, wirst du untergehen.

Diese Übung eignet sich für eine beständige Wiederholung. Sie hilft dir, deinen Standpunkt zu verändern und in deinem Leben lockerer und entspannter zu werden.

Neue Impulse

Stell dir einmal vor, du könntest dein Leben selbst bestimmen. Stell dir vor, du könntest den Beruf haben, der dich erfüllt. Erkenne, dass genau das möglich ist. Öffne dein Denken für neue Impulse. Sei aufmerksam, was das Leben an dich heranträgt. Die Öffnung deines Geistes ist die erste Voraussetzung, um dein Leben hinsichtlich deiner Wünsche und Vorstellungen zu verändern. Du solltest dir darüber im Klaren sein, welche Wünsche du in dir trägst. Was bewegt dich?

Was hast du dir noch alles vorgenommen?

Tust du es als Hirngespinst ab, dem es nicht lohnt nachzugehen, oder lebst du deine Träume aus? Wann hast du das letzte Mal geträumt?

Ich frage dich das alles, um dich für deine Bedürfnisse wieder neu zu sensibilisieren. Sobald du weißt, was du willst, hast du die Möglichkeit, dein Leben für dich freudvoller und intensiver zu gestalten. Dazu brauchst du auch das Wissen um die Matrix, in der du lebst. Lerne deine Umgebung kennen und habe den Mut, dich neu zu erfinden.

Übung: Neue Impulse in der Matrix

Schließe die Augen und erlaube dir, in einen Zustand der Entspannung einzutreten, in dem du einfach nur du sein kannst. Erlaube dir, deine Gedanken, die dich an diese Welt binden, loszulassen und finde dich wieder in deinem Körper. Einem wunderbaren Gefäß, durch das du hier auf Erden wandeln kannst. Dem Tempel deiner Seele. In deiner Körperlichkeit. Fühle nun nach, wo dein Körper aufhört zu sein und die Umwelt um dich herum beginnt.

Erkenne, dass alles miteinander verwoben ist. Du bist Teil eines großen Ganzen und als solches mit allem verbunden. Der Berg ist genauso mit dir verwoben wie der Vogel am Himmel oder der Mensch, den du liebst.

Es gibt jetzt keinen Unterschied. Als Teil des großen Ganzen bestehst du aus den gleichen Bauteilen wie dein Partner oder ein anderer Mensch. Du bestehst sogar aus den gleichen Bauteilen wie dein Haustier. Du bestehst aus den gleichen Molekülen. Du bist ein Kind dieser wunderbaren Erde und über die Erde mit allem Leben auf diesem Planeten verbunden. Du gehörst zum Wesen Mensch, das auf diesem Planeten lebt. Du bist Mensch. Genau wie dein Nachbar auch Mensch ist.

Verbinde dich nun mit deinem göttlichen Kern. Tief in dir ist die Verbindung zur göttlichen Einheit vorhanden. Magst du sie nun Gott oder göttliches Selbst nennen. Verbinde dich mit dieser Macht, deren Ebenbild du bist. Erkenne deine eigene Göttlichkeit in diesem Augenblick. Nimm die Fäden wahr, die dein Lebens mit allem um dich herum verbinden. Du nimmst Einfluss auf sie so, wie sie Einfluss auf dich nehmen. Erkenne das Netz, das jeder Mensch auf diesem Planeten webt und sich so mit Allem-was-ist verbindet.

Nun nimm Kontakt zur Erde auf. Zu Mutter Erde, auf der du liegst oder sitzt. Spüre ihren Druck von unten und spüre den Halt, den sie dir gibt. So verbunden mit dem Himmel und der Erde gehe nun in deinen Alltag und sieh dich um – mit Augen der Verbindung. Erkenne die Fäden, die gesponnen sind zu jedem Menschen in deiner Umgebung, und erkenne die Matrix, die dich umgibt. Nimm dir die Gelegenheit, sie dir anzusehen, und erlaube dir, sie wirklich wahrzunehmen. Sie ist da. Die ganze Zeit.

Gehe nun in eine Szene deines Lebens und überprüfe sie nach den Einwirkungen, die die Matrix auf dich hat. Was war, als du das letzte Mal einkaufen warst oder einen Wunsch formuliert hast?

Öffne dich dieser Energie. Nur so kannst du sie von deinen ureigenen Energien abgrenzen und mit ihr spielen wie mit einem Ball, den man in die Luft werfen kann. Erkenne, dass du in deinem Inneren frei und ungebunden bist, denn es ist dein freier Wille, ein Teil der Matrix zu sein.

Sei dir der Anbindung an die Erde und deinen göttlichen Kern bewusst.

Stell dir nun folgende Szene vor: Du stehst in Ägypten. Vor dir erheben sich die Pyramiden von Gizeh. Du stehst auf einer Anhöhe und blickst auf die Pyramiden. Gehe nun hinunter zu den Pyramiden. Es ist Morgen, und die Son-

ne erscheint über dem Horizont. Der Morgenstern ist noch zu sehen. Du nimmst das alles wie durch einen Schleier wahr.

Jetzt liegt die Pyramide vor dir. Vor dir liegt ein Portal. Begib dich zu der Pyramide und betritt sie. Innen ist sie mit Kristallen ausgekleidet und glitzert im Licht des neuen Morgens. Sie leuchtet in allen Farben des Regenbogens. Es ist sehr hell in diesem Raum.

Tritt in die Mitte des Raums. In der Mitte hängt in circa zehn Metern Höhe eine Lichtquelle. Ein hell strahlendes Licht, das sich an den Wänden der Pyramide bricht und sie in allen Farben glitzern lässt. Begib dich in die Mitte. Ein Strahl hellen Lichts strahlt auf dich ein und dringt in deinen Scheitel ein.

Rufe nun die zwölf Engel der zwölf kosmischen Strahlen in diesen Kreis hinein. Um dich herum erscheinen die zwölf Engel. Sie erscheinen zart, fast transparent. Sie formieren sich in einem Kreis um dich herum und nehmen Kontakt auf zu dem glänzenden Licht über dir. Jeder Engel strahlt in einer anderen Farbe. Bei der Verbindung entsteht ein Ton, der von den Wänden widerhallt. Der Gesang der Engel flutet die ganze Pyramide mit einem Teppich aus Klang und Licht. Fühle, wie diese Energie dich umgibt wie Frühnebel im Frühling.

Gib nun die Bilder der Matrix in dieses Licht und lass es transformieren. Die Bilder aus deinem Geist können sich nun in ihrer Wertigkeit verändern und transformieren. Erkenne, dass hier Heilung der Matrix um dich herum geschieht. Du kannst jede Situation in das Licht der Pyrami-

de hineingeben. Erkenne, dass du hier bereits die Wirklichkeit veränderst und so aktiv auf dein Leben einwirken kannst. Erkenne, dass alles, was du hier in das Licht gibst, auf allen anderen Ebenen Heilung erfahren darf. Durch die Verbindung der zwölf kosmischen Strahlen, der zwölf Engelchöre und der Anbindung an die Erde sowie die Verbindung zu deinem Hohen Selbst erschafft sich Heilung in der Dritten Dimension. Diese Heilung gelangt nun auf einem ganz natürlichen Weg in dein System und beginnt dort auf die Matrix einzuwirken

Theater

Sieh die Matrix als ein Theater, dessen Zuschauer du bist und das du nach Belieben betreten oder verlassen kannst. Auf diese Weise erlangst du mehr und mehr innere Freiheit und innere Stärke, in deinem Handeln auf diesem Planeten und in deiner persönlichen Welt.

Auch auf diese Weise kannst du Zugriff nehmen auf die Rahmenstruktur deiner Arbeit. Gib die Situation deiner Arbeit in das Licht der Pyramide und lass sie es verändern.

Ich möchte dir auch sagen, dass Veränderungen in dir an deinem Umfeld nicht spurlos vorübergehen werden. Die Menschen, die dir nahe stehen, werden darauf reagieren. Hab keine Scheu davor.

Auch wenn dein Verhalten auf Ablehnung stößt, kann ich dich beruhigen. Du wirst davon immer weniger berührt werden. Du gehst immer weniger in Resonanz dazu und lässt somit diese Schwingungen gar nicht erst an dich heran. Das ist gut und notwendig. Du wirst dich immer mehr in ein Gleichgewicht hineinbegeben, das, integriert in deinen Alltag, dein Leben stabiler und überschaubarer gestaltet. Deine Tätigkeiten, deine Arbeit und dein Umfeld können sich dir nun in einem anderen Licht präsentieren. Ich möchte dir noch einmal sagen: Erkenne, dass du in der Verantwortung für dein Leben dieses verändern kannst. Hierzu benötigst du Hingabe an dich selbst und die Erkenntnis, dass du über dein Leben selbst bestimmen kannst.

Gesamtheitlicher Ansatz – Die Essenz

Was bedeutet der Ausdruck Essenz? Mit Essenz ist die Idee, der Ursprung, von etwas gemeint. Die Essenz ist die Grundlage. Die Essenz ist der göttliche Kern, der in allem steckt. Es ist die Liebe zum Leben und der Ausdruck von Gott in der Dritten Dimension.

Lange Zeit gab es in den verschiedensten spirituellen Schulen und Ansätzen Techniken und Methoden, um Fülle zu erschaffen. So viele Glaubenssätze, um Mangel zu beseitigen und Erleuchtung zu erlangen. So viele wundervolle Methoden für unterschiedliche Situationen wurden geschaffen. Jeder Aspekt der Seele wurde in einer neuen Methode behandelt. Die Fokussierung lag immer auf einem Thema, das gerade für den Menschen wichtig war. Alle Facetten wurden mit einer sehr großen, ich möchte einmal sagen, Ausdauer betrachtet. Der gesamte Mensch mit der Gesamtheit seiner Blockaden, Emotionen und Verbindungen ist erst in jüngster Zeit in den Vordergrund getreten. Eure Medizin und spirituellen Schulen entwickeln sich mehr und mehr hin zu einem ganzheitlichen Ansatz, den Menschen als ganzes Wesen wahrzunehmen.

Bald wird es so sein, dass ein Zahnarzt nicht nur den Zahn behandelt, sondern den ganzen Menschen. Neue Möglichkeiten der Behandlung werden geschaffen, neue Möglichkeiten, die eigenen Kräfte zu aktivieren, werden entdeckt.

Bitte erkenne, dass es bald nicht mehr nötig sein wird, für jedes Wehwehchen ein eigenes Pflaster zu entwickeln.

Es reicht ein Ansatz, um eine Heilbehandlung durchzuführen. Der Ansatz mag noch so unterschiedlich sein, die Essenz, die dahintersteckt, ist bei jedem Menschen gleich. Es ist der bewusste Umgang mit sich und seinem Leben. Sei dir dessen bewusst. Deine Visionen und dein Leben spiegeln dir die Summe deiner Gedanken und die Liebe zum Leben und zu Allem-was-ist. Deine Seele möchte sich in dieser Dimension erfahren. Sie möchte sich erleben. Beginne, zu dem Göttlichen in dir eine Beziehung aufzubauen, die dein Leben bereichern wird.

Der Alltag

Beginnen möchte ich mit dem Bereich in deinem Leben, der dich in direkter Weise beeinflusst und sich über dich definiert, wie auch du dich über ihn definierst. Es geht um den Alltag. Zu Beginn möchte ich feststellen, dass Alltag lediglich eine Bezeichnung für Routinehandlungen ist, die deinem Leben Stabilität und Regelmäßigkeit geben. Es ist ein Bereich in deinem Leben, der durch seine beständigen Wiederholungen zu einem Eckpfeiler deiner Realität wird.

Ich möchte mit einem Bild beginnen. Stell dir vor, du seist eine Ameise. Du lebst in einem Staat der Ameisen, irgendwo mitten im Wald. Du folgst Tag für Tag den anderen und deinem Instinkt als Ameise, der dir sagt, dass du ein Teil eines großen Ganzen, des Ameisenstaats, bist. Du folgst tagtäglich einem Trott. Du bist eine Arbeiterameise und dazu da, den Bau zu errichten, auszubauen und zu verschönern. Du beginnst wie jede Ameise deinen Alltag und endest ihn wie jeden Tag. Du gerätst in Stress, wenn der Bau, in dem du lebst, durch eine herabfallende Kastanie beschädigt wird, und machst eine Extraschicht, um die Schäden zu beheben. Du bist getrieben von der Notwendigkeit, zu handeln und dich zu bewegen. Gemeinsam mit so vielen anderen Ameisen um dich herum.

Auch du als Mensch bist ein Teil eines großen Überbaus, den ihr Land, Gesellschaft, Region oder Gemeinschaft nennt. Als Teil solch eines Gebildes hast du deinen Platz gefunden. Du bist ein Rad in einem großen Getriebe geworden, das dein Leben und deinen Alltag zu einem großen Teil bestimmt und lenkt. Du folgst, um es ein wenig übertrieben zu formulieren, jeden Tag deinem Trott und beendest jeden Tag auf eine ähnliche Weise. Alles verläuft in geregelten Bahnen, die für dich Sicherheit und Beständigkeit bedeuten. Und bei Abweichungen gerätst du wie die Ameise in Stress, um den bekannten und sicheren Status wieder herzustellen. Begreife, ich möchte dich nun nicht mit diesem Tier vergleichen. Ich möchte lediglich einige Parallelen aufzeigen, die sich durch das Tierreich und das Reich der Menschen ziehen und doch nicht ganz so verschieden sind, wie zuerst angenommen. Alles wiederholt sich. Warum soll es dann keine Parallelen geben, die das Leben auf diesem Planeten betreffen? Ihr hattet einige tausend Jahre zur Verfügung, um euch auf einen Alltag einzustellen. Euch darauf einzulassen, dass alles in gewisser Form schon einmal da war und auch wieder da sein wird.

In der Vergangenheit war es wichtig, sich auf das Spiel der Jahreszeiten einzulassen. Davon hing das Überleben der Menschheit ab. Wie wichtig war es doch für eure Vorfahren, genau die richtige Zeit zu bestimmen, die Saat zu säen. Das Leben damals war aufs Tiefste geprägt von Phänomenen wie Wetter, Jahreszeit und gesundheitlichem Zustand der Gemeinschaft, in der man lebte. Der Mensch lernte Notwendigkeiten und damit verbundene Regelmäßigkeiten kennen. Die Notwendigkeit, sich auf die Zyklen einzulassen, erschuf den Alltag. Die Jahreszeiten wechseln, die Saat wird gesät, gezogen und kultiviert, geerntet und gelagert, bis sie im Frühjahr aufs Neue gesät werden kann. Ein Mensch wird gezeugt, geboren und aufgezogen, zeugt und gebiert eigene Kinder und schließt wiederum den Kreislauf. Euer gesamtes Brauchtum ist ein Ausdruck von Alltag, der sich über die Jahrhunderte hin gehalten hat und für euch ebenfalls ein Bestandteil des Alltags ist. So viel hat sich nicht verändert.

In eurem Alltag ist es so, dass jeder von euch einem gewissen Trott folgt, an den ihr euch gewöhnt habt. Meist mit wenig Höhen und Tiefen. Und wenn diese Höhen und Tiefen doch auftreten, die Routine gestört wird, empfindet ihr dieses als ein Drama. Etwas, das verunsichert und dazu führt, dass man den gewohnten Tritt verliert. Es ist wie mit Schuhen, die ihr eingelaufen habt. Die Schuhe sind bequem, ihr habt euch an sie gewöhnt. Aber irgendwann kommt die Zeit, wo diese Schuhe vielleicht zu klein geworden oder einfach so weit abgenutzt sind, dass ihr neue braucht. Erkennt ihr die Parallelen? Irgendwann ist ein Punkt erreicht, wo ihr euch nicht länger an eurem Alltag festhalten könnt. Dann müssen neue Schuhe her, die am Anfang noch nicht so weich und gewohnt sind wie die alten. Wenn ihr sie jedoch eine Zeit lang tragt, werdet ihr feststellen, wie bequem sie auf einmal sind, und die alten Schuhe nicht mehr missen. Ihr werdet sogar froh über das neue, festere und stabilere Schuhwerk sein.

Zu Beginn der neuen Schuhe seht ihr es als eine Zeit, in der es ein wenig schwerer ist. Dabei handelt es sich nur um eine Einstellung des Geistes. Ihr habt euren Standard, an dem ihr euch orientiert. Einen Zustand „Normal". Aber ich frage dich: Wovon machst du diesen Zustand „Normal" abhängig? Woran erkennst du dein „Normal"? Wenn es nach geordneten Bahnen läuft, oder wenn es einfach nichts gibt, über das du dich aufregen kannst, außer vielleicht, weil ein netter Mitmensch den Parkplatz schneller bekommen hat als du selbst. Nun, ist es nicht eine Verschwendung, dich mit deinem Alltag zufriedenzugeben, der dir nichts gibt außer der sturen Routine?

Wo ist die Fröhlichkeit, die dein Leben eigentlich begleiten sollte? Wo sind die Aufregung und die aktiv gelebte Lust am Leben? Zumindest sollten sie da sein. Wo verspürst du Freude in deinem Alltag? Freude, die dir durch Mark und Bein fährt. Schau genau hin. Dieses Gefühl der Begeisterung und der Lebenslust stellt sich dann ein, wenn Veränderungen, und zwar positive Veränderungen, stattfinden.

Ein Kind wird in eine Familie hineingeboren. Und die Familie ist nicht mehr dieselbe. Es hat sich etwas verändert. Dennoch ist es so, dass hier Freude wahrgenommen wird.

Bitte, nimm dir nun die Zeit und lass dich auf deinen Alltag ein. Gehe in Gedanken einen ganz typischen Tag durch. Wann stehst du auf? Wann und wie nimmst du deine Mahlzeiten ein? Wie ist dein Weg zur Arbeit? Womit verdienst du deinen Lebensunterhalt? Mit welchen Gefühlen kommst du nach Hause? Wie verbringst du deinen Abend? Wartet ein Partner oder eine Familie auf dich? Lebst du alleine? Nimm dir nun fünf Minuten und reflektiere über deinen Alltag.

Er ist so, wie er ist, einzigartig, und kein anderer Mensch hat solch einen Alltag. Fällt er dir überhaupt noch auf? Was prägt dein Leben? Welche Höhen und Tiefen hast du in deinem Alltag. Gibt es sie überhaupt? Ich denke, du erkennst langsam, worauf ich mit diesen Fragen hinaus will. Es ist an der Zeit, dich selbst für dein Leben zu sensibilisieren. Und hierzu musst du in deinen Alltag gehen. Finde die Freude wieder, jeden Tag aufs Neue zu genießen. Gehe dazu auch bewusst in die Veränderung, die dein Leben ausmacht und die dich zu Größerem führen kann: jeden Tag zu einem neuen und perfekten Tag zu machen. An jedem Tag hast du die Möglichkeit, daraus einen unvergesslichen Tag zu machen.

Weißt du, Mensch, wenn du die Einstellung zu deinem Alltag veränderst, verändert sich auch deine Lebensqualität um ein Vielfaches. Viele Traditionen auf diesem Planeten haben sich mit dieser Frage befasst und daraus auch unterschiedliche Methoden entwickelt. Sei es nun die Lehre des Ayurveda oder Zenbuddhismus. Jedoch habe keine Bedenken bezüglich deiner gelebten Traditionen. Dein Leben plätschert nicht vorbei mit den traditionellen Höhepunkten wie dem jährlichen Weihnachtsfest. Veränderung und die Hinwendung zu dem, was dein Leben verändern kann, heißt nicht Aufgabe. Hingabe an das Leben ist die Hinwendung zu dem, was du unter Lebensfluss verstehst. Es ist nicht die Aufgabe deiner Kultur. Es ist lediglich ein Spiel innerhalb eines Rahmens, den du in deiner Gesellschaft hast.

Das Rad muss nicht immer wieder neu erfunden werden. Jedoch mach dich frei dafür, dass das Rad nicht immer gleich sein muss oder kann. Erkenne, dass alles sich wiederholt, aber in immer neuen Formen. Die Jahreszeiten kehren immer wieder, und doch sind es nie die gleichen. Am Anfang eines jeden Zyklus steht Veränderung. So, wie sich dein Leben vollständig wandelt und sich doch scheinbar immer wieder ähnelt.

Das ist eine Form, in der du lernen kannst, dich zu bewegen. Mit ihr zu spielen und durch sie zu wachsen. Dann, und nur dann, kannst du dich dem Leben, dem Lebensfluss, hingeben, ohne dabei unterzugehen, und ohne Angst, dass dein Leben sich dadurch vollkommen verändern könnte. Sei in der Sicherheit, dass du auch dann immer noch der oder dieselbe bist. Ich möchte noch einmal wiederholen, da es so wichtig ist: Hingabe an das Leben und an die Veränderung, die das Leben mit sich bringt, ist nicht die Aufgabe von dem, was dir lieb und teuer ist. Nimm Abstand von der Vorstellung, dass alles gleich bleiben muss, um dich zu erfüllen und glücklich zu machen.

Lass zu, dass dein Leben wieder zu einem Höhepunkt an jedem Tag werden kann. Erkenne, dass du mit einem Leben gesegnet bist, das auf dieser Erde einzigartig ist. Durchforsche deinen Alltag. Er ist es wert, dass du dich an ihm freust. Heißt es nicht, man soll dem Leben nicht mehr Jahre, sondern den Jahren mehr Leben abgewinnen? Es gibt so viele Weisheiten in eurer Kultur, die sich genau damit befassen. Hier kannst du Gedanken und Ideen finden, die dich tiefer in diese Materie führen. Lass dich darauf ein.

Inseln

Richte dir kleine Inseln in deinem Alltag ein. Inseln, an die du dich bewusst zurückziehen kannst. Orte, an denen du dich in dich selbst zurückziehen kannst. Das ist entspannender als ein Film im Fernsehen. Natürlich heißt das nicht, dass du nie wieder einen Film sehen sollst. Keineswegs. Die Filme in eurem Fernsehen bewirken auch Entspannung und können sehr lehrreich sein. Ich meine damit aber, dass du dich einmal in dich selbst zurückziehen sollst. Besinne dich in dich. Ich weiß, es ist einfacher, sich ohne einen weiteren Gedanken an den Fernseher zu setzen. Nicht zu denken, sich mit nichts mehr zu befassen. Jedoch gehört diese geistige Hygiene genauso zu deinem Leben, wie die körperliche Hygiene.

Wie lange ist es her, dass du deinen Gedanken und Gefühlen bewusst Aufmerksamkeit geschenkt hast?

Wie lange ist es her, dass du einmal bewusst in dich gegangen bist?

Dich bewusst in dich versunken hast?

Du nimmst dir jeden Tag Zeit, um deinen Körper zu pflegen. Er ist das Haus deiner Seele. Du kümmerst dich um den Garten und die Fassade deines Hauses. Was ist aber mit dem Innenleben? Da, wo der Sitz deiner Seele und deiner Psyche ist? Wann hast du dort das letzte Mal einen Großputz gemacht und alles entrümpelt? Es gibt so viele Menschen, die eine schöne Fassade und einen herrlichen Gartenund noch nie bewusst die Räume ihres Hauses betreten haben. Ist es nicht genauso wichtig, das

Haus auch innerlich sauber und angenehm zu gestalten?

Erschaffe dir eine Insel in deinem Alltag, wo die innere Hygiene wieder einen Raum findet. Solche Inseln in deinem Leben sind wichtig. Inseln, die nur dir und keinem anderen Menschen gehören. Inseln, die dich wieder zu dir und damit zu deiner inneren Kraft und Stärke führen können. Wenn du viel im Außen unterwegs bist, mit Menschen zu tun hast und ständig präsent sein musst. Wenn du für jeden da bist, der deiner Hilfe bedarf, und dein Leben organisierst und lebst, dann ist es umso wichtiger, dass du auch in deiner Mitte ruhst. Das ist das Geheimnis der inneren Kraft und Stärke, die sich in dein Außen tragen. Bist du in deiner Mitte und in deiner Ruhe, bist du wesentlich belastungsfähiger und ausdauernder.

Körperlich-geistige Hygiene

Diese Inseln gehören zu deiner eigenen geistig-körperlichen Hygiene. Es gab eine Zeit, da verbrachten die Menschen sehr viel Zeit mit der geistig-körperlichen Hygiene. Denn nur wenn du dir ausgewogen und zentriert begegnen kannst, kannst du im Außen dein volles Potenzial entfalten.

Erkenne, dass du als Person viele positive Eigenschaften zu bieten hast. Es ist einfacher, sich seine schlechten Eigenschaften in den Sinn zu rufen als die guten. Erlaube dir einmal, dich in ein gutes Licht zu rücken. Viele Menschen wissen ihren Wert nicht mehr zu schätzen. Erziehung und eigene Einstellungen machen es ihnen schwer, ein positives Bild von sich selbst zu erzeugen und dieses auch nach außen zu tragen. Ist es nicht so, dass es einfacher ist, im Außen seinen Selbstwert zu finden? Genau hier greift auch die eigene innere Hygiene. Solange du noch darauf angewiesen bist, im Außen in deinem Selbstwert bestätigt zu werden, kannst du niemals die volle Kraft aus dir heraus schöpfen. Und ruhst du nicht in deiner Mitte, in deinem Zentrum, kannst du deinen Wert in dir selbst nicht sehen.

Du musst hierzu nicht jeden Tag stundenlang meditieren und ein Meister der inneren Versenkung werden. Es genügt, wenn du deine inneren Inseln kultivierst und in dir zur Ruhe kommst. Erkenne die Zusammenhänge zwischen deiner geistigen Hygiene und deinem Selbstwert. Sobald du in dir zur Ruhe kommst, siehst du deine Umwelt und vor allem dich klarer und kommst mehr und mehr an dein Potenzial heran, das in dir ist. Und desto mehr erkennst du dich in deiner vollen Persönlichkeit. Definiere dich selbst und lass dich nicht von anderen definieren.

Sei dir deines Wertes bewusst. Erkenne, dass du Grund hast, stolz auf dich als Persönlichkeit zu sein. An dir ist nichts Schlechtes. Habe den Mut, dir selbst in die Augen zu blicken, und habe den Mut, dich selbst zu definieren und deinen Wert nicht über andere Menschen zu bestimmen.

Natürlich ist es wichtig, was andere Menschen von dir sagen und wie sie zu dir stehen. Aber das ist erst der zweite Schritt, den du zu gehen hast. Beginne mit dem ersten

Schritt. Und dieser Schritt bist du. Selbst wenn dir dein Umfeld vorwirft, ein Versager oder ein schwarzes Schaf zu sein oder dies und jenes nicht gut genug zu machen, ruhst du immer noch in deiner Mitte und hast die Möglichkeit, den Wahrheitsgehalt dieser Botschaft für dich zu reflektieren. Du bist dann in der Lage zu entscheiden, dieses Bild für dich anzunehmen, oder nicht.

Erkenne, dass hier auch eine immense innere Freiheit zu finden ist. Freiheit bedeutet, sich selbst zu entscheiden und mögliche Konsequenzen oder Veränderungen auch zuzulassen. Die Freiheit, sich selbst zu definieren, jeden Tag aufs Neue ein Bild von sich zu erschaffen, ist ein Vorrecht des mündigen Menschen. Freiheit und das Annehmen der Veränderung machen dich zu einem Menschen, der selbst über sich bestimmen kann. Losgelöst von den Meinungen in deinem Umfeld.

Erkenne, dass alle Einstellungen und Ansichten, die jeder Mensch innehat und die so verschieden sind wie die Menschen selbst, immer nur verschiedene Versionen einer Wahrheit sind. Jeder Mensch erschafft sich seine Welt und damit seinen Alltag selbst. Jeder Mensch interpretiert das, was um ihn herum geschieht, anhand seiner Erfahrungen und seines Lebens. Anhand dieser Interpretation gibt es vermeintlich schlechte und gute Eigenschaften. Es handelt sich jedoch nur um Interpretationen. Es sind Eigenschaften, die durch die Bewertung des Menschen zu schlechten oder guten werden.

Und so kommt es auch, dass vermeintlich schlechte Eigenschaften in den Augen eines anderen zu positiven

Eigenschaften werden. Gibt es gute oder schlechte Eigenschaften überhaupt?

Ist nicht jede Eigenschaft von dir eine ganz persönliche, die deine Person erst ausmacht?

Eigenschaften verändern sich natürlich. Sie werden immer daran gemessen, was in der Gesellschaft, in der du lebst, normal ist. So werden aus Eigenschaften Tugenden, die es gilt anzustreben. Nimm das an, was deine Persönlichkeit ausmacht, und werde so zu einer Persönlichkeit, die Tiefen, aber auch Höhen hat.

Und wenn du sagst, dass ist nicht dein Weg, ist es DEIN Wille, zu deinen alten Strukturen zurückzukehren. Ich möchte dich nun einladen, mit mir auf eine mentale Reise zu gehen, um deine Inseln und damit deine geistige Hygiene zu kultivieren.

Sehr gut für diese Meditation eignet sich das Lied von Enya, *From where I am*, von der CD „*The Memory of the trees*".

Übung: Kultivieren der inneren Inseln

Richte es so ein, dass du bequem sitzt oder liegst. Nimm dir Zeit, um zur Ruhe zu kommen. Nimm dir Zeit, dich von deinem alltäglichen Geschehen zu lösen. Sorge für Ruhe und eine ungestörte Atmosphäre. Nimm einige tiefe Atemzüge und gehe in dich. Werde ruhig und spüre dich, wie du hier liegst oder sitzt. Alles, was dich bedrückt und dir Sorgen bereitet, ist jetzt nicht mehr wichtig. Nimm diese Gedanken und lass sie den Wolken gleich ziehen.

Nimm nun deinen Körper wahr: deine Arme, deine Beine, deinen Kopf und deinen Rumpf. Nimm ihn wahr, aber bewerte ihn nicht. Es geht nicht darum, ihn zu bewerten, sondern einzig und allein darum, ihn wahrzunehmen. Atme tief und ruhig, und bei jedem Atemzug wirst du immer ruhiger. Zähle langsam bis zur Zahl Zehn. Stell dir vor, dein Körper ist ein Haus, in dem du wohnst. In diesem Haus bist du zu Hause.

Erkenne, dass hier der Ort ist, der dir Kraft und Stärke gibt. Hier sind alle Bereiche deines Seins. Hier befinden sich deine Seele, deine Gedanken, deine Gefühle und das, was du als deine Persönlichkeit kennst. Du stehst vor dem Haus deines Seins. Noch ist es vom Nebel des Alltags verborgen. Dicke Nebelschwaden ziehen vor deinen Augen vorbei. Sie machen es dir unmöglich, das Haus zu betrachten. Weiße dicke Schwaden wabern vor deinen Augen. Lass diese Szene einfach auf dich wirken. Das ist der Zustand, in dem du dich in deinem alltäglichen Leben befindest, dann, wenn du dich nicht auf deine Mitte konzentrierst und dich vom alltäglichen Geschehen mitreißen lässt.

Du weißt, das Haus liegt vor dir, die Aspekte deines Seins wohnen darin, immer im Hintergrund, jedoch nicht erreichbar. Und nun erlaube dir, dass die Sonne der Klarheit und Erkenntnis zu scheinen beginnt. Dass sie ihre Wärme verbreitet und dich und die Welt um dich herum erwärmt. Ein Gedanke reicht, um die Sonne zum Strah-

len zu bringen. Erkenne, dass durch die Sonnenstrahlen die Nebelschwaden langsam aufgelöst werden. Sie werden durch die Sonne immer dünner und beginnen sich ganz langsam aufzulösen und dünner zu werden. Lass der Sonne nun die Zeit, die sie benötigt, um den Nebel aufzulösen. Je dünner der Nebel wird, desto bewusster wirst du in deinem Sein. Das kann einige Minuten dauern. Lass der Sonne die Zeit und versuche, den Nebel nicht zu schnell aufzulösen. Je bewusster du dich darauf einlassen kannst, desto sicherer wirst du das Haus erkennen und wahrnehmen können. Gib dir diese Möglichkeit. Der Nebel ist ebenso ein Sinnbild für deine Existenz. Du hast oft das Gefühl, im Dunkeln zu sein. Nicht zu erkennen, wohin dich dein Weg bringen wird. Das Geheimnis liegt darin, den Nebel frei zu lassen. Lass los, gib dich dem Lebensfluss hin und erlaube dir, dass die Sonne deines Bewusstseins scheinen darf.

Langsam werden nun die Schwaden dünner, und du beginnst, die Umrisse des Hauses auszumachen, wie sie durch den Nebel scheinen. Wie in einem Traum liegt das Haus vor dir. Noch unwirklich, aber immer mehr rückt es in dein Bewusstsein.

Welche Form hat das Haus? Noch ist es dir nicht möglich, etwas anderes als die Umrisse zu erkennen. Welche Umrisse hat das Haus? Lass dir Zeit, es zu betrachten. Nach und nach legen die Sonnenstrahlen das Haus frei. Und langsam werden Fenster und ein Eingangsbereich sichtbar. Nimm dir Zeit, alles in dich aufzunehmen. Wie sehen die Fenster aus? Haben sie Fensterläden? Handelt es sich um eine große Villa oder ein kleines, niedliches Landhaus? Langsam wird auch ein Garten sichtbar. Ist er groß oder klein? Ist er überwuchert oder gepflegt? Welche Pflanzen wachsen darin? Bäume, Büsche oder Blumen? Wie groß ist er? Handelt es sich um einen Vorgarten oder einen kleinen Park? Nimm dir Zeit, dieses Schauspiel zu betrachten. Der Nebel verzieht sich langsam. Ganz langsam. Du kannst jedoch schon die Wärme der Strahlen der Sonne deines Bewusstseins auf der Haut fühlen. Das Haus wird immer klarer vor deinem Auge. Langsam werden auch Details sichtbar. Der Nebel ist nur noch ein Hauch dessen, was er zu Anfang war, und verflüchtigt sich nun vollkommen.

Nimm dein Haus in seiner Vollkommenheit wahr. Es ist das Gefäß, das deine Seele in dieser Inkarnation bewohnt. Es ist die Brücke zwischen der Welt draußen und der Seele im Inneren. Es ist das Bindeglied, um die Welt erfahren zu können. Um die Welt erfahrbar zu machen, be-greif-bar zu machen. Betritt nun den Garten, die Veranda, den Vorgarten oder das, was vor der Tür deines Hauses liegt. Betrachte den Eingangsbereich. Auf der Tür vor dir zeichnen sich Szenen aus deinem Leben ab. Szenen, die gerade jetzt wichtig zu sein scheinen. Szenen, an die du vielleicht eine lange Zeit nicht gedacht hast. Nimm sie wahr, bewerte sie aber nicht. Nimm Abstand davon, bewerten zu wollen. Nimm es wahr als das, was es ist: Szenen aus deinem Leben. Sie sind weder gut noch schlecht. Es sind lediglich Szenen. Das ist die Energie deines Eingangsbereichs. Mit dieser Energie gelangst du in das Haus deines Selbst hi-

nein. Das ist der Schlüssel. Lege nun beide Hände auf die Tür. Sie öffnet sich und schwingt nach innen auf. Der Gang oder der Raum vor dir liegt noch im Dunkeln. Langsam gewöhnen sich deine Augen an die Lichtverhältnisse und du beginnst, in den Raum zu schauen. Um was für einen Raum handelt es sich? Nimm dir Zeit, diesen Raum anzuschauen.

Sei dir gewiss, dass du nun in deinem Seelenhaus angekommen bist. Von hier aus wirken deine unbewussten und bewussten Kräfte ins Außen hinein. Beginne nun damit, das Haus zu erkunden. Lass keinen Raum aus. Hier liegen deine Geheimnisse, deine Geschichte, die Menschen, die du liebst, die Situationen deines Lebens und die deiner Zukunft. Hier liegen auch deine Kraftressourcen und die Quellen, aus denen du beständig Kraft schöpfen kannst. Hier liegen deine Emotionen und Gedanken, die nach außen dringen in die sichtbare Welt. Bekomm ein Gefühl dafür, wie es ist, in deiner eigenen Mitte zu sein und hier Kraft, Zuversicht oder Liebe zu sammeln. Fühle in dich hinein. In das, was du bist. Mehr als die Summe deiner Teilchen. Erkenne das. Erkenne es nicht nur mit dem Verstand, sondern auch mit deinem Herzen. Dieses Bild ist nicht nur für deinen Verstand erschaffen. Es ist auch ein Bild für dein Herz.

Habe den Mut, dieses Haus deines Selbst aufzusuchen, um in deine Mitte zu kommen. Habe den Mut, dieses Haus, das du bist, zu erkunden. Lerne dich selbst in deiner Mannigfaltigkeit kennen und erfahre dich neu. Hier liegen auch deine unliebsamen Erfahrungen und Geheim-

nisse verborgen. Diese Geheimnisse sind ebenso ein Teil von dir wie deine lichtvollen Erfahrungen. Wenn du so weit bist und das Haus deines Selbst kennengelernt hast, kehre zurück in die wirkliche Welt.

Aufruf: Erlaube dir, zu wachsen

Das Sein in der eigenen Mitte ist ein Mittel, in deine eigene Kraft zu kommen. Es ist eine Möglichkeit für dich, dich zu erfahren und kennenzulernen. Es gibt immer noch so viele Menschen, die sich nicht kennen. Die sich nicht auf sich einlassen aus Angst vor dem, was sie sehen könnten. Nur nehmen sie sich dadurch die Option, an sich zu wachsen und ihre eigenen Kräfte auszuloten. Mensch, verdamme dich nicht zu einem Leben an der unteren Grenze dessen, was du sein kannst. Erlaube dir zu wachsen und dir deiner selbst bewusst zu werden. Sich seiner selbst bewusst zu werden beinhaltet auch, sich seines Selbstwerts bewusst zu werden. Infolgedessen du nicht mehr auf die Wertung deines Umfelds angewiesen sein wirst, da du deinen Wert bereits kennst und in dir ruhst. Das, was du im Inneren trägst, trägst du auch nach außen. So wird dich dein Umfeld auch anders behandeln, wenn du dich anders verhältst. Innere Ruhe und Selbstbewusstsein strahlen dann auch nach außen und kreieren neue Möglichkeiten in deinem Umfeld. In deinem Alltag, der immer auch ein Abbild der Situation in deinem Inneren ist. Wie im Innen, so im Außen trifft hier genau zu. Oder, besser gesagt, wie im Kleinen, so im Großen. Dein Innenleben ist nichts anderes als ein Abbild deines alltäglichen Umfelds, und umgekehrt.

Werde dir bewusst, was dein Leben ausmacht. Das ist nicht allzu schwer. Immerhin lebst du es jeden Tag. Nun erkenne bitte, dass alles, was du als deinen Alltag bezeichnest, dem Wandel unterliegt. Alltägliches gibt es in diesem Sinn nicht. Es gibt das, was du Gewohnheit nennst, aber ein „All-tag" ist es nicht.

Erkenne, dass deine Tage immer verschieden sind und auch immer verschieden sein werden. Natürlich geht jeden Morgen die Sonne auf, und sie wird auch jeden Abend untergehen. Regelmäßigkeiten wird es auch weiterhin geben. Jedoch hast du die Möglichkeit, aus jedem Tag in deinem Leben das Beste zu realisieren und zu leben. Jeder Tag deines Lebens hat das Potenzial, der beste Tag in deinem Leben zu werden. Lass zu, dass diese Erkenntnis auch in deinem Leben Einzug halten kann. Wenn du die Veränderung als einen Bestandteil deines Lebens akzeptieren kannst, kannst du auch in die Veränderung eintreten, ohne Angst vor Verlust. Denn du weißt, dass du nichts verlierst. Du kannst nur dazugewinnen. Angst ist es, die dich in deinen Bezügen verharren lässt, dich daran hindert, dich entsprechend deiner Fähigkeiten und dem, was im Allgemeinen als göttlicher Plan benannt ist, zu entwickeln. Der Tag, der am Horizont heraufzieht, ist immer ein einzigartiger. Ist er es nicht wert, auch als einzigartig betrachtet zu werden?

Angst

Angst ist eine der zerstörerischsten Kräfte in deinem Leben. Mit Angst hemmst du dich. Du verhinderst, dass Situationen zustande kommen. Angst ist eine negative Form dessen, was Leben an sich bedeutet. Aus Angst, etwas zu tun, tun viele Menschen gar nichts und verharren so lange auf einer Stelle, bis sie nicht mehr selbst über einen Verlauf entscheiden und bestimmen können. Ist es nicht so, dass, wenn man nichts tut, es sich irgendwie doch regeln wird? Aber ist das weise oder geschickt?

Viel zu oft kommt es dann zu Situationen, die für alle Beteiligten ungünstig, schmerzhaft oder zerstörerisch sind. Jedoch mit dem steigenden Wissen um dich selbst wird diese Angst immer unbegründeter. In deiner Mitte siehst du klar. Du erkennst nicht nur mit dem Verstand, sondern auch mit dem Herzen und kannst somit Abstand von Angst und Unsicherheit nehmen. Bewusst sein und frei von Angst zu sein gehören zusammen. Auch aus diesem Grund möchte ich dich immer wieder in dieses Haus einladen. Hier ist es auch möglich, Antworten zu finden auf Fragen, die du nur in dir selbst beantworten kannst.

Nun ist auch klar, warum ich auf deinen Alltag eingehen möchte. Nur wenn du in deiner Mitte ruhst oder weißt, wie du dein inneres Gleichgewicht herstellen kannst, kannst du es auch in deinem Außen umsetzen und somit auch Veränderung herbeiführen, die sich nicht nur auf deinen Alltag beschränken muss. Ich möchte hier wirklich sagen: muss. Es steht dir immer frei, etwas zu tun oder eben nicht.

Der Alltag existiert nicht in der Form, wie du es vielleicht annimmst. So etwas wie einen Alltag gibt es nicht. Jeder Tag zeichnet sich dadurch aus, dass er einzigartig und wunderbar ist. Gib ihm auch die Möglichkeit, sich als solcher zu entfalten. Es ist eine Sache der Einstellung, mit der du diesem Tag begegnest. Die Gewohnheiten, die du ausprägst und Alltag nennst, verändern sich unbemerkt im Laufe der Zeit, nicht wahr?

Sobald eine Veränderung in deinem Leben stattfindet, verändert sich auch die Gewohnheit. Veränderung muss nicht negativ bewertet sein. Es gibt auch keine guten oder schlechten Tage. Es gibt nur Tage, die du positiv oder negativ bewertest. Wie kannst du sagen, der Tag sei schlecht gewesen? Ob etwas gut oder schlecht ist, hängt immer vom Blickwinkel und vom Auge des Betrachters ab. Heißt nicht ein Sprichwort: Man soll den Tag nicht vor dem Abend loben? Genau diesen Rat möchte ich dir auch geben. Gib dir die Möglichkeit, jeden Tag aufs Neue zu erleben und jeden Tag aufs Neue zu leben. Verwehre dir diese Möglichkeit nicht!

Die Tagesstruktur, die du hast: Du stehst morgens auf, gehst deiner Arbeit nach, verbringst noch ein wenig Freizeit, gehst wieder schlafen, ist ebenfalls eine Form des Fischezeitalters, das wir verlassen haben. Wir befinden uns nun im Wassermannzeitalter. Dieses Konstrukt ist gerade in einem Wandel begriffen, und das hat verschiedene Aspekte und Ursachen.

Ehe

Eine weitere tiefgreifende Veränderung betrifft die menschliche Gemeinschaft. Vor allem die kleinen Gebilde: die Familie und die eheliche Gemeinschaft. Es ist nicht mehr sinnvoll, von einem geregelten Familiengefüge zu sprechen. Die Ehe ist ein Gebilde der alten Zeit und wird sich so, wie sie derzeit besteht, verändern. Sie muss es auch tun, um sich der Energie der Neuen Zeit, die sehr viel offener und ungezwungener ist, anzupassen.

Das heißt nicht, dass ihr keine Beziehungen mehr eingehen, sondern andere Formen der Begegnung finden werdet und von dem Dogma, „bis dass der Tod uns scheidet", abkommen dürft. Erinnert euch an die Zeit, in der die Scheidung in der christlichen Welt zu den schwersten Sünden gehörte. Zumeist wurden solche Verbindungen auch aus der Notwendigkeit geboren, das Überleben zu sichern und Nachkommenschaft großzuziehen.

Menschen, die sich nichts mehr zu sagen haben, müssen die Möglichkeit haben, andere Wege zu gehen. Ihr tut das derzeit über Scheidung. Doch ich frage euch, was bringt das Dogma Ehe, wenn es der Scheidung möglich ist, sie wieder zu lösen? Das war nicht Sinn und Zweck des Zusammenlebens.

Lasst zu, dass die Ehe sich wandelt und sich diesem neuen Zeitalter anpasst. Das heißt, ihr werdet freier in eurem Denken und Handeln sein dürfen. Aber ihr werdet nicht einsam sein, da ihr aus der Begegnung mit dem Gegenüber Freude und Gemeinschaft erfahren könnt, auf eine ungezwungene und freiheitliche Weise. Aus der Freiheit, die ihr mit in eure Beziehungen einbringt, werdet ihr Sicherheit erfahren in der Begegnung, in der Beziehung, in der ihr dann lebt. Diese werden sich so, wie es euren Anlagen entspricht, ausprägen. Einige werden in Zweiergemeinschaften weiter bestehen und in Liebe verbunden sein. Andere werden ihre Gemeinschaften weiter öffnen, und Gruppen werden sich zu größeren Gruppen zusammenfinden. Das Konzept der Wohngemeinschaft wird sich mehr und mehr auf alle möglichen Bereiche des menschlichen Zusammenlebens ausdehnen. Alte Menschen werden in Gemeinschaften mit jungen Menschen und Kindern zusammenleben können, was zum Beispiel auch die Notwendigkeit von Altersheimen abschafft. Wenn ihr zulasst, in eine Begegnung mit eurem Gegenüber einzutreten, die von Freiheit, Liebe und Respekt geprägt ist, entwickelt ihr euch im Ganzen, und euer Gegenüber hat genau wie ihr die Möglichkeit, zu wachsen. Erkennt, ihr werdet nicht vereinzeln, denn der Mensch ist ein Wesen, das in der Gemeinschaft lebt und arbeitet.

Erinnert euch an die großen Sippen der Vergangenheit, als der Mensch gerade sesshaft geworden war: Familien von 40 bis 80 Personen die zusammenlebten und sich gegenseitig ergänzen und stützen konnten. Damals war es schon so, dass Gemeinschaft nur funktionierte, weil jeder für den anderen da war. Das ist in einer veränderten Form wieder möglich. Es wird Zeit, dass eure Gesellschaft wieder menschenfreundlicher wird. Die Eigenschaft der Menschlichkeit und des Miteinanders ging in der Vergangenheit immer mehr verloren. Die Menschen vereinzelten. Und so möchte ich euch einladen, euren Gedanken und Ideen freien Lauf zu lassen. Ihr werdet lediglich eure Struktur der Neuen Zeit anpassen, und das tut ihr bereits.

Patchworkfamilien

Ein wunderbares Beispiel hierfür sind die Patchworkfamilien, die mittlerweile gang und gäbe sind. Ich möchte jedoch erwähnen, dass die staatliche Struktur, der dieses Patchwork zugrunde liegt, eine noch nicht veränderte Struktur ist. Das heißt, hier reiben sich die alten und die neuen Verhältnisse, die noch nicht einander angeglichen sind. Ihr erkennt dieses auch in einer Mehrbelastung von alleinerziehenden Frauen und Männern. Oder bei Familien, in denen die Mutter einen neuen Partner hat und mit diesem und den Kindern zusammenlebt.

All das ist von eurem Gesetz noch nicht hinreichend geregelt. Es bedarf Zeit. Das Gesetz hinkt der Veränderung um einige Jahre, sogar Jahrzehnte hinterher. Es muss sich, wie die Struktur eurer Gesellschaft, noch verändern. Bitte erkennt, das wird geschehen. Es geht nicht darum, im Alten zu verbleiben. Das ist auch nicht möglich, da die Welt sich weiterdreht und immer neue Situationen entstehen. Auch wenn es Strömungen gibt, die alles Neue zuerst einmal ablehnen, werden auch diese konservativen Felder nicht um eine Veränderung herumkommen. Veränderung liegt in der Natur der Sache und ist als solche auch nicht abschaffbar. Es wird zu einer Veränderung in eurer Regierung und in eurer Wirtschaft kommen. Allein aus dem Grund, weil die Menschen sich verändern. Der Mensch hat die Angewohnheit, sein Umfeld seiner Entwicklung entsprechend anzupassen. Und erkenne, diese Entwicklung, die du als Mensch durchläufst, betrifft jeden Menschen auf diesem Planeten gleichzeitig.

Das heißt, ihr werdet alle euer Umfeld verändern. Es ist gar nicht anders möglich. Jeder Mensch trägt nach außen, was er in sich trägt, jeder Mensch auf diesem Planeten.

Merkst du, wie groß die Energie ist, die dadurch zustande kommt? Genau das ist die Energie der Veränderung, die die gesamte Gesellschaft und Kultur verändert. Alles geht Hand in Hand. Du solltest nicht annehmen, dass das, was du tust, sinnlos ist oder nichts bewirken würde.

Es kommt nicht immer auf die Masse an Menschen an, die einem Gedanken folgen, sondern auf die Qualität des Gedankens. Jeder Gedanke kann sich auf andere Menschen übertragen. Alles Neue wird zu Beginn mit Skepsis angesehen und bürgert sich dann ein.

Nimm einmal den Ehebruch. Einst wurden Menschen, die ihrem Partner nicht treu waren, gesteinigt, ausgestoßen oder ihrer Habe beraubt. Heute ist es so, dass es immer noch abgelehnt, aber nicht mehr auf diese Weise geahndet wird. Wie sagt ihr doch so schön: Die Zeiten haben sich geändert. Das ist richtig und wichtig. Das tun sie beständig. So ist es nun auch möglich, dass Menschen vom einstmals gängigen Sakrament der Ehe frei ihre Partner wählen. So sind sie frei zu entscheiden, ob der Tod sie scheiden soll, komme was wolle, oder ob ein anderer Partner ihnen die Art von Begegnung geben kann, die sie brauchen.

Es wird auch immer noch Partnerschaften auf Lebenszeit geben, die sich auf eine eigene Art und Weise ergänzen und ihre Begegnungen durch andere Arten von Kontakten aufbauen werden. Begreifst du, welche Freiheiten du hast, frei zu wählen, in welcher Form du mit einem oder mehreren Menschen zusammenleben willst? Das ist eine Freiheit, die noch nicht vielen Menschen auf dieser Erde zuteil geworden ist.

In anderen Ländern hier auf Gaia herrschen andere Situationen, die wiederum geprägt sind von der Energie des Landes und der Gesellschaft, in der die Menschen leben. Die Vorgänge auf Gaia werden sie dennoch und unbedingt erreichen. Sogar jetzt bahnen sich große Veränderungen an. Die Menschen begreifen, dass Krieg, Hungersnöte und Seuchen nicht sein müssen, sondern es in der Macht der Menschen liegt, dieses zu verhindern. Jedoch bedarf es noch einiger Jahre, bis dieses Wissen und diese Erkenntnis so weit an die Oberfläche gekommen sind, dass sich die Gesellschaften verändern. Revolutionen werden nicht mehr unbedingt mit Krieg und Blut gewonnen, sondern eher mit Diplomatie. Und so werden sich die Gemeinschaften, in denen Menschen leben, auf dem ganzen Erdball verändern können.

Politik auf der alltäglichen Ebene

Wir sprachen darüber, dass sich die Struktur eurer Gesellschaft und eurer Politik verändern muss. Jeder Mensch beeinflusst seinen Alltag. Und aus diesem Grund wird sich eure Umgebung auch dieser neuen Energie anpassen, da ihr, direkt verbunden mit Gaia, diese Energien durch Gaia lebt und empfangt. Auf diesem Weg verändert ihr natürlich auch die Energie und transformiert sie in die Materie.

Es kommt nicht von ungefähr, dass es so viele verschiedene Kulturen auf diesem Planeten gibt. Die verschiedenen Kulturen, die ihr kennt und noch kennenlernt, sind ein Ausdruck der Energie auf Gaia, die so mannigfaltig sein kann wie die Sterne. Natürlich wären noch weitere Ausprägungen der Völker möglich, jedoch würde dieses den Raum sprengen, den die Erde zu bieten hat. Erkenne, Mensch, dass du ein so großes Spektrum an Möglichkeiten in dir birgst, dass du alles verändern kannst. Erkenne, dass es Möglichkeiten gibt, die du wahrnehmen kannst, oder auch nicht.

Eure Politik ist noch sehr in den Machtstrukturen des Fischezeitalters verhaftet, genau wie eure Wirtschaft. Damals ging es darum, dass wenige vieles und viele wenig besaßen. Diese Schere zwischen Arm und Reich, die ihr auch heute noch kennt, klaffte damals sehr weit auseinander. So weit, dass Menschen anderen das Recht zu leben absprechen oder es gewähren konnten mit einem im Gesetz verankerten Recht. Das hat nichts mit einem menschenwürdigen Leben oder Verhalten zu tun. Jedoch hat es so in die damalige Zeit gepasst. Die Lebensweise, wie wir sie heute kennen, hätte in dieser Form damals keinen Bestand gehabt. Sie hätte sich niemals entwickeln können, da die entsprechenden Voraussetzungen in den Menschen noch nicht vorhanden waren. Voraussetzungen, die sich erst im Laufe der Zeit entwickeln konnten. Es war eine Zeit, in der die Energieschwingung zu den Menschen und deren Art zu leben passte. Jetzt ist daran nicht mehr zu denken, denn alles ist ein Phänomen seiner Zeit.

In einigen Gebieten der Erde sind diese Energien immer noch vorherrschend. Ihr nennt diese Gesellschaften unzivilisiert oder diktatorisch. Auf dem Weg in das Neue Zeitalter gab es Revolten auf der Erde, die genau diese Konstrukte von Macht und Ohnmacht zum Thema hatten. Denkt doch nur einmal an die Französische Revolution. Es war immer Thema, dass ein Mensch über andere Macht ausüben und über Leben und Ressourcen bestimmen konnte. Auf die Rolle des Täters und des Opfers wurde damals viel Wert gelegt, und dabei war es völlig egal, ob ein König seine Untertanen dominierte oder ein Mann seine Frau und Kinder. Macht war wichtig. Und zwar vor allem eine offensichtliche Form der Macht.

Erkenne, dieses Prinzip der Täter-Opferschaft besitzt jetzt immer weniger Gültigkeit und spiegelt sich immer mehr in den Menschen selbst als Einstellung und Glaubenssatz wider. Natürlich gibt es immer noch Täter und Opfer, Mächtige und Machtlose. Nur tretet ihr langsam in eine Phase ein, in der ihr dieses verändern könnt, indem ihr es anders lebt. So tragt ihr es wiederum nach außen und in die Mitte eures Umfelds. Nun, solche Ideen von Täter- und Opferschaft oder eure Politik brauchen eine gewisse Zeit, um sich zu verändern. Um neue Formen möglich zu machen und die Gesellschaft umzuprägen.

Das wird geschehen, schneller als du vielleicht denken magst. Die Politik ist an einem Wendepunkt angelangt, wo sie erkennt, dass sie so, wie sie bisher gewirkt hat, nicht weitermachen kann. Es ist wie ein Hund, der gerade feststellt, dass er die ganze Zeit seinen eigenen Schwanz gejagt hat. Es ist kein Dienst am Volk mehr, und das wird den Menschen der Macht und der Gesellschaft nun klar. Es wurde zwar vor nicht allzu langer Zeit Demokratie genannt, war jedoch nur die Macht von einigen, denen die Unterstützung des Volkes fehlte und die den Schein der „Mitmacht" erschufen, in Wahrheit jedoch die Macht in den eigenen Reihen hielten wie ein Kind seinen Ball, das eigentlich gar nicht mit den anderen Kindern spielen möchte.

Geflecht, erschaffen von Menschenhand

Das wird nun durch dich, Mensch, verändert. Du bist es, der dieses verändert, der es verändern kann. Du, der kleine Mann, die kleine Frau. Dabei heißt es doch, sogar einer kann den Verlauf und die Ordnung verändern. Es bedarf nur denjenigen, der damit beginnt. Und dazu möchte ich dich gerne einladen. Habe den Mut, dich zu erkennen in einem Geflecht, das von Menschenhand geschaffen ist und Gesellschaft genannt wird. Und habe den Mut zu erkennen, dass auch ein Einzelner beginnen kann, dieses Geflecht zu verändern, indem er einen Strang des Geflechts verändert. Veränderst du nur einen kleinen Teil des Musters, sieht das gesamte Muter anders aus und setzt sich in einer neuen Form fort. Jetzt fragst du vielleicht, was du als einzelner Mensch wohl ausrichten kannst? Das kann ich dir sagen: Du kannst bewirken, was viele vor dir auch konnten. Du kannst ein Zeichen setzen, du kannst ein Vorbild sein, und du kannst selbst aktiv dein Leben gestalten. Dafür musst du heraustreten aus dem Alten, das du Gesellschaft nennst, und erkennen, wer du als Mensch bist und wie du in der Gemeinschaft leben möchtest. Denn darum wird es gehen. Es wird nicht mehr darum gehen, welche Strukturen vorhanden sind, sondern wie die Menschen in diesen Strukturen leben möchten. So werden Toleranz und Miteinander geschaffen. Wahres Miteinander.

In Zukunft werden Toleranz und die gegenseitige Freude an der Andersartigkeit des anderen das Leben bestimmen. Es wird eine sehr freudvolle Zeit sein und nichts mit dem zu tun haben, was eure Medien derzeit berichten, wenn du bereit bist, daran mitzuwirken. Noch einmal möchte ich betonen: Die Welt wird nicht im Chaos versinken. Sie wird sich nur verändern.

Das ist der Weg, den die Politik gehen wird. Eine wahre Politik des Volkes, geleitet von Verständnis und Toleranz. Geleitet von der wahren Menschenwürde. Die Würde des Menschen ist bereits in eurem Gesetz verankert. Der Grundstock ist gelegt. Jedoch möchte ich sagen, dass er noch nicht gelebt wird. Nicht in allen Formen der menschlichen Gesellschaft. Es ist noch nicht in alle Schichten, die euer Leben betreffen, gedrungen. Es hat sie noch nicht durchdrungen. Es gibt immer noch so viele Menschen, die ihr Wohl über alles andere stellen, um so ihren Status und ihr Bedürfnis zu befriedigen. Der Nachteil, der dabei bei so vielen entsteht, wird dann verdeckt und oft übergangen. Es gibt keinen Menschen, der nicht das Recht auf Würde hat. Erkenne, dass es nicht mehr nur um die Macht geht. Heißt es nicht in dem ältesten der noch vorhandenen Gesetzbüchern: Was du nicht willst, das man dir tu, das füg auch keinem anderen zu?

Die Veränderungen der 68er Jahre des letzten Jahrhunderts beziehungsweise des letzten Jahrtausends waren bereits der Anfang einer Reihe von Strömungen, die dieses Jahrtausend, dieses Neue Zeitalter, eingeleitet haben.

Damals fielen sie noch auf unfruchtbaren Boden, da die Politik noch weniger als heute bereit war, ihre Macht zu Gunsten des Volks abzugeben. Es ging noch zu sehr um den Machterhalt der eigenen Partei. Ein Phänomen entwickelte sich, dem vor allem junge Menschen angehörten, die genau dieser Macht den Rücken kehrten und liberales Gedankengut in eine konservative Gesellschaft brachten. Jedoch war es eine Strömung, der wenige angehörten und die auch zum Teil in ihrer Intention falsch verstanden wurde. Natürlich ging es um Frieden, und es ging um Liebe. Aber es ging um noch viel mehr. *Love and peace* – doch es ging auch um die Integrierung dieser beiden Prinzipien in die Gesellschaft, und nicht nur um eine elitäre Gruppe junger Menschen, die sich diesem verschrieben hatten.

Wahrer Frieden und wahre Liebe überbrücken die Grenzen und verbinden. Liebe und Frieden setzen sich über Grenzen hinweg und vereinen die Menschen. Die Mächtigen dieser Zeit hatten kein Verständnis für die Jugend. Sie sahen darin eine Gefahr für die Ordnung und nahmen die Anliegen der jungen Generation nicht ernst. War es doch so, dass die Macht auf recht alten Schultern ruhte und gut behütet wurde. Es ist immer einfach zu sagen, „die Jugend wird immer schlimmer", nur um seinen Standpunkt und seine Macht zu wahren.

Es war jedoch ein Auftakt in eine neue Epoche. Damals wurde, wie man so schön sagt, Geschichte geschrieben. Und zwar der Beginn der Geschichte des neuen Jahrtausends. Die Strömungen, die damals die Menschen erfassten, waren die ersten spürbaren Ausläufer des Wassermannzeitalters. Natürlich wirkte der Wassermann schon früher auf die Erde ein, hatte jedoch noch nicht die Kraft, auch in die Manifestation zu gehen und auf der Erde als Veränderung einzutreten. Ohne diese Strömungen wärst du nicht hier, wo du jetzt bist. Natürlich musste sehr viel geschehen, damit die Erde sich so entwickeln konnte, wie sie es bis heute getan hat, bis dahin, wo du heute stehst.

Erkenne, welchen Weg die Erde und die Menschheit bisher zurückgelegt haben, und erkenne, welche Errungenschaften ihr in dieser kurzen Zeit gemacht habt. Und darauf könnt ihr stolz sein. Den Frauen ist es nun möglich zu wählen, und immer mehr Länder auf dem Erdball folgen diesem Beispiel. Mann und Frau gleichen sich immer mehr in ihrer Berechtigung an. Noch nicht in allen Teilen dieser Erde, aber die Frauen dort werden diese Strukturen auch verändern. Getreu dem Beispiel ihrer Schwestern auf der anderen Seite dieses Planeten. Und so kommen wir zu einem anderen, auch sehr wichtigen Thema.

Deine Verbindung zu Gaia und deinem Umfeld

Alle Menschen sind durch Gaia miteinander verbunden. Alle sind Kinder dieser Erde, und alle gehören dem gleichen Stamm des Menschengeschlechts an. Weil jeder Mensch mit der Erde verbunden ist, besteht auch eine Verbindung zu allen anderen. Es ist zu vergleichen mit einer Art Kollektiv.

Betrachtet wir einmal die Gesellschaft im fernen Osten, China und Japan. Hier wird eine Kultur des Kollektivs gelebt. Hier empfindet man sich als einen Teil des Großen Ganzen und arbeitet auch daran, dieses Große Ganze zu stabilisieren. Jeder Mensch hat über das Feld der Morphogenetik Verbindung zur Erde und zu allen Menschen. So findet eine Art globaler Erfahrungsaustausch statt.

Auf diese Weise wurde zu Urzeiten auch das Wissen um das Feuer verbreitet. Damals entdeckten verschiedene Stämme fast gleichzeitig die Kraft des Feuers. Und doch hatten sie keinen räumlichen Kontakt. Das Wissen um die Kraft und die Handhabung des Feuers wurde von Einzelnen in das Feld der Morphogenetik eingespeist, das die Erde wie einen Mantel umgibt, und von einem anderen Menschen an einem anderen Platz empfangen. Dieser wendete dieses Wissen unbewusst an, entdeckte wiederum das Feuer und brachte dieses Wissen in seinen Stamm. Er sandte das Wissen wiederum unbewusst aus, und ein anderer Mensch auf der Erde griff wieder unbewusst auf diese Erfahrung zu und setzte sie um. Auf diese Weise spannt sich in kurzer Zeit ein Netz der Erfahrungen um die Erde, und Erfahrungen und Wissen können schneller weitergegeben werden.

So haben auch Frauen in Afghanistan die Möglichkeit, auf die Erfahrungen von Frauen aus Europa zurückzugreifen. Sie können sich sozusagen auf die bereits gemachten Erfahrungen anderer Frauen einschwingen und diese für sich und ihre Situation nutzen.

Dieses tun sie durch das Morphogenetische Feld. In diesem Feld sind alle Informationen, Geschichten und Eigenschaften der Menschen gespeichert. Hier ist der gesamte Wissensspeicher von Erde und Menschheit. Und jeder Mensch ist mit diesem Feld verbunden. Auf diese Weise ist Informations- und Erfahrungsübertragung von einem Menschen zum anderen möglich. Es ist wie eine riesige Festplatte eines Computers, auf die jeder Mensch zu jeder Zeit zugreifen kann.

Erkenne, dass nicht nur du auf deinem Platz die Erde bewegst, sondern andere Menschen auf dieser Erde das Gleiche tun, die gleichen Gefühle und Gedanken haben. Es gibt keinen Unterschied zwischen den Menschen, es sind alle Menschen, und sie alle tun das Gleiche. Sie leben, fühlen und denken, speisen nebenbei das Morphogenetische Feld und greifen auch gleichzeitig darauf zu. So ist das, was du tust, niemals sinnlos. Das kann es nicht sein. Alles ist auf eine sehr hohe energetische Art und Weise gespeichert und wird irgendwann einem anderem Menschen helfen, mit einer ähnlichen Situation umzugehen. Diese Erkenntnis, dass alle Brüder und Schwestern sind, zumindest im Geiste, ist notwendig für das neue Bewusstsein, das spätestens mit dem Aufstieg der Erde 2012 kommen wird.

Es ist notwendig zu erkennen, dass es keine Fremden auf diesem Planeten gibt. Erkenne dieses, und lebe es auch. Das ist der Schlüssel, warum Kriege nicht notwendig sind. Erkenne, dass ihr wirklich als Brüder und Schwestern zusammenleben könnt auf diesem wunderbaren Planeten, der euer aller Zuhause ist. Diese Bestrebungen gab es schon einige Male auf diesem Planeten. Es lebten bereits Menschen, die jeden anderen als Bruder oder Schwester behandelten. Diese Bestrebung ist also nichts Neues. Es war alles schon einmal da. Ein Mensch hatte die Idee und brachte einen Impuls in das Feld der Morphogenetik. So konnten andere Menschen darauf zugreifen und diesen Gedanken auf ihre Weise verwirklichen. So geht keine Idee und kein Gefühl verloren, da sie immer auf eine andere Weise wiederkehren. Du suchst immer nach Unterschieden zwischen dir und deinem Umfeld, um dich abzugrenzen und dich zugehörig zu fühlen. Doch sind die Menschen hier so anders als in Kenia oder Peru? Suche nach den Gemeinsamkeiten, nach dem, was euch verbindet und nicht danach, was euch trennt. Die erste und wichtigste Gemeinsamkeit, die ihr vorweisen könnt ist, dass ihr alle auf diesem Planeten zu Hause und alle Kinder von Gaia seid. Das macht euch zu einem Volk. Zu einem schlagenden Herzen. In anderen Bereichen des Kosmos heißt es: Ich bin nur ein anderes Du, du bist nur ein anderes Ich. Und das trifft auch auf euch zu. Ist dein Gegenüber nicht ein Teil von dir, da er auf die gleiche Weise mit dem Leben verbunden ist wie du und denselben Planeten bewohnt, dasselbe Wasser trinkt und unter denselben Sternen schläft?

So ist es nicht wichtig, ob deine Haut rot, gelb oder schwarz ist. Es ist nicht wichtig, welche Farbe dein Haar hat. Es ist auch nicht wichtig, wie groß du bist. Dies sind alles nur Ausprägungen. Es gibt auf der anderen Seite des Erdballs Menschen, die genauso groß sind wie du oder dieselbe Augenfarbe haben. Natürlich bist du einzigartig. Und doch bist du zugleich auch ähnlich. Lass dich auf dieses Gefühl von Einzigartigkeit und Ähnlichkeit ein. Hier liegt Einheit.

Du wirst dich nicht selbst verlieren, wenn du dich als ein Teil des Großen und Ganzen definierst, da du immer einzigartig bist und ein eigenständiges Wesen bleiben wirst. Jedoch kann aus diesen Gedanken heraus ein neues Gefühl von Gemeinschaft entstehen. Eine Gemeinschaft, in der es nicht mehr notwendig sein wird, gegen andere Kriege zu führen, da jeder erkennt, dass alle zu einem Volk gehören. Europa wächst immer weiter zusammen, die Einführung einer einheitlichen Währung und die Öffnung der Grenzen sind Zeugnisse einer Entwicklung, die die Menschheit einen wird. Du bist ein Mensch, und als solcher ein Teil dieser Erde. Und als solcher bist du durch das Morphogenetische Feld mit allen anderen Teilen verbunden.

Das heißt, deine Gedanken gehen zurück zu Gaia, in dein Umfeld und verändern es, gehen zu deinen Mitmenschen und beeinflussen sie. Das kannst du nicht immer sehen. Jeder Mensch ist einzigartig, und so ist auch die Art und Weise einzigartig, mit Impulsen umzugehen. Erkenne, dass alles voneinander abhängt und miteinander verwoben ist. Das ist auch der Grund, warum es so wichtig ist, auf deine Gedanken zu achten. Denn wie ein Sprichwort sagt: Aus deinen Gedanken werden deine Worte, und aus den Worten werden deine Taten. Wenn du dich schlecht fühlst, wird dein Umfeld darauf reagieren. Diese Erfahrung hast du sicherlich schon gemacht. Je nachdem, wie dein inneres Empfinden ist, reagiert dein Umfeld auf dich. Du fühlst dich schlecht, und die Menschen in deinem Umfeld reagieren darauf. Das geschieht nicht einfach so. Das geschieht nach einem Plan. Und zwar nach dem Plan, den du aussendest. Das tust du unbewusst, dennoch sendest du beständig Energien aus, die von deinem Umfeld aufgenommen und verarbeitet werden. Jeder ist beständig dabei, solche Energien zu analysieren, zu verwerten und darauf zu reagieren. Zur Erinnerung: Dein Bewusstsein ähnelt einem Eisberg. Du bekommst lediglich einen kleinen Bruchteil von dem mit, was in dir möglich ist und welche Kräfte in dir wirken.

Du sendest aus: Mir geht es nicht gut – hilf mir und gib mir Zuwendung. Diese Botschaft kommt bei den anderen in deiner Umgebung an. Sie reagieren darauf mit Hilfe und Zuspruch, oder auch mit Ablehnung. Vielleicht auch mit einem Attest von einem Arzt. Erkenne, alles aufgrund der Intention: Mir geht es schlecht. Deine Gedanken verfügen über eine immense Kraft, weil du mit allem verbunden bist, was ist.

Du kannst Einfluss nehmen auf dein Umfeld. Die Gedanken, mit denen du deinen Alltag gestaltest, werden immer stärker, je näher wir dem Jahr 2012 kommen. Der Mensch ist dann schneller in der Lage, die Materie und Situationen in seiner Umgebung kraft seiner Gedanken zu beeinflussen und zu verändern. Früher noch bedurfte das einer gewaltigen mentalen Anstrengung und wesentlich mehr Zeit, als es heute der Fall ist.

Die Geistige Welt leistet hier ebenso Unterstützung wie die veränderte Schwingung. Natürlich sind wir da, wenn ihr ruft. Wir hören euch und eure Bitten. Öffnet euch für diese Hilfe, die wir euch bieten. Auch diese Hilfe wird immer greifbarer werden. Wir können immer mehr in Kontakt zu euch treten. Es wirken Kräfte in eurem Leben, die ihr noch nicht kennt und darum auch noch nicht begreifen könnt. Bitte, es sind lichte Kräfte, die euch auf eurer Entwicklung zum Kosmischen Menschen unterstützen wollen. Ergreift sie, wenn euch danach ist, und nutzt sie, wo und wie ihr wollt.

Natürlich ist die Gefahr der Manipulation von und durch Gedanken auch jetzt noch gegeben. Du bist wie ein Kind, das gerade lernt, zu laufen. Laufen macht viel Freude, wenn man jedoch das Gleichgewicht verliert und hinfällt, tut es sehr weh. Genauso ist es mit deinen Gedanken. Du musst erst lernen, mit diesen, immer größer werdenden mentalen Fähigkeiten umzugehen. Die Kraft der Gedanken und der Suggestion wird bei euch schon seit langem durch die Werbung und die Medien angewandt. Sei kritisch und hinterfrage, was dir serviert wird. Schule dein Empfinden für den Wahrheitsgehalt einer Nachricht oder die Wichtigkeit eines Bildes. Auch dazu bist du nun mehr und mehr im Stande. Deine Intuition wird sich ständig entwickeln und reifen.

Immer mehr Menschen prägen Fähigkeiten aus, die so bisher nicht in der Gesellschaft gang und gäbe waren. Die Hellsicht und die Kraft der Kontaktaufnahme durch den Gedanken waren in früheren Zeiten normal. Nun erlangen einige von euch erneut dieses Wissen. Immer mehr Menschen erhalten die Gabe, Energien zu lenken und sie bewusst für ihre Ziele einzusetzen. Andere entdecken die Kraft der Heilung in sich, wieder andere treten in Kontakt mit den Sternenebenen und werden so zu einem Botschafter des Lichts. Diese Phänomene werden in Zukunft zunehmen. Erkenne, dass dieses erst der Anfang ist. Vom Menschen aus wird die Veränderung des Alltags ausgehen. Und somit kann sich die Struktur, in der ihr lebt, auch verändern und den neuen Energien anpassen. Erkenne, dass der Ursprung der Veränderung aus der kleinsten Zelle kommen muss, um die großen Räder des Getriebes zu erreichen.

Die Intentionen, die du lebst, die Ziele, die du hast, speisen sich über deine Gedanken in die Morphogenetik ein und wirken so auf den Planeten, auf dein Umfeld und auch auf die Menschen in deinem Umfeld. So erreichen auch Gedanken der Einheit Völker, die nicht geeint sind oder gerade Krieg führen. Begreifst du langsam, aus wie vielen Schichten sich dieses Bild zusammensetzt?

Theater – Die Bühne des Lebens

Wir erschaffen hier ein ganzheitliches Bild. Fast so wie eine Szene im Theater. Es gibt verschieden wichtige Requisiten und verschiedene Akteure. Jedes dieser Bilder und jede Figur ist auf ihre Weise wichtig und trägt zur Ganzheitlichkeit dieses Bildes bei. Für sich allein betrachtet ergeben die Requisiten und Rollen vielleicht keinen Sinn. Erst in einem größeren Ganzen werden die Zusammenhänge klarer.

Gesundheit und Körpergefühl
Trennung der ersten Zelle

Die körperliche Struktur des Menschen hier auf dieser Erde ist einzigartig. Sie unterscheidet sich damit von den Strukturen anderer Wesen auf diesem Planeten. Vom ersten Moment an, wenn menschliches Bewusstsein Platz nimmt in einem Körper, wenn die Seele den ersten Kontakt mit dem Körper aufnimmt, erfährt sie sich innerhalb dieses Körpers. Das heißt, sie macht die ersten Erfahrungen und erfährt sich als Mensch. Wenn neues Leben entsteht und sich Zellen nach einer Vereinigung zum ersten Mal teilen, erfährt die Seele das erste Gefühl dieser Inkarnation, das der Trennung. Erst mit der Trennung beginnt das Leben. Eine Zelle, die vorher Einheit war, spaltet sich auf, um sich zu entwickeln. Damit folgt sie einem ganz bestimmten Bauplan, dem jeder Mensch zu Grunde liegt. Jede Zelle ist auf diese Weise programmiert und teilt sich nach einem bestimmten Muster. Dennoch ist diese Teilung die erste Trennung, die die Seele wahrnimmt. Dieses Aufspalten hat eine tiefgreifende Wirkung im menschlichen Körper und ist mit einem Schock zu vergleichen, den ein Mensch bei dem Verlust einer Hand oder eines Beines erlebt. Denn jedes Mal, wenn du etwas verlierst, kommt dieses Gefühl von damals, von der ersten Zellteilung, in dir hoch.

Die Zelle bildet ein Kollektiv von Zellen aus, die alle miteinander verbunden sind und auf enge und verwobene Weise miteinander kommunizieren. Der Schock, den die

Zelle erlebt hat, ist immer noch vorhanden und integriert sich während des Wachstums der Zellen in den Zellkern jeder einzelnen Zelle. Bei jeder Zellteilung wird diese Information des Schocks der Trennung weitergegeben, von Zelle zu Zelle. Ein Mensch, der geboren wird, trägt die Prägung des Getrenntseins alsoin sich. Sobald er den Mutterleib verlässt, erfährt er als Wesen, als einzigartiges Wesen, die nächste Trennung - die von der Mutter. Der freudvolle Vorgang des Gebärens von neuem Leben ist seit jeher auch verbunden mit dem Gefühl der Trennung.

Paradoxien des Lebens

Bei der Trennung der Zellen und der Trennung von der Mutter oder dem Loslassen des Kindes, das die Mutter neun Monate in sich trug, geschieht die erste Paradoxie des Lebens.

Die Seele empfindet nicht das Ankommen auf dieser Erde, nein, es ist der Verlust des Bekannten und Vertrauten. Das Abspalten eines Teils von sich selbst. Aus diesem Grund empfindest du als Mensch Trennung intensiver als Vereinigung. Denn auch die Vereinigung hat den Hintergedanken der zukünftigen Trennung in sich. Das ist ein Ausdruck der nicht geheilten Dualität in dir. Dein Streben nach Vereinigung wird sich nicht erfüllen können, wenn alles auf eine Trennung ausgelegt ist. Hier entstehen Druck und Angst. Angst vor Einsamkeit und Angst vor dem Ausgeschlossensein. Sehr viele Menschen auf diesem Planeten empfinden sich als beziehungsunfähig. Dem ist aber nicht so. Der Mensch ist von Grund auf darauf angelegt, in Beziehungen zu leben. Dieses Gefühl der Unfähigkeit, eine Beziehung, eine Bindung, einzugehen, entspringt der Erfahrung der Trennung der ersten Zelle. Und so legt sich der Grundbaustein des menschlichen Lebens in der nicht geheilten Dualität in der ersten Trennung der verschmolzenen Zelle. Aus diesem Grund ist das Leben geprägt von Streben nach Einheit und Vereinigung.

Der Mensch ist ein kollektives Wesen, das darauf ausgerichtet ist, in der Einheit, in der Gemeinschaft, zu leben und sich zu erleben. Der Gedanke des Kollektivs bedeutet nicht die Auflösung des Einzelnen, sondern die Integrierung vieler Einzigartigkeiten. Die geheilte Form des Kollektivs, die Form des Kollektivs in der geheilten Dualität, besteht aus Individuen, die ohne die Angst der Trennung und Auflösung in einer geheilten Gemeinschaft miteinander leben. Das ist das Ziel jeder Seele, die auf diesem Planeten inkarniert. Hier hat sie die Möglichkeit, sich zur Einheit hin zu entwickeln und sich selbst in einer harmonischen Gemeinschaft zu erleben. Das Erleben von Liebe und Zuwendung ist das oberste Ziel auf diesem Planten. Das Kind, das geboren wurde, ist auf die Hilfe der Erwachsenen, der Eltern, angewiesen. Dieser Zustand eröffnet dem Kind ein Gefühl von Hilflosigkeit und gleichzeitig von Umsorgtsein. Hier zeigt sich die zweite Paradoxie des Lebens.

Aus diesem Gefühl der Hilflosigkeit und des Umsorgtseins entsteht die erste Form der Liebe. Sie entsteht aus der Zuwendung eines Menschen. Das Geschenk des Lebens ist für Eltern das Schenken bedingungsloser Liebe. Aus dieser Paradoxie entsteht durch Liebe Heilung in jedem Menschen. Von nun an wird dieses Kind danach streben, Liebe und Zuwendung zu erfahren und zu geben. Danach, die Trennung aufzuheben und sich in die Liebe und Zuwendung eines anderen Menschen zu begeben. Hier liegt der Grundbaustein der Gemeinschaft der Menschen auf diesem Planeten, der Grund, warum der Mensch ein Wesen der Gemeinschaft ist. Darum erkenne an, dass du angetrieben bist von dem Wunsch nach Liebe und Zuwendung und nach Vereinigung mit Allem-was-ist. Das Streben nach der Einheit und nach dem Ursprung, das Streben nach der Wiedervereinigung mit der Quelle allen Seins, der du entsprungen bist, ist die stärkste Kraft, die dich treibt.

Die Seele erfährt sich

In der Dritten Dimension möchte sich die Seele erfahren. Das heißt, hier findet eine Seele ein Spielfeld, wo sie die Möglichkeiten des Lebens ausprobieren kann. Erkenne, Erfahrungen zu machen ist das oberste Ziel deiner Seele auf diesem Planeten. Erfahrungen zu machen, daraus zu lernen und die Umsetzung von Erlebtem im Alltag ist der Wunsch einer jeden Seele auf dem Weg zurück zu ihrem Ursprung. Jetzt könntest du sagen: Ich bin aber mehr als meine Erfahrungen. Das ist richtig. Du bist ein einzigartiges Wesen, das hier auf diesem Planeten ein Spielfeld hat, sich zu erproben und zu lernen. Auch wenn dir hier nicht nur positive Ereignisse begegnen, ist es das Feld, auf dem du dich erproben und lernen kannst. Auch die negativen Erfahrungen, und erlaube mir diese Bewertung, sind ein Teil des Plans deiner Seele. Wie willst du sonst zu einer vollkommenen Persönlichkeit heranreifen, wenn du das Leben nicht in all seinen Facetten kennenlernst und auskostest?

Erkenne, dass auch in den negativen Erfahrungen Wissen liegt. Erfahrungen machen dich um so vieles reicher. Die negativen, wie die positiven. Und es ist immer deine freie Entscheidung, wie du in einer Situation handelst. Wisse, eine göttliche Seele fühlt nicht, sie erfährt sich. Das Gefühl kommt mit dem Menschsein. Erkenne deine Möglichkeiten, dich hier zu erleben, und erkenne, welches Geschenk es ist, zu lieben. Indem du dich erfährst, bewusst erfährst, kannst du die Erfahrungen und Gefühle in deinem Leben nutzen und daran wachsen. Lerne, die Erfahrung deiner Seele für dich zu nutzen und erlebe das Sein auf diesem Planeten als Möglichkeit für dich.

Was die Familie mit gelebtem Potenzial zu tun hat

Wächst ein junger Mensch in einer intakten Familie auf, hat er die Möglichkeit, sein gesamtes Potenzial zu entfalten. Mit einer intakten Familie meine ich das Vorhandensein von Bezugspersonen, die dem Kind eine stabile

Entwicklung ermöglichen. Durch Zuwendung, Zuspruch und Liebe. Das muss nicht unbedingt eine leibliche Mutter oder ein leiblicher Vater sein. Erkenne das. Mit Rückhalt und Liebe kann sich ein Mensch entwickeln. Natürlich wirkt auch die Umwelt auf einen jungen Menschen ein, der gerade dabei ist, sein Leben zu erkunden. Es ist jedoch wichtig, einen Rückzugspunkt zu haben, für jeden von euch. Ein Ort des Rückzugs, ein Ort der Ruhe, in dir selbst und im Außen. An einem solchen Ort ist es dir möglich, die Batterien, wie man so schön sagt, wieder aufzuladen, um erneut am Tanz des Lebens teilzunehmen.

Hat sich dieser Mensch nun in seinem Leben etabliert und Selbstständigkeit erlangt und ist bereit, für sein Handeln die volle Verantwortung zu übernehmen, bezeichnet man ihn als erwachsen. Als Erwachsener kommen ihm nun andere Richtlinien und Privilegien zu. Zudem fällt der geschützte Rahmen, in den er sich als Kind zurückziehen konnte, weg. Er ist nun dazu aufgefordert, sein Leben selbst zu gestalten. Er befreit sich von alten Strukturen, die nicht mehr passen und ihn binden. Befreien heißt hier jedoch nicht, sich von der Vergangenheit abzuwenden. Befreien heißt Veränderungen, Transformation in eine neue Art des Erlebens und der neu gestalteten Verbindung zwischen Kind und Eltern. Die tiefe Verbundenheit bleibt im Idealfall bestehen, aber mit einem neuen, inneren Gefühl der Autonomie. Diesen Transformationsprozess nennt ihr Pubertät, es ist ein Ablösungsprozess, in dem eine alte Haut abgestreift wird, um eine neue zum Vorschein kommen zu lassen. Das ist wieder mit Veränderung verbunden. Und diese Veränderung greift ein in dein Leben. Der Prozess der neuen Definierung und der Ablösung wird wieder als Aufbruch in ein neues Sein, aber auch als Trennung erfahren. Auf diese Weise entstehen Reibereien zwischen dem Kind und den körperlichen oder gefühlten Eltern. Sein Kind gehen zu lassen, hat wiederum viel mit innerer Freiheit und dem Vertrauen zu tun, das wir Urvertrauen nennen, aber auch mit dem Verlust und der Trennung. Aus dieser Art von Vertrauen kann wahre Freiheit entstehen. Freiheit aus Vertrauen und Liebe, die optimal sind für einen jungen Menschen, um sich zu entwickeln und zu wachsen.

Trennung und Blockaden

Im Laufe seines Lebens erfährt der Mensch Trennung. Diese prägt sich in das Sein und den Körper jedes Menschen in der nicht geheilten Dualität als Schmerz des Unvollkommenseins. Das Gefühl der Trennung wird so wieder und wieder aktiviert und hat die Möglichkeit, immer mehr ein Teil im Leben des Menschen zu werden. Mit jedem Gefühl der Trennung in der nichtgeheilten Dualität entsteht eine Resonanz im Körper und im Sein des Menschen. Diese zeigt sich als Gefühl von Angst. Durch diese Angst und das Gefühl des Nicht-angenommen-Seins und der Einsamkeit verliert der Mensch dieses Urvertrauen, mit dem er in dieses Leben geboren wurde und an der Brust der Mutter lag. Das kann schon als Jugendlicher, Erwachsener oder auch als Fötus geschehen. Ohne Urvertrauen in das Leben erschafft sich der Mensch Mechanismen, um diese Angst zu umgehen. Muster und Blockaden werden erschaffen, sowie das Streben nach Einheit. Die Angst vor Verlust erschwert dem Kind den Transformationsprozess und die Ablösung von der Mutter und dem Vater. Wiederum entsteht bei den Eltern Angst, was aus dem Kind werden könnte, jetzt, da es sich aus der Obhut der Eltern herauslöst und diese keine Möglichkeit der Kontrolle mehr haben.

Die nächste Reaktion ist das Festhalten an den alten Strukturen und an Altbekanntem. Nun beginnen sich Veränderungen, die nicht Wirklichkeit werden können, anzustauen. Wie bei einem Stausee. Es entsteht Druck. Dieser Druck wächst an. Kann er sich nicht im Außen ausdrücken, drückt er sich innerhalb eines Menschen aus. Auch hier können Muster entstehen, die dann Teil der Persönlichkeit eines Menschen werden. Kann sich der Druck nicht abbauen, staut er sich an und wird sich wie eine Flutwelle mit Gewalt ihren Weg bahnen. Und diese Welle wird dann unvermeidlich sein. Das Hinauszögern der Ablösung, und damit das Hinauszögern des Übergangs in einen neuen Lebensabschnitt, fügt der Autonomie eines Menschen Schaden zu.

Erkenne und begreife das Gesagte als ein Teil des Bildes des Großen und Ganzen. Die Pubertät, das Erwachsenwerden eines Menschen, muss nicht von Reibung geprägt sein, sondern kann in Freiheit und Liebe geschehen. Hierzu nimm die Veränderungen an, die im Fluss des Lebens geschehen. Nimm sie an in Vertrauen und Liebe. Auch hier musst, und ich wähle mit Absicht die Befehlsform, musst du die Hingabe lernen. Gib den Widerstand auf und erlebe die Leichtigkeit des Seins, das ist.

Hat sich ein Mensch nun gelöst und begibt sich auf seinen ureigenen Pfad des Lebens, beginnen sich die Lebensaufgabe und das Lebensziel eines jeden Menschen herauszukristallisieren. Das passiert von alleine. Der Weg wird sich dir offenbaren, sobald du gewillt bist, hinzusehen und hinzuhören und natürlich in den Fluss zu gehen und loszulassen. Es ist jedoch leider so, dass während der Sozialisierung den Menschen eine Art mentale Fessel angelegt wird, die sie in vorgegebene Strukturen drängt. Diese Fessel heißt Sozialisation und Kultur. Ich möchte hier nicht verurteilen. Kultur und Sozialisation sind wichtig für die Menschen. Ich möchte hier nur die Kehrseite der Medaille aufzeigen. Enthalte dich bitte der Bewertung.

Ich zeige hier Aspekte auf, aus denen ein Gesamtbild entstehen und dir helfen soll, deine Welt als solche zu erkennen. Es handelt sich hierbei um das System, in dem jeder Mensch aufgewachsen ist und sich wiederfinden kann. Es ist der Alltag und das Bekannte, an dem er sich festhält, ohne es zu hinterfragen oder zu überdenken. Einmal in einem Fahrwasser, und der Mensch gewöhnt sich daran. Aus diesem Grund werden Bestimmung und Lebensziel häufig übersehen. Sie können nicht mehr wahrgenommen werden. Es kommt dann nach Jahren der Gedanke: War das alles? Was bietet mir das Leben noch? War mein Leben lebenswert?

Bitte, ich möchte niemanden verurteilen. Ich möchte die Chance geben, das Leben in seinen Grundfesten bewusst kennenzulernen, und es dann verändern zu können. Je bewusster du in deinen Alltag gehst, umso sicherer erkennst du das Potenzial und die Chancen, die sich dir bieten. Im wahrsten Sinne des Wortes übersiehst du in deinem Fahrwasser die Schlüsselimpulse, die sich dir bieten würden. Andere Dinge werden in den Vordergrund gedrängt, andere Verpflichtungen auferlegt, die den Menschen zu einem bestimmten Handeln nötigen. Darum möchte ich dich einladen, dieses zu hinterfragen und zu reflektieren, ob du etwas aus eigenem Antrieb heraus tust, oder weil andere es von dir erwarten. Sei Herr über dein Leben und über deine Entscheidungen. Sei dir bewusst, dass alles, was in deinem Leben geschieht, von dir selbst bestimmt wird. Darum erkenne die Möglichkeiten, die sich dir bieten.

Bilanz und Beenden des Kreislaufs

Neigt sich dieses Leben nun dem Ende zu, beginnt jeder Mensch, eine Bilanz aus den Erfahrungen und Ereignisse zu ziehen, die ihm in seinem Leben begegnet und als wichtig erschienen sind. Ob das Leben glücklich war oder nicht. Ob man dem Leben das abgewinnen konnte, was man sich erhoffte, und ob man die Früchte ernten konnte, die man sich vornahm zu ernten.

Das Gefühl der Trennung von seinem Körper ist das letzte Gefühl, das du in dieser Inkarnation wahrnimmst. Der Kreis schließt sich hier. Ein Kreislauf in der nicht geheilten Dualität ist vollendet. Trennung ist das erste Gefühl, wenn du diese Welt betrittst, und Trennung ist das letzte Gefühl, wenn du sie wieder verlässt. Die Erfahrung der Trennung, die du gemacht hast in deinem Leben wird in die Erfahrungen deiner Seelenqualität integriert. Durch die Wahrnehmung der nicht geheilten Dualität gestaltet sich diese Trennung erneut als Qual.

Heilung der Dualität

Die Heilung der Dualität ist das oberste Ziel in diesem ganzen Universum. Der Schmerz der Trennung wird dann nicht mehr der Beginn des Pfads des Leidens sein, sondern die Erkenntnis eines notwendigen Übels, um Erfahrungen auf dieser Erde machen zu können. Der Übergang von einem Lebensabschnitt in den nächsten ist ein Grund zum Feiern, nicht ein Grund der Trauer. Die Geburt des Lebens sollte nicht die Erfahrung der Trennung zwischen Kind und Mutter sein. Die Loslösung von der Familie und das Eintreten in das eigene Leben sollte kein Grund zur Angst sein. Und der Übergang aus diesem Leben in den Tod sollte gefeiert werden wie eine Geburt, denn es ist nichts anderes. Es ist ein Übergang in einen neuen Zustand.

Der Zyklus ist vollendet. Geheilte Dualität stellt sich so dar, dass Erfahrungen in Liebe und Urvertrauen wahrgenommen und integriert werden können. Innere Freiheit und die Toleranz für sich und andere erwachsen aus diesem Gefühl. Dein Sein wird nicht mehr darauf ausgerichtet sein,

Trennung zu vermeiden, sondern Gemeinschaft erfahrbar zu machen, wahre Gemeinschaft. In einem Zustand der geheilten Dualität fühlst du den Schmerz der Trennung nicht mehr. Er weicht dem Erkennen deiner Seele. In der geheilten Dualität bewertest du deine Erfahrungen anders als in der nicht geheilten Dualität. Du wirst nicht mehr zwischen Schwarz und Weiß unterscheiden müssen, sondern zu einem integrativen Punkt werden. Erkenne, in einem Universum der geheilten Dualität bist du dir deiner selbst voll und ganz bewusst. Dein Körper, dein Geist und deine Seele schwingen dann in einem Gleichklang, dem Klang der Erschaffung, dem Klang des Lebens und dem Klang der Liebe zu Allem-was-ist. Es ist der Klang deiner Seelenqualität.

Krankheiten und Gebrechen

Aus der Misskommunikation zwischen der seelischen Qualität und dem Gefäß, dem Körper, können sich Spannungen ergeben. Euer Körper wird immer noch abgespalten von eurem Geist und eurer Seele. Ihr seid ein geistiges Wesen, so sagt ihr. Punkt. Jedoch sage ich euch: Ihr seid ein körperliches Wesen. Aus dieser Misskommunikation zwischen der körperlichen und der geistigen Ebene entstehen Ausprägungen wie Krankheiten. Die Energien, mit denen ihr tagtäglich umgeht und die über den Körper nicht harmonisch abgeführt werden können, manifestieren sich als Spannungen oder Krankheiten.

Jeder Ausdruck einer Krankheit ist ein Ausdruck der Misskommunikation mit der Seele in der Dritten Dimension, wenn die Seele nicht verstanden und somit der seelische Auftrag nicht umgesetzt werden konnte. Natürlich hat eure Medizin Methoden und Möglichkeiten erschaffen, Krankheiten einzudämmen und abzuschwächen. Die Ursache jedoch hat sie nie gelernt zu heilen. Aus diesem Grund kommen immer wieder unheilbaren Krankheiten auf. Es ist wie die Warnlampen in einem Auto. Die Medizin beherrscht Methoden, diese auszuschalten, also die Gebrechen und Krankheiten zu lindern. Die Ursachen kann sie aber damit nicht beseitigen. Hier muss ein ganzheitlicher Ansatz her, der nicht nur die Warnlampen ausschaltet, sondern auch die Ursachen behebt.

Medizin

Wann werdet ihr endlich so weit aufgerüttelt sein und erkennen, dass es mehr gibt als nur ein Symptom, das es zu behandeln gilt? Wie viel Leid könnt ihr ertragen, bis ihr an diesem Punkt seid, an dem es heißt, umzudenken und neue Wege zu gehen? Sicher, einige eurer Mediziner befinden sich auf Wegen, die eine ganzheitliche Medizin im Blick haben, jedoch ist auch dieser Gedanke noch in den Kinderschuhen. Leider ist es beim Menschen auch eine Sache der Gewöhnung. Es ist einfacher, sich auf etwas zu berufen, das schon Jahre Bestand hat, und neuen Methoden eher skeptisch gegenüberzustehen. Nur, so kann Evolution nicht stattfinden. Ich möchte dich ermuntern, über den Tellerrand der Gewohnheit zu blicken und zu erkennen, wie mannigfaltig das Spektrum an neuer Medizin ist.

Bis sie den Weg in eure Gesetze und Krankenkassen gefunden hat, so dass ihr sie abrechnen könnt, wird nicht mehr lange dauern. Bitte erkenne, dass sich auch dieses verändern kann und wird. Es gibt bereits Versicherungen, die Behandlungen bei einem Osteopathen oder Heilpraktiker übernehmen. Bald werden auch gesetzliche Krankenkassen nachziehen, um sich dem Strom der Zeit anzupassen.

Warum sind Behandlungen bei einem Arzt immer kürzer und nicht mehr so zeitaufwändig wie früher? Der Mediziner bemüht sich nach wie vor um den Patienten und behandelt ihn im Sinne eines gesunden Menschen. Aber auch hier greift immer mehr die Bürokratie ein und Mehraufwand entsteht, der das medizinische System nicht heilen, sondern in sich erkranken lässt. Abrechnungen und Verwaltung sind nicht die Aufgabe eines Arztes. Es ist seine Aufgabe, Dienst am Menschen zu tun. Ich möchte euch dieses sagen, um euch auch auf die Situation in der Medizin, wie sie alltäglich ausgeübt wird, hinzuweisen und dafür zu sensibilisieren, was hinter den Türen der „Herren in Weiß" geschieht. Auch das gehört zum Blick über den Tellerrand, zu dem ich euch einladen möchte. Hier sind wir wieder bei den Strukturen der Gesellschaft, und der Kreis schließt sich erneut.

Das System, in dem ihr lebt, spiegelt sich in allen euren Lebenslagen und durchdringt alles, was selbstverständlich ist. Aber ist es selbstverständlich? Auch hier wurden „Medikamente" entwickelt, die Gebrechen des Systems abzuschwächen und zu behandeln. Jedoch hat dieses nichts mit einem gesunden Organismus zu tun.

Eure Schulmedizin ist auch solch ein Organismus, genau wie der Körper eines Menschen. Ich möchte hier eine Parallele aufzeigen, die sowohl im Körper als auch im gesellschaftlichen System zu finden ist. Und beides ist miteinander verwoben und greift ineinander. Auch hier gilt: Wie im Kleinen, so im Großen. Heilt das System, hat der menschliche Körper auch die Chance, zu heilen. Und heilt der Körper, wirkt sich dieses auch auf die Medizin aus. Gibt es die Möglichkeit, eine Medizin der Gesundheit und nicht eine der Krankheit zu erschaffen? Eine, die sich auf den gesunden Körper einlässt und nicht auf den erkrankten? Genauso soll ein Mensch sich seiner Gesundheit ermächtigen, und nicht seiner Krankheit. Es wird nicht mehr darum gehen, Krankheit zu verhüten, sondern darum, Gesundheit zu fördern.

Aber es heißt immer noch Krankenhaus und nicht Haus der Gesundheit. Es heißt immer noch Behandlung und nicht Erhaltung. Hier muss ein Umdenken stattfinden, das sich zuerst in den Köpfen der Menschen manifestieren muss. Wenn hier die ersten Ideen gedacht und die ersten Worte gesprochen sind, können auch die ersten Taten folgen. Nur so könnt ihr wahrlich etwas verändern. Und bitte, erkennt: Ihr seid nicht das kleine Rad im Getriebe, das nichts bewirken kann in dieser großen Maschine der Menschheit. In Wahrheit kommt es dir nur so vor, als könnte dein Rädchen nichts bewegen in dieser Welt. Auch hier gilt: Habe den Mut, dich deines Lebens zu bemächtigen. Du denkst jeden Tag, wie man diese Welt verbessern könnte. Nun habe den Mut, dieses auch auszusprechen, und du wirst andere zum Denken bringen. Diese werden dann auch den Austausch suchen, und so bringst auch du Gedanken auf den Weg. Siehe, deine Gedanken bewegen deine Welt.

Krebs

Erkenne, es gibt viele Krankheiten, die eine ganze Gesellschaft betreffen können. So ist es auch mit dem Krebs. Ihr seid ein Teil von Gaia und als solcher miteinander verbunden. Jeder Mensch ist mit dem anderen verbunden. Allein aus dem Grund, weil ihr Menschen seid. Aus dieser Verbindung heraus manifestieren sich ähnliche Symptome für ein gleiches oder ähnliches Thema. So haben Körper die Tendenz, ähnliche Misskommunikation auf diese Weise auszuprägen.

Die Seuchen, die diese Erde in der Vergangenheit heimsuchten, sind Beispiel eines tiefen Konfliktes und einer tiefen Misskommunikation in eurem Körpern und eurem Sein sowie zu Gaia. Alle drei Ebenen, die miteinander verbunden sind, standen in einer Misskommunikation miteinander. Erst als diese aufgehoben war, konnte sich das Leben auf der Erde wandeln, Seuchen eingedämmt werden und Entwicklung wieder stattfinden. Damals bedurfte das noch einiger hundert Jahre. Heute geschieht es in wenigen Monaten. Auch hier spiegelt sich die Schwingungserhöhung wider. Veränderungen und Entwicklungen finden nun schneller statt, bis sie nicht mehr zeitverzögert stattfinden, sondern in Einklang. Das heißt, Veränderungen, die die Erde betreffen, schlagen sich gleich im menschlichen Bewusstsein nieder und umgekehrt.

Die Veränderung und das Verhältnis von Körper und Gesundheit

Ich möchte darauf hinweisen, dass euer Körper sich in einer Phase der Wandlung befindet. Das bedeutet, dass ihr knapp vor einem Schritt der Evolution steht und nun bereit seid, diesen auch zu gehen.

Du als Mensch nimmst deinen Körper als etwas sehr Statisches wahr. Nach deinem Empfinden verändert sich dein Körper sehr langsam. Du benötigst Jahre, um zu deiner vollen Größe heranzuwachsen, benötigst viel Zeit, bis Haare gewachsen sind. Jedoch finden viel mehr körperliche Prozesse in dir statt, als du es bewusst wahrnehmen kannst. Die körperlichen Prozesse, die in dir ablaufen und die du als solche nicht wahrnimmst bestimmen deinen gesamten Organismus. Für dein Empfinden geschehen sie so schleichend, dass du sie nicht wahrnehmen kannst. Und dennoch ist es so, dass dein Körper sich in einem rasanten Tempo erneuert und somit auch verändert. Ein Körper ist dazu fähig, sich innerhalb von zwei Wochen komplett zu erneuern. Und damit meine ich komplett. Deine Zellen befinden sich permanent in einem Zustand der Veränderung und Erneuerung. Der Körper, den du vor zehn Jahren hattest, hat sich komplett erneuert. Keine Zelle von damals ist noch vorhanden. Vergiss das niemals, denn auf diese Fertigkeit und Fähigkeit wirst du noch einige Male zurückgreifen müssen. Und du wirst dieses aktiv tun können. Stell dir einmal vor, dein Körper würde sich deinen Vorstellungen entsprechend anpassen und verändern. Er könnte sich in einem veränderten Klima schneller anpassen und die Kommunikation mit ihm würde immer enger sein. Je bewusster du mit deinem Körper umgehen kannst, desto mehr wird sich dein Körper auf dich einstellen. Euer Körper wird sich ohne Anstrengung und ohne Leid der neuen Schwingung dieser Erde anpassen können. Das bedeutet, dass du als Mensch auch in die Lage versetzt wirst, die Struktur deines Körpers zu verändern, und das ganz bewusst.

Zwölf-Strang-DNS

Der Mensch existierte nicht immer in der Form, wie wir ihn heute kennen. Die Spezies Mensch bestand zwar schon immer aus Fleisch und Blut, war aber von ihrem Bauplan, wie ich es einmal ausdrücken möchte, von anderer Form. Euer jetziges Sein entspricht nicht der DIN-Norm des Menschen in seiner ursprünglichen Form. Ihr habt euch entwickelt. Dieses möchte ich nun gerne erklären.

Es gab eine Zeit, da der Mensch über eine DNS verfügte, die zwölf Stränge hatte. Die Doppelhelix, wie sie jeder Mensch hatte und immer noch hat, ist eine verkürzte Form der ursprünglichen DNA. Damals ähnelte die DNS-Struktur eher einem Knäuel denn einer Leiter. Diese Verkürzung der DNA entstand aus einem Unfall, der so nicht beabsichtigt war. Auch heute noch sind bestimmte DNS-Sequenzen in deinem Körper, die nicht bestimmt werden können und als schlafend oder reziprok bezeichnet werden. Das sind Reste der ursprünglichen Form, die mit den übrigen DNS-Sequenzen weitere Verbindungen eingegangen sind.

Die Verkürzung der DNA war jedoch notwendig, um das Leben der Menschen in den damaligen „Neuen Zeiten" zu sichern. Jetzt verändert sich das Bild des Menschen erneut und wandelt sich zurück zu seiner ursprünglichen Form der Zwölf-Strang-Helix. Bitte, bekommt nun keinen Schreck. Es handelt sich um ein Ausheilen in eine ursprünglichen Form, zu der der Mensch nun endlich nach all den Jahrhunderten zurückkehren kann. Die Schwingungsqualität, in der sich die Erde gerade befindet, macht die Veränderung der DNS möglich.

Heute sind bereits die ersten Phänomene einer wieder gebildeten Zwölf-Strang-Helix bei Menschen auf dieser Erde vorgekommen. Die ersten Babys mit einer vollkommenen DNS-Helix werden geboren und versetzen die Schulmedizin in Aufruhr. Bitte erkennt, es sind keine Mutationen, die aus einer Verunreinigung der Erde oder aus geschädigtem Erbgut herrühren, es ist eine Entwicklung, die die ganze Menschheit betrifft und bei den ersten

Menschen nun aufgetreten ist. Ihnen werden immer mehr folgen, bis die Medizin dieses Phänomen nicht mehr als Ausnahme werten kann.

Die alten Schulen der Azteken, der Maya und der Ägypter verfügen immer noch über Schriften aus einer längst vergangenen Zeit, die die schon einmal dagewesene Existenz der Zwölf-Strang-Helix belegen. Einige dieser Schriften wurde gefunden und übersetzt und sind nun Teil der Legenden und Mythen dieser Länder.

Das Wissen um den Zwölf-DANN-Strang ist in einigen Kreisen nie verlorengegangen, wurde dem gemeinen Volke jedoch vorenthalten. In einer Ära, in der Wissen Macht bedeutete, war es nur natürlich, Wissen wie ein kostbares Gut zu behandeln, um sich so von den anderen abzugrenzen und eine elitäre Einheit zu bilden. Es ist immer noch auf der Erde vorhanden, und das schon seit langer Zeit. Nun ist es wieder an der Zeit, dich als Mensch dieses Planeten an das Wissen um die Zwölf-Strang-DNA anzubinden.

Von verschiedenen Kanälen dieser Erde werden die Botschaften der neuen DNA-Form wieder an den Menschen herangetragen. So auch durch mich. Der Mensch befindet sich in einer Entwicklung zum Kosmischen Menschen. Auf diesem Weg zu einer bewussteren und heileren Form des Menschseins verändert sich nun der genetische Kode eines jeden auf diesem Planeten. In den Jahren bis 2012 werden immer mehr Menschen mit einer Zwölf-Strang-DNA entdeckt werden. Sie werden die Vorreiter der ganzen Menschheit sein.

Du brauchst diese zusätzlichen genetischen Informationen, um in dein volles Kraftpotenzial zu gelangen. Und das meine ich nicht im negativen Sinn. Erlaube dir, deine Gedanken treiben zu lassen zu den Ufern der Möglichkeiten in dir. Du als Mensch stehst am Anfang einer langen Reise, hin zu deinem kosmischen Ursprung. Die Ausprägung einer neuen genetischen Struktur gehört dazu. Es ist nicht so, dass die DNA-Stücke, die heute scheinbar keinen Zweck erfüllen, wirklich nutzlos sind. Du benötigt sie vielmehr, um neue DNA-Stränge aufzubauen.

Potenzial

Habe keine Furcht vor dem Potenzial, das du entwickeln kannst. Es gehört zu deiner Natur. Es gibt so viele Menschen, die vor ihrem eigenen Potenzial zurückschrecken. Es sei nicht normal und so weiter. Aber ist es nicht auch so, dass du eher die negativen Eigenarten an dir wahrnimmst? Ist es nicht so, dass du von dir eher erwartest, zu versagen als zu gewinnen? Nun, ich möchte dich dazu einladen, dein Leben und deine Fähigkeiten positiv zu bewerten, und du wirst eine Veränderung in dir feststellen. Du bist wie ein Kind, das gerade gelernt hat, zu krabbeln und nun lernen soll, zu laufen. Es gelingt die ersten Male nicht, doch irgendwann wirst du nicht mehr krabbeln wollen, sondern nur noch laufen und springen und rennen. Erkenne, du stehst an der Schwelle zum Laufenlernen. Habe den Mut, es zu versuchen. Es ist viel schöner zu rennen oder, besser gesagt, seine Stärke und Kraft auszudrücken als zu krabbeln und klein zu bleiben. Ist es nicht so, dass der Mensch mehr Furcht davor hat zu gewinnen als zu versagen? Denn was soll er mit dem Sieg anfangen? Mit einer Niederlage lässt sich doch eigentlich viel leichter umgehen als mit einem Sieg.

Die Auswirkung des genetischen Kodes auf den Menschen

In deinen Zellen ist alles gespeichert. Der Bauplan deines Körpers, die Grundlagen deines Verhaltens und, wenn man es so sehen möchte, die gesamte Geschichte der Menschheit. In jeder Zelle findet sich im übertragenen Sinn ein Abbild des Menschen als Ganzes. Wie im Kleinen, so im Großen, trifft hier damit auch zu. Jede Zelle ist eine Kleinausgabe eines menschlichen Körpers. In jeder Zelle ist das Programm zur Teilung und damit zur Fortpflanzung gespeichert, die ihr Überleben sichert. Jede Zelle wirkt darauf hin, dass der Organismus entsprechend funktioniert, und sichert somit das Überleben des Menschen. Der genetische Kode einer Zelle ist zu vergleichen mit der Schaltzentrale. Er befindet sich im Kern der Zelle und bedient ähnliche Funktionen wie das Gehirn im Großen. Die Zwei-Strang-Helix, die in den Mitochondrien*) liegt, besteht aus Proteinen. Aneinandergefügt bilden sie eine Art Leiter. Einige DNA-Stränge sitzen nicht in dieser Leiter, sondern schwimmen frei. Bisher glaubte die Medizin, es handele sich um Überreste einer Teilung oder um überzählige Sequenzen. Bald werden eure Biologen und Mediziner feststellen, dass es sich dabei um fehlende Brückenteile handelt, die sich mit den bestehenden DNA-Leitern verbinden können. Aus den Leitern wird dann ein Vier-Strang, bis sich alle Stränge zu einer Zwölf-Strang-Helix verbunden haben. Hierzu benötigt dein Körper jedoch auch verschiedene neue Informationen, ohne die diese Helix nicht erschaffen werden kann. Ihm fehlen, wenn wir wieder den Vergleich zum gesamten Körper ziehen, die kreativen Gedanken, die notwendig sind, diesen Prozess in Gang zu setzen. Solche kreativen Gedanken entwickelt ihr nun vermehrt, je mehr sich die Schwingung der Erde erhöht.

Erst dann sind diese Ideen, und ich bleibe einmal bei dem Ausdruck Ideen, möglich. Vorher kommt ihr nicht auf die Idee, so zu denken. Ihr verhaltet euch entsprechend der menschlichen Natur. Erst wenn die Grundbedürfnisse wie Nahrung, Kleidung und eine Behausung befriedigt sind, sind weitere Gedanken und Entwicklungen möglich. So auch die kreativen Gedanken in der Zelle. Ab einem gewissen Punkt werden kreative Gedanken wieder möglich und können sich umsetzen. Das heißt, erst wenn in deinen Gedanken gewisse Vorgaben erfüllt oder, eher gesagt, Schritte gegangen sind, können andere Eindrücke stattfinden.

Auch hier gilt wieder: Wie im Kleinen, so im Großen. Wenn die Barrieren der Gedanken beseitigt sind, ist es deinem Körper möglich, höher zu schwingen. Somit kann sich der höher schwingende Körper auf körperlicher Struktur verändern. Erkenne: Du kannst diesen Schritt nicht ohne die Erde tun, und die Erde kann diesen Schritt nicht ohne dich tun. Es sind zwei parallele Entwicklungen. Im Kleinen und im Großen. So wird sich jeder Mensch als Bewohner diese Planeten der neuen Schwingung anpassen und damit die Schwingungserhöhung erneut fördern.

Menschliches Leben mit einer erhöhten Schwingung

Was passiert, wenn die Schwingungsfrequenz sich erhöht hat? Ist dann das Leben ein völlig anderes, und wirst du dich dennoch zurechtfinden? Ja und nein. Das Leben wird auf der einen Seite ein völlig anderes sein. Auf der anderen Seite wird sich nicht schlagartig dein gesamtes Umfeld verändern. Du wirst dich Schritt für Schritt in deinem Verhalten verändern, und zwar ganz bewusst. Es wird nicht so sein, dass du dem ausgeliefert bist, ganz im Gegenteil. Es wird ein äußerst bewusster Akt der Hingabe an das Leben und die Erde sein. Du wirst mehr sehen, mehr hören und mehr fühlen. Du wirst erkennen, was die Welt zusammenhält, wie man so schön sagt. Es wird nicht so sein, dass du dich von einem auf den anderen Tag nicht mehr zurechtfindest, sondern du kannst Stück für Stück in ein verändertes Umfeld hineinwachsen. Das geschieht über einen Zeitraum von mehreren Jahren. So, wie jetzt auch Veränderung über einige Jahre hinweg stattfindet. Heute heißt es, das sei der Lauf der Dinge. Heute heißt es, es sei normal, dass sich alles verändert. Dies und das ändert sich, na gut. Dann ändert es sich eben. Und keiner geht in ein Drama oder kommt mit dieser Entwicklung nicht mit. Es wird immer einige geben, die das Gefühl haben, einer Veränderung nicht nachkommen zu können. Aber das ist nicht so. Jeder Mensch auf diesem Planeten kommt bei den Veränderungen mit. Es gibt keinen Menschen, der außerhalb dieses Netzes läuft.

Die Veränderung wird in dir beginnen. Ganz sanft und wie der Flügelschlag eines Schmetterlings. (Diesen Vergleich habe ich in meinem Kanal gefunden und finde ihn sehr passend.) Es geht hier um Veränderung und nicht um die Verschiebung vollendeter Tatsachen. Vergiss das nicht. Und Veränderung muss nicht immer negativ behaftet sein. Erinnere dich an meine Worte. Hier haben sie genauso ihre Gültigkeit. Nimm Abstand davon, dass damit die Welt eine andere wird. Es wird Veränderung geben. Aber diese Veränderung ist im Sinne von Gaia. Sie ist im Sinne des Lebens auf diesem Planeten.

Schwingungserhöhung im Körper

Bei der Schwingungserhöhung geschieht Folgendes mit deinem Körper: Er durchlichtet sich immer mehr. Er wird lichter. Das bedeutet nicht, dass du dich nun in deine Bestandteile auflösen wirst, sondern du in deinem Ausdruck und deinem Auftreten mehr und mehr die göttliche Präsenz zeigst, die du bist. Du bist ein Abbild der Quelle allen Seins, und als solches durchlichtest du immer mehr, je höher du schwingst.

Keine Angst, du wirst nun nicht anfangen zu leuchten wie ein Christbaum oder in der Nacht keine Taschenlampe mehr brauchen. Nein, damit ist das Leben wahrer Gottesnähe gemeint. Gottesnähe wird in der christlichen Mythologie mit dem Paradies übersetzt. Zu Füßen des einzigen und wahren Gottes zu sitzen bedeutet, im Paradies zu sein. Gottesnähe zu leben bedeutet, den Ausdruck des Göttlichen nach außen hin zu zeigen und in seinem Leben zu integrieren. Menschen mit einer gelebten Gottesnähe wurden oft als Engel wahrgenommen. Im Griechischen hieß dieser Ausdruck Charisma. Das bedeutet, eine charismatische Persönlichkeit im wahrsten Sinne des Wortes zu sein. Und darum geht es. Gottesnähe auf bewusste Weise wahrzunehmen und diese zu leben.

Ja, jeder von euch kann diese Welt zu einem besseren Platz machen. Habe den Mut, dieses anzunehmen, und habe den Mut, dich dem Leben zu öffnen. Die Wirkung, die eine charismatische Person auf andere hat, ist, dass sie zum Vorbild wird. Jemand, an dem man sich orientiert. Jemand, an dem man sein eigenes Sein misst, dem man nacheifert. Jemand, der einen bleibenden Eindruck hinterlässt.

Werde zum Vorbild für dein Umfeld. Auch eine einzige Person kann den Lauf der Welt verändern. Und das nicht nur durch die Gedanken, sondern auch durch ihre Vorbildfunktion. Das bedeutet auch, dass lichte Gedanken in das Bewusstsein der Menschheit eingehen können und diese wiederum Eindruck auf andere Menschen hinterlassen. Immer dann, wenn du einem Menschen begegnest, verbinden sich deine Schwingungsfelder mit seinen. Seine Aura bekommt sozusagen einen Eindruck von deiner Person, der ebenso über die Aura weitergegeben wird. Er nimmt die erhöhte Schwingung auf und erkennt die Gottesnähe im anderen und erfährt das Charisma. Nun wird er aufmerksam. Was ist an diesem Menschen so anders? Und die Person beginnt zu beobachten. Hier beginnt die Vorbildfunktion. Ein neuer Maßstab wird gesetzt und neue Bilder eines Menschen kreiert. Verändert sich nun dieser Mensch, wird sich dieses Spiel von Neuem spielen, nur mit anderen Charakteren.

Übung: Sich des eigenen Lichts bewusst werden

Ich möchte dir nun eine Übung an die Hand geben, dir deines eigenen Lichts bewusst zu werden und die Leuchtkraft deines Seins zu stärken und zu fördern.

Diese Aufgabe musst du nur einmal in Form einer Meditation ausführen, um Synapsen in deinem Inneren neu zu schalten. Wenn du diese Übung dann wiederholst, reicht durchaus eine kurze Variante von fünf Minuten, je nachdem, wie oft und wie intensiv du sie durchführen möchtest.

Bei dieser Übung bitte ich dich, mit einer ganz bestimmten Musik zu arbeiten, denn auch Musik ist eine Schwingung. Und die Schwingungen der Musik sind so verschieden, wie es Musikstücke gibt. Es gibt immer Grundtendenzen in der Schwingung bestimmter Lieder, aber die Schwingungen bleiben verschieden. Aus diesem

Grund passen dir auch manche Rhythmen besser als andere, und deshalb können manche Menschen mit Klassik nichts anfangen und andere mit elektronischer Musik. Die Schwingung, die sehr förderlich für diese Meditation ist, ist das Lied *Watermark* von Enya auf der gleichnamigen CD. Natürlich kannst du diese Übung mit einer anderen Musik machen. Ich möchte jedoch darauf hinweisen, dass die Schwingung von *Watermark* es dir leichter macht, in die gewünschte Schwingung einzutauchen.

Gehe auf eine Fantasiereise mit mir und lass die kommenden Bilder auf dich wirken. Bei den darauffolgenden Übungen musst du dich nur noch kurz darauf konzentrieren, da die Bahnen schon geschlossen sind.

Nimm einige tiefe Atemzüge. Gehe in deine Entspannung und erlaube dir, deinen Alltag hinter dir zu lassen. Gehe in dich und komm zur Ruhe. Es ist nun nichts mehr wichtig.

Stell dir nun vor, wie über deinem Kopf dein Hohes Selbst leuchtet und strahlt. Es strahlt in Gold und Silber wie eine Sonne. Es taucht dich in ein warmes Licht und strömt durch dich hindurch und an dir hinab. Wie eine warme Dusche.

Lass dich mit der Energie deines Hohen Selbst vollaufen.

Gehe nun in Gedanken zur Zentralen Sonne deiner Galaxis. Ein Gedanke reicht hierzu vollkommen. Und lass auch diese Energie in dich einfließen. Lass dich damit erfüllen und genieße die warme Energie.

Verbinde dich nun in einem weiteren Schritt mit dem Sternbild der Plejaden. Plejadische Qualität ist die Qualität des Fließens und des sich Hingebens. Erlaube dir, diese Energie in dich aufzunehmen und lass sie durch dich rieseln wie eine warme bläuliche Dusche. Erkenne, dass alles im Fluss ist und nichts wirklich feststeht. Erkenne, dass das Leben ein Fluss ist, der sich dahinschiebt im Kosmos aus Zeit, Farbe und Ton.

In einem letzten Schritt verbinde dich nun mit der Qualität der spirituellen Venus. Erkenne die Verbindung zu Allem-was-ist und zu allem, was war. Zu allem, was sein wird und zu allem, was möglich wäre.

Alle vier Energien vereinen sich nun in dir wie in einem Cocktail. Sie vermischen sich und werden zu einer einzigen Energie, die dich durchströmt. Nun erlaube dir, dein System komplett zu öffnen. Es wird dir nichts geschehen. Erlaube dir nun, in die Öffnung zu gehen und vertraue, dass dir nichts geschehen kann. Gehe ins Vertrauen.

Jedes deiner Chakren reagiert nun auf diese Energien, und neue Verbindungen schaffen sich. Neue Synapsen verbinden sich.

Bleibe nun einige Minuten in dieser Energie, auch wenn das Lied bereits vorbei ist. Das ist in Ordnung. Erlaube dir einfach, die Energie weiter in dir fließen zu lassen.

Die Bildung der Synapsen dauert nun circa vier Stunden. In diesen vier Stunden bitte ich dich, deinen Körper verstärkt zu beobachten. Wenn du Ruhe benötigst, solltest du sie dir gönnen. Achte auf dich.

In den weiteren Übungen brauchst du dich gedanklich nur noch einmal mit den Energien zu verbinden und sie durch dich fließen zu lassen.

Körpergefühl und Gesundheit

Der bewusste Umgang mit deinem Köper als Tempel deiner Seele soll nun Thema sein. Die Kommunikation zwischen dir und deinem Körper wird, je mehr sich die Schwingung dieser Erde erhöht, klarer werden und immer mehr ohne Widerstände ablaufen. Erkenne: Alles ist eins.

Heute existiert noch viel Misskommunikation. Spannungsfelder entstehen da, wo Kommunikation nicht klar ablaufen kann. Und so kann es, wenn die Spannung zwischen Körper und Verstand oder Geist zu groß ist, zu Disharmonien oder Krankheiten kommen. Viele, ich möchte nicht sagen alle, aber viele Krankheiten entstehen aus einer Misskommunikation heraus. Viele Krankheiten, die ihr heute habt, sind im wahrsten Sinne des Wortes hausgemacht. Der Körper versucht, den Spannungsbogen auszugleichen und prägt eine Krankheit aus. Er versucht sozusagen, auf die Situation zu reagieren. Der Mensch hatte bisher noch nicht die Möglichkeit, diesen Spannungsbogen auf andere Art zu beheben. Was wiederum bedeutet, wenn Kommunikation hergestellt werden kann, wird es auch neue Möglichkeiten der Heilung geben. Viele Krankheiten, die heute alltäglich sind, wird es dann nicht mehr in dieser Form geben. Aus dem Grund, weil Störungen in der

Kommunikation nicht mehr so auftreten werden.

Erkenne, dass es keinen Unterschied gibt zwischen deinem Körper und deinem Verstand, oder deinem Verstand und deiner Seele. Es ist alles eins. Wenn du diese Inkarnation verlassen wirst, trennt sich die Einheit von Körper, Ego und Seele wieder. Aber bis dahin agierst du als Einheit. Wenn die Nervenbahnen zwischen deinem Gehirn und deinen Beinen gestört sind, kann keine Kommunikation fließen, und du bist in deiner Bewegung eingeschränkt. Genauso ist es auch in der Verbindung zwischen Seele, Körper und Ego. Einheit ist auch hier das Schlüsselwort. Oft denken Menschen von sich als ICH und beziehen nicht den Körper ein. Der Körper ist zwar das derzeitige Gefäß, wird jedoch als etwas Eigenständiges eingestuft.

Körpervorgängen ist man scheinbar hilflos ausgeliefert, und man kann nichts dafür, wenn der Körper in seiner Funktion eingeschränkt ist durch eine Krankheit oder ein anderes Gebrechen.

Ich liebe mich

Viele Menschen können sich in ihrer Körperlichkeit nicht annehmen. Sie leben mit ihrem Körper auf Kriegsfuß und verabscheuen ihn sogar. Sich selbst zu lieben scheint eine große Herausforderung zu sein für euch. Das Selbstbewusstsein eines Menschen macht sich zu einem guten Teil über die körperliche Befindlichkeit aus. Wenn man sich gut fühlt, ist der eigene Selbstwert wesentlich höher. Erkenne, dass hier die größte Disharmonie zwischen deiner Seele, deinem Ego und deinem Körper liegt. Daraus entstehen in eurer Gesellschaft viele Magenprobleme und Kreuzschmerzen.

Jegliche Punkte an dir, die du nicht für gut oder angemessen erachtest, schlagen sich als Energie in deiner Körperlichkeit um. Das bedeutet, dass dein Körper dieses Gefühl aufnimmt und versucht zu verarbeiten. Jedes Gefühl deinem Körper gegenüber wird von ihm persönlich genommen. Das heißt, er wird alles auf sich beziehen. Erkenne, dass dein Körper über ein eigenes Bewusstsein verfügt und als dieses auf die Energien, die du aussendest, reagieren kann und wird. Jedes Mal, wenn du in den Spiegel blickst und an dir etwas auszusetzen hast, nimmt dein Körper das persönlich und versucht es auszugleichen. Dadurch entsteht ein Spannungsfeld, zum Beispiel, indem er vermehrt Insulin produziert oder die Produktion von Insulin einstellt und eine Zuckerkrankheit ausprägt. Genauso, wie sich negative Gefühle auf deinen Körper auswirken, wirken auch positive Gefühle. Wenn du deiner Körperlichkeit ein warmes Gefühl entgegenbringen kannst, wirkt sich das auch positiv auf deinen Körper aus.

Wäre es nicht schön, wenn du dir sagen könntest: „Ich liebe mich so, wie ich bin"? Tue es einfach. Sage dir jeden Tag, wie sehr du dich liebst, und beobachte die Vorgänge in deinem Körper. Du wirst erstaunt sein, zu welchen Veränderungen es kommen kann. Wenn du deinem Körper das Gefühl geben kannst, er sei so, wie er ist, angenommen in seinem Sein, wird sich die Kommunikation angleichen und Disharmonien werden ausbleiben.

Viele Menschen erklären ihrem Körper gegenüber permanent den Krieg. Aufgrund von falschen Vorstellungen, wie ein Körper zu sein hat. Leider werden euch auch Bilder gegeben, die euch einen vermeintlichen Standard vorgaukeln, den es zu erreichen gilt. Vor allem junge Menschen hechten diesem Standard hinterher – stets auf die eigenen Kosten –, um diesen nie zu erreichen und unglücklich mit sich und ihrem Körper zu sein. Das muss aber nicht sein. Ist es nicht die Mannigfaltigkeit, die die Schöpfung auf dieser Erde so beeindruckend macht?

Ist es nicht einer der Aspekte des Menschseins, dass kaum ein Mensch dem anderen ähnelt? Ist dir als Mensch deine Individualität nicht so wichtig? Warum folgen dann so viele einem aufgesetzten Menschenbild, das ihnen als Ideal erscheint? So ideal, dass sogar die eigene Individualität zu Gunsten eines vorgegebenen Bilds verkauft werden würde.

Ich möchte dich hier zum Denken anregen. Ich möchte erreichen, dass du deiner Umwelt mit einem wachen Verstand und einem klaren Bewusstsein begegnen kannst.

Beantworte diese Fragen für dich. Ist nicht jeder ein Ausdruck des Göttlichen in seiner Vielfalt? Ist nicht jedes Geschöpf der Quelle allen Seins schön? Bist du nicht schön, auf deine eigene Weise?

Beginne den Morgen mit den Worten „Ich liebe mich" und erlebe die Veränderung, die dir diese Worte, jeden Morgen aufs Neue gesprochen, bringt. Dein Körper wird sie persönlich nehmen und sie dir auf seine Weise danken. Mit Gesundheit und Wohlbefinden, die sich in deinem ganzen Leben niederschlagen werden. In deinem Selbstbewusstsein, und im Endeffekt auch in deinem Selbstwertgefühl. Nur wer sich wohl in seiner Haut fühlt, kann sich auch seines Wertes voll und ganz bewusst sein und diesen auch für sich erleben. Zelebriere deine Einzigartigkeit jeden Tag aufs Neue und erlaube dir, deine Sichtweise zu erweitern. Tritt in Kontakt mit deinem Körper auf eine völlig neue Art und Weise. Und auch hier wird sich dein Tun in deinem Umfeld widerspiegeln. Die Menschen, denen du begegnest, werden dich ebenso wahrnehmen wie du. Sie werden neugierig auf dich sein. Neugierig zu erfahren, was an dir so anders ist.

Erkenne, dass du auch hier Vorbild sein kannst und wirst, alleine durch eine positiv besetzte Körperwahrnehmung. Hier liegt ein Teil des Charismas, zu dessen Ausdruck du fähig bist. Es ist jedoch nur ein Puzzleteil. Ein Stück des Ganzen, das du nur noch verbinden musst. Es ist wichtig, eine Situation in ihrer Gesamtheit wahrzunehmen.

Jede Aktion von dir ruft eine Reaktion hervor, die sich wiederum in dir widerspiegelt. In einem ganzheitlichen Bewusstsein bist du dir der Konsequenzen deines Handelns und deiner Gedanken immer bewusst. So ist dir auch die Wirkung deiner Gedanken auf deinen Körper und auf dein Umfeld bewusst. Hier kannst du bewusst Aktionen gestalten, um sie für dich sinnvoll und lebenswert zu machen.

Begegne deinem Umfeld bewusst. Menschen, die sich bewusst begegnen, die sich in ihrer Mitte befinden und in sich klar sind, werden niemals miteinander um etwas streiten müssen. Weil es ihre Entscheidung sein wird, und das ist dann eine bewusste Entscheidung, dieses nicht zu tun. Eine Situation zu durchschauen, die verschiedenen Strömungen wahrzunehmen, die verschiedenen Parteien wahrzunehmen und die Bedürfnisse eines jeden, der an einer Situation beteiligt ist, bewirkt in dir einen bewussten Umgang. Sowohl mit Konflikten, als auch mit freundschaftlichen Situationen.

Mangel

Mangel im Allgemeinen

Sobald man den Begriff Mangel hört, denkt man vor allem gleich an finanziellen Mangel. Und den haben, so sagen sie, viele Menschen. Aber Mangel ist nicht nur der materielle Mangel. Es ist auch der Mangel an Liebe und Zuwendung oder an körperlicher Gesundheit. Alles das, woran es einem Menschen mangeln kann. So viele Menschen sind in einem Zustand des Mangels.

Keine Form des Mangels ist schlimmer als eine andere. Ob es an Geld oder an Zuwendung mangelt, ist dabei egal. Es ist die gleiche Energie. Der Fokus liegt darauf, was man nicht hat. Warum ist das so? Genug zu haben, auf der sicheren Seite zu sein und vergesorgt zu sein, sind Triebfedern in jedem Menschen. Sobald das Grundbedürfnis befriedigt ist, kann weitere Entwicklung stattfinden. In der Vergangenheit war der Mensch häufig in der Situation, um sein Überleben kämpfen zu müssen. In wie vielen Inkarnationen bist du an Hunger oder Krankheit gestorben? Oft hat es dir an so vielem gemangelt. Alle diese Erfahrungen haben sich in deinem System eingeprägt und sind nun dafür verantwortlich, dass dein Leben immer noch auf den Mangel hin ausgerichtet ist. Diese Speicher hatten Generationen Zeit, sich zu festigen und sich tief in dir einzuprägen. Der Mangel damals entstand aus dem Kampf um das Überleben. Ohne die Ausrichtung darauf hätte die Menschheit nicht existieren können. Nicht in dieser Zeit. Damals herrschte eine andere Schwingung, und es herrschten andere Verhältnisse. Bitte begreife, dass sich diese Verhältnisse verändert haben. Die Notwendigkeit des Mangels besteht nicht mehr. Jetzt geht es darum, diese Situation des Mangels aus deinem System zu nehmen und dich umzuprogrammieren hin zu einem Leben der Fülle.

Fülle ist möglich für jeden. Fülle ist möglich in deinem Leben. Habe den Mut, diese Fülle auch anzunehmen und sie in deinem Leben umzusetzen, in die Materie hinein. Das bedeutet für dich, nicht mehr das Gefühl des Mangels zu haben. Das bedeutet für dich, nicht mehr im Mangel zu sein. Erkenne, dass dieses jetzt möglich ist. Mit der Erhöhung der Schwingung auf dieser Erde können das Gefühl des Mangels und die Tatsache des Mangels beseitigt werden. Und es gehört wirklich Mut dazu, die Fülle auch anzunehmen. Natürlich wird sich vieles verändern. Es ist auch schön, den eigenen Mangel von einem anderen Menschen beheben zu lassen. Umsorgt zu sein, geliebt zu sein und, vor allem, versorgt zu sein.

Erkenne, dass es auch deine Entscheidung ist, im Mangel zu leben oder nicht. Übernimm auch die Verantwortung für deine Fülle, nicht nur für deinen Mangel. Du bist ein Wesen, das auf Fülle ausgelegt ist. Darum gilt es, die Programmierung des Mangels aus deinem System zu nehmen, um eine Plattform zu schaffen, wo du Fülle erfahren kannst.

Das ist zu schön, um wahr zu sein, könntest du jetzt denken. Und genau das ist es nicht. Es ist nicht zu schön, um wahr zu sein. Gehe aus dem Bewusstsein des Mangels heraus und erkenne, dass Fülle auch in deinem Leben möglich ist. Der Kosmische Mensch ist ein Prinzip der Fülle, und hin zum Kosmischen Menschen entwickelst du dich. Erkenne, das Prinzip der Fülle kann und soll in deinem Leben Raum nehmen. Spiritualität hat nichts mit Armut und Einsamkeit zu tun. Auch wenn viele spirituelle Schulen einen anderen Grundsatz vertreten, ist die Fülle doch ein Teil des bewussten und spirituellen Lebens. Die Zeit der Kasteiung ist mit dem Fischezeitalter beendet worden. Nun kannst du es auch aus deinem Bewusstsein lösen, um einem Leben in Fülle Platz zu machen. Spirituelles und alltägliches Leben sind eins.

Du kannst in deiner Spiritualität auch alltäglich sein genauso, wie du in deinem Alltag spirituell sein kannst. Fülle ist nicht nur ein Prinzip des Alltäglichen, sondern auch ein Prinzip des Spirituellen. Es geht darum, hier diese Fülle auch zu leben. Das Bewusstsein, dass Mangel und die Reduzierung auf bestimmte Faktoren Heilung bringt, ist ein Lehrsatz des Fischezeitalters und nicht mehr aktuell. Es war ein Grundsatz, der damals durchaus seine Berechtigung hatte, denn nur durch den Verzicht und die Reduzierung auf bestimmte Faktoren konnte die Gegenwart des Göttlichen in allem auch wahrgenommen werden.

Jesus litt am Kreuz, Buddha lebte in Armut und verzichtete sogar auf seinen Stand des Prinzen. Erleuchtung wurde in der Einsamkeit gesucht. Heute musst du nicht Einsiedler werden, um nach Erfüllung oder Erleuchtung zu streben. Bitte erkenne, mit dem Übergang in das Wassermannzeitalter haben sich die Dinge grundlegend verändert. Es ist ein wahrhaft großes Geschenk, das du jetzt empfangen kannst. Die Zeiten des Schmerzes und des Mangels sind vorbei. Bitte begreife. Jetzt ist die Zeit, in der du Gefühle und ganzheitlich deine Spiritualität leben kannst. Beginne, dein Leben in Fülle und im Einklang mit dir selbst zu gestalten. Tritt heraus aus dem Schatten der Vergangenheit und komme ins Licht. Feiere einen neuen Morgen und nimm die Fülle an, die du bist.

Ich möchte zunächst den Begriff des Mangels ein wenig näher beleuchten. Was ist eigentlich Mangel, und wie entsteht er?

Mangel im Außen – Mangel in dir

Was ist Mangel, oder: Was wird als Mangel empfunden?

Mangel wird dann wahrgenommen, wenn etwas Bestimmtes nicht vorhanden ist. Jemand ist dann im Mangel, wenn er in seiner Freiheit, etwas zu tun, zu lassen oder zu haben, eingeschränkt ist. Meistens handelt es sich bei materiellem Mangel um den Mangel an Geld.

Mangel stellt sich für dich immer so dar, dass du ein Maß hast, an dem du deine eigene Situation misst. Du gibst dieses Maß vor, und in der Regel setzt du es etwas höher an als das Maß, das die Gesellschaft dir liefert. Gesellschaftlich wird eine Norm vorgelebt, an der du dich orientierst und die es gilt zu erfüllen. Es gehört zum guten

Ton, dich in eine Gesellschaft zu integrieren. Durch das Annehmen bestimmter materieller Werte zeigst du dich einer Gemeinschaft zugehörig. Sei es nun ein Fernseher oder eine harmonische Partnerschaft. Fehlt etwas, was aber dem Lebensstandard einer Gesellschaft entspricht, fühlst du nicht etwa die Fülle deiner momentanen Lage, sondern den Mangel von etwas Bestimmten. Und dabei ist es egal, ob du das, was den Mangel auslöst, wirklich brauchst. Es ist etwas, was du anstrebst, um die Annehmlichkeit, die damit verbunden ist, ebenso wie die anderen zu genießen. Egal, ob du es wirklich brauchst. Wenn es jeder hat, brauche ich es auch, oder etwa nicht?

Andere hingegen haben scheinbar den Zustand, den du anstrebst, erreicht und profitieren nun davon. So scheint es. Ob der andere wirklich in der Fülle ist, die du ihm zugedenkst, weißt du nicht. Es erscheint dir jedoch so. Hinzu kommt das Bedürfnis, das in dir durch Werbung erzeugt wird, und das breite Angebot an materiellen Dingen oder Lebensmitteln, zu denen du jederzeit Zugriff hast. Durch etwas, was du glaubst zu brauchen, entsteht ein materiell geprägtes Gefälle. Eine emotional geprägte Diskrepanz stellt sich ein. Diese spiegelt sich vor allem in den Emotionen wider. Mangel wird in fast allen Fällen über Emotionen wahrgenommen.

Du vergleichst dich mit deinem Umfeld. Anhand der gesellschaftlichen Möglichkeiten, die dir zur Verfügung stehen, und anhand der räumlichen Gegebenheiten.

In der Wüste ist es kein Problem, genügend Platz für sich selbst zu beanspruchen. In einer Großstadt könnte es eher zu Raummangel kommen. Andererseits wird es in einer Großstadt auch nicht an Menschen mangeln, wohingegen man in der Wüste ein sehr einsames Leben führen kann. Das, was du anstrebst, ist immer abhängig von der Gesellschaft, in der du lebst. Und dabei orientierst du dich vor allem an dem, was die Allgemeinheit anstrebt. Mache dir diesen Mechanismus klar, erkenne, inwieweit deine Bedürfnisse aus äußeren Einflüssen entstanden sind. Mangel oder Überfluss bedingen sich immer in Vorhandensein oder Nicht-vorhandensein verschiedener Güter oder Zustände, die auch immer von dem Angebot, das in der Gesellschaft vorherrscht, bestimmt werden.

Im Mangel sein bedeutet, abgeschnitten sein von bestimmten Faktoren, zu denen andere den Zugang haben. Einen Zugang, den man für sich selbst wünscht. Eigenen Mangel zu definieren wird erst im Vergleich zum direkten Umfeld möglich. Sind in einer Gesellschaft alle Menschen an einer Krankheit erkrankt, wird der Einzelne anders damit umgehen, als wenn nur eine Person erkrankt und damit in den Fokus der Aufmerksamkeit kommt.

Gefühle des Mangels kommen meistens durch das Nichterfüllen verschiedener Erwartungen. Man hat sich auf etwas eingestellt, das nicht eintritt, und so wird das Nichterfüllen häufig als Mangel wahrgenommen. Darum reflektiere deine Situation, in der du bist. Bist du im Mangel oder in der Fülle? Welches Gefühl überwiegt in deinem Leben? Und enthalte dich auch in diesem Bereich der Bewertung. Tritt das Erwartete nicht ein, entsteht oft ein Gefühl von Mangel, den es gar nicht gibt. Bei dieser Art von Mangel handelt es sich um eine Illusion. Aus diesem Grund enthalte dich der Bewertung.

Erkenne, wenn du in dir ruhst und in deiner Mitte bist und dich auf eine liebevolle Weise reflektierst, dir dessen bewusst bist, was du erreicht hast, du nicht in den Mangel kommen kannst. Innerer Reichtum spiegelt sich dir im Außen genauso wie innerer Mangel. Wenn du innerlich reich bist, kannst du auch äußerlich in deinen Reichtum kommen. Wie auch immer Reichtum für dich aussieht.

Wie willst du äußeren Reichtum leben, wenn du innerlich im Mangel bist? Erkenne, dass das nicht geht. Im Großen, wie im Kleinen, oder wie innen, so außen. Nur wenn du innerlich bereit bist, Reichtum zu leben, kannst du auch im Außen Reichtum leben. Und bitte, Reichtum zu leben heißt nicht immer, im Geld zu schwimmen, sondern sich dessen bewusst zu sein, welche Reichtümer man selbst hat. Natürlich bedeutet es auch nicht, im materiellen Mangel zu sein oder einen Engpass zu haben, sondern auch die Fülle im Materiellen zu haben.

Öffne dein Herz für die Fülle des Lebens. Ändere den Blickwinkel zu einem Thema, und du kannst anders damit umgehen. Verändere deine Sichtweise im Sinn der Fülle, und das Außen wird mit der gleichen Fülle reagieren. Es geht nicht um eine Verherrlichung von Mangel. Es geht um die Kreation von Fülle. Du bist ein Ebenbild Gottes. Du bist Mitschöpfer. Du erschaffst dein eigenes Leben. Und das meine ich mit genau diesen Worten. Du erschaffst dein Leben anhand deines Wirkens und Denkens. Mit einer inneren Fülle wirst du auch Fülle im Außen besitzen. Dein

Inneres spiegelt dein Äußeres genauso, wie dein Äußeres dein Inneres spiegelt. Öffne dein Herz und lass Fülle in dein Leben. Nur wenn du selbst dir ein Ja zur Fülle geben kannst, kannst du sie im Innen wie im Außen erlangen.

Verantwortung für sich selbst übernehmen

Es geht immer um den bewussten Umgang mit den verschiedenen Energien, die dich umgeben. Das bedeutet, die Fülle zu nutzen. Du hast die Fähigkeit, dein Leben zu gestalten. Tue es auch.

Es ist natürlich einfach, sich in sein Schneckenhaus zurückzuziehen und sich dem Leid und Mangel zu ergeben oder einfach so weiterzumachen wie bisher. „Ich kann eh' nichts an meiner Situation ändern. Ich bin doch so ein kleines Licht. Was kann ich schon ausrichten?" Mit solch einer Einstellung übernimmst du nicht die Verantwortung für dein Leben. So umgehst du die Notwendigkeit, dein Leben selbst in die Hand zu nehmen. Es ist deine Entscheidung. Und es wird immer deine Entscheidung bleiben.

Übernimmst du die Verantwortung für dein Leben, gehst du in die Möglichkeit, es nach deinen Vorstellungen zu gestalten. Lehnst du die Verantwortung für dein Leben ab, wirst du immer ein Spielball der äußeren Einflüsse sein. Ich möchte dir keine Angst machen, sondern dich darauf hinweisen, worum es geht, und dir die Hintergründe dessen, was ist, erläutern.

Glaube nicht, es sei schwer. Der Glaube, es sei schwer, hat auch mit Mangel zu tun. Gehe in die Fülle und damit in den Glauben, dass es auch leicht sein kann. So einfach wie das Atmen, und doch so notwendig wie das Aufstehen am Morgen. Mit dem bewussten Umgang mit deinem Leben beginnst du, dein Leben selbst zu gestalten. Nach deinen eigenen Vorstellungen, ganz automatisch. Beginne damit, dich mit deinem Leben bewusst auseinanderzusetzen. Damit veränderst du es bereits in deinem Sinn.

Gehe bewusst aus dem Mangel heraus. Mach dir klar, wo in deinem Leben Mangel herrscht und wo du in der Fülle bist. Überdenke deine Einstellung mit allen Facetten

Fülle bedeutet, fließen zu lassen

Um Fülle im Außen zu erlangen, musst du erst in dir die Basis der Fülle erschaffen. Nur wenn du in dir den Keim der Fülle trägst, kannst du sie auch im Außen finden. Wie willst du Fülle auf dein Bankkonto holen, wenn du in dir den Mangel trägst und ständig dabei bist, dein Geld zu zählen, zu horten und die Münzen dreimal umzudrehen. Bitte, Fülle bedeutet nicht, in der vermeintlichen Sicherheit zu schwelgen und Ressourcen anzuhäufen. Fülle bedeutet, im Fluss zu sein mit dem, was ist, und sich daran zu erfreuen.

Fülle im Materiellen bedeutet vor allem auch, das Materielle in den Fluss zu bringen und nicht, es festzuhalten. Auch hier ist es wieder so, dass du die größte Freiheit und die größte Sicherheit nur im Prinzip des Fließenlassens finden kannst. Und dazu möchte ich dich immer wieder einladen. Gehe bewusst ins Fließen und fühle die Fülle von dem, was möglich ist. Und dann lass los. Halte es nicht fest, sondern lass es einfach los. Erkenne, dass du Fülle nicht festhalten kannst. Genauso wenig, wie du Wasser festhalten kannst. Das ist nicht möglich. Je mehr du versuchst, sie festzuhalten, desto mehr kommst du in den Mangel und in das Streben nach Fülle. Darum lass los und öffne dich. Sobald du die Fülle in dir gefunden hast, nimmst du auch gleichzeitig den mentalen und emotionalen Druck aus dem Streben nach materieller Fülle. Erkenne deine momentane Situation an und lerne sie wertzuschätzen.

Sich selbst treu sein

Erkenne, dass es immer darum geht, sich selbst treu zu sein. Nur wenn du dir selbst treu sein kannst, kannst du auch die Geschenke, die dir jeden Tag zuteil werden, genießen. So schwer ist es nicht, im Prinzip der Fülle zu leben. Ein wahrhaft reicher Mensch ist sich der Fülle in seinem Leben auf allen Ebenen bewusst und kann sein Leben genießen. Das sind Menschen, bei denen man sich fragt: Was hat er, was ich nicht habe? Solche Menschen wirken zufrieden mit sich und ihrer Umwelt, ausgeglichen und in ihrer Mitte. Erlaube dir, in deinem Leben glücklich zu sein mit dir. Wie ist es möglich, Freude ohne die Anschaffung eines neuen Fernsehers zu fühlen? Ganz einfach, indem du dir deiner selbst bewusst bist und in welch einer Fülle du jetzt lebst.

Sei dir dessen bewusst, wie reich dein Leben jeden Tag aufs Neue beschenkt wird. Lerne wieder den Blick auf die sonnige Seite des Lebens kennen. Dreh die Münze um und besieh dir dir andere Seite. Achte auch auf die kleinen Dinge des Lebens. Diese können so viel mehr wert sein als alles Geld dieser Welt. Lerne die Kunst des Augenblicks in seiner Einzigartigkeit zu genießen.

Es geht nicht nur um die Vermehrung dessen was du bereits hast, sondern auch um den Genuss der Dinge, die du erreicht hast. Wenn du auf ein Ziel hinarbeitest, erkenne auch, wenn es erreicht ist. Kannst du deine Ziele genießen, oder bist du bereits auf der Suche nach einem neuen Ziel, das es zu erreichen gilt? Kannst du die Früchte deiner Arbeit genießen, oder siehst du nur, was du nicht erreicht hast? Das ist schön und gut, was ich hier habe, aber ich hätte mehr gewollt. Ja, ich hatte Erfolg, aber ich möchte mehr Erfolg. Ist der Weg nur das Ziel, oder ist es das Ziel, das du erreichen willst?

Feiere das Leben jeden Tag aufs Neue. Du hast nur dieses, und das gilt es zu genießen. Du kannst dir kein neues kaufen, aber du kannst dieses auskosten mit jedem Tag in deinem Leben. Du hast die Möglichkeit, aus jedem Tag deines Lebens den besten zu machen. Beginne, bewusst an deinem Leben teilzuhaben und fühle die Freude der Lebendigkeit in dir.

Mangel an Gesundheit

Sobald der Körper nicht mehr so funktioniert, wie er es eigentlich sollte, fällt der Fokus der Aufmerksamkeit auf diese Diskrepanz. Oft fällt dir gar nicht auf, wie gut es dir geht. Leider, muss ich sagen. Sobald etwas zur Norm geworden ist, ist man versucht, es nicht mehr wahrzunehmen, da der Fokus auf andere Bereiche, die nicht so gut laufen, ausgerichtet ist. Das, was gut ist, wird oft nicht wahrgenommen. Die kleinen Erfolge des Alltags gehen unter. Genauso, wie die kleinen Annehmlichkeiten untergehen. Wann hast du dich das letzte Mal an einem Augenblick erfreut? Wann hast das letzte Mal deine Gesundheit gefeiert oder einfach nur dem Regen oder den Vögeln zugehört? Du kümmerst dich aufopfernd um deinen Körper, wenn dieser Mangel in irgendeinem Bereich ausprägt. Egal, ob es Schmerz oder Krankheit ist. Doch was passiert, wenn es deinem Körper gut geht? Nimmst du ihn dann genauso wahr? Kannst du stolz auf ihn sein, oder ist da immer irgendetwas, das besser sein könnte? Was bedeutet es für dich, eine gute Gesundheit zu haben?

Das Versinken im Alltagstrott, auch in Hinsicht auf die Gesundheit, tötet in dir die Freude an dem, was du hast und was ist. Es kann so wunderschön sein, einzukaufen. Erfreue dich an der wunderbaren Schöpfung. Nimm jeden Tag aufs Neue die Geschenke an, die dir zuteil werden. Erfreue dich daran und erkenne, dass dein Leben nicht trister, grauer Alltag sein muss, sondern eine Komposition aus Farben und Licht sein kann.

Das Prinzip des Mangels an Gesundheit begegnet dir aber noch in einem anderen Bereich. Die ganze Gesellschaft ist darauf ausgelegt, Krankheiten jeglicher Art zu heilen und nicht, die Gesundheit zu fördern. Das beste Beispiel sind eure Krankenkassen. Wie das Wort schon sagt, sind Krankenkassen auf das Kurieren von Krankheiten ausgerichtet. Krankenkassen finanzieren Ärzte, die wiederum für die Beseitigung von Krankheiten und die Wiederherstellung der Arbeitskraft verantwortlich sind. Eure Krankenkassen haben immer noch den Fokus auf der Krankheit und nicht auf der Gesundheit. Allein durch den Namen Krankenkasse wird ein Feld erzeugt, das auf die Krankheit hin ausgerichtet ist. Würden sie Gesundheitskassen heißen, hätte dies eine andere Wirkung. Hier muss ein Wandel stattfinden, von der Krankheit hin zur Förderung der Gesundheit. Es sollte nicht um das Kurieren von Krankheit gehen, sondern um die Vorbeugung. Gesetzlich werden sie für das Kurieren von Krankheiten gefördert, nicht jedoch für das Erhalten der Gesundheit. Erst in jüngster Zeit beginnt das Gesundheitssystem vorbeugend aktiv zu werden und auch alternative Heilmethoden zuzulassen. Langsam beginnt sich der Fokus zu ändern, weg von der Krankheit, hin zur Gesundheit. Die ersten Kassen haben bereits angefangenen, dieses in ihr Konzept aufzunehmen und es auszubauen.

Wäre es nicht schön, wenn das Bild der Krankenkassen sich dahingehend wandeln würde, dass Ärzte nicht mehr Krankheit kurieren, sondern Gesundheit fördern würden? Hier möchte ich wieder darauf zurückkommen, dass auch ein Mensch den Verlauf verändern kann. Jeder Gedanke von dir setzt sich im Außen um. Das bedeutet, wenn du deine Einstellung veränderst, bewirkst du auch Veränderung im Außen. Die Veränderung beginnt immer in dir und setzt sich dann im Außen um. Dein Umgang wird andere inspirieren, ihren Standpunkt neu zu überdenken. Und bedenke, dass auch andere mit Hilfe der veränderten Schwingung der Erde ihre Gedanken mehr und mehr an einem großen Ganzen orientieren können. Veränderung beginnt immer im Kleinen. Aber wie die Wellen, die ein Stein erzeugt, wenn er ins Wasser geworfen wurde, wird sie sich ausbreiten und immer größere Kreise ziehen. Keine Veränderung, und ist sie noch so klein, geht in dem großen Muster des Lebens unter.

Prägt dein Körper ein Leiden aus, bist du alarmiert und versuchst, es wieder in Ordnung zu bringen. Du versuchst das Leiden zu beheben. Genauso, wie man ein Auto zur Reparatur in die Werkstatt gibt. Fokussiere dich mehr auf die Gesundheit, und nicht auf das Leiden. Gehe auch hier bewusst in den Zustand der Fülle an Gesundheit.

Lerne deinen Körper kennen und beginne, die Vorgänge, die er durchläuft, zu verstehen. Gehe bewusst auf deine Bedürfnisse ein. Beginne, wieder auf deinen Körper zu hören. Dein Körper verfügt über ein eigenes Bewusstsein und eine eigene Körperintelligenz. Er wird dir zeigen, wo gerade Mangel besteht und wie du deine Gesundheit verbessern kannst. Der erste Schritt dazu ist, sich als Einheit mit seinem Körper und seinem Geist zu begreifen.

Übung: Kontakt mit dem eigenen Körper aufnehmen

Stell erneut den Kontakt zu deinem Körper her und dich bewusst auf seine Bedürfnisse ein. Es geht um einen harmonischen Ausgleich, eine harmonische Kommunikation zwischen Körper und Geist. So ist Fülle möglich. Und ein Zustand von Gesundheit, Wohlbefinden und Zufriedenheit.

Nimm dir Zeit für dich, gehe in die Entspannung und lass deinen Alltag hinter dir. Nimm deine Gedanken und lass sie ziehen wie Wolken am Himmel. Lass sie alle ziehen. Sie sind jetzt nicht mehr wichtig.

Stell dir vor, du stehst auf einer weiten Ebene. Vor die erstreckt sich weites Grasland. Das Land hier wirkt urtümlich, wild und frei. Der Wind streicht über dein Gesicht und spielt mit deinen Haaren. Atme tief ein und aus und fühle mit jedem Atemzug, wie Weite und Freiheit in dich einströmen.

Über dir kreist ein Vogel. Stolz und majestätisch zieht er seine Kreise. Es ist ein Adler. Seine Fähigkeit, so hoch zu fliegen, brachte ihn schon seit Menschengedenken in Verbindung mit den Boten der Götter. Heute ist er das Sinnbild für die Stimmen deiner Seele. Heute ist er dein Bote. In Kreisen kommt er dem Boden, auf dem du stehst, immer näher, bis er in der Luft über dir stehenbleibt.

Werde dir nun deines Körpers bewusst. Er ist Teil dieser Erde, geschaffen aus dem Blut Gaias. Versenke nun dein Bewusstsein vollkommen in deinen Körper. Fühle das

Blut, das Fleisch, die Knochen und das Leben, das durch seine Adern strömt.

Fokussiere dich nun auf dein Basischakra, das sich dort befindet, wo dein Geschlecht sitzt, und in einem tiefen Rot leuchtet. Erfülle dich mit der Energie deines Basischakras. Lass die Energie durch deinen gesamten Körper fließen.

Aus deiner Basis heraus sende nun einen roten Strahl in die Erde hinein. Er geht immer tiefer in die Erde hinein. Er durchdringt alle Gesteinsschichten und verbindet dich mit dem Kern der Erde. Hier energetisiert sich der rote Strahl und geht wieder hinauf an die Erdoberfläche, wo er aus der Erde hinaustritt und in dein Basischakra zurückfließt.

Nimm jetzt Kraft aus der Erde. Nimm Kontakt auf zu der Kraft, aus der du geschaffen bist. Der Adler über dir öffnet den Schnabel und stößt einen Ruf aus. In diesem Ruf ist der Klang deiner Seele enthalten.

Breite die Arme aus und lass dich vom Ruf des Adlers einhüllen wie in eine Decke. Er ruft noch einmal, und wieder geht der Ruf durch Mark und Bein.

Erfülle dich mit der Farbe der Erde und dem Ton deiner Seele. Sei jetzt ganz bei dir. Bleib nun in dieser Energie, so lange du willst und das Gefühl hast, dass es notwendig ist.

Mangel an Zuwendung

Es heißt, wenn du alleine glücklich sein kannst, kannst du auch in einer Beziehung glücklich sein. Das ist bedingt auch richtig. Der Mensch ist ein Wesen der Gemeinschaft und als solches darauf ausgelegt, in einer Beziehung zu leben. Aus diesem Grund ist kein Mensch beziehungsunfähig. Das heißt, es ist ein natürlicher Zustand, unter Menschen zu leben. Wenn du gerade in keiner Partnerschaft bist und das Gefühl hast, zu keiner Partnerschaft fähig zu sein oder einfach Pech hattest, dann ist es notwendig, zuerst mit dir selbst zu beginnen. Oft bist du nicht ganz bei dir, das heißt, dein Fokus liegt woanders.

Es gibt Menschen, die das Gefühl haben, nicht ohne andere Menschen existieren zu können. Sie sind mit allen Sinnen auf eine Partnerschaft ausgerichtet und vergessen dabei ihre eigene Person. Dabei baut sich ein Druck auf, der darauf ausgerichtet ist, eine Partnerschaft einzugehen, koste es, was es wolle. Die Angst vor der Einsamkeit ist einfach zu groß. So wird die Sehnsucht nach einem Partner zur Sucht. Das rechte Maß bleibt dabei auf der Strecke. Das sind die ewig Suchenden.

Erkenne, dass du zuerst einen Zugang zu dir brauchst, bevor du einen Zugang zu einem anderen Menschen finden kannst. Es ist wichtig, dass du zuerst bei dir anfängst und eine gute Kommunikation zu dir und deinem Selbst herstellst, bevor du nach außen gehst. Komm in deiner Mitte an. Nur wenn du innerlich bereit oder, besser gesagt, in deiner Mitte bist, kannst du eine Partnerschaft eingehen. In diesem Sinn beginnt eine Partnerschaft bei dir, und nicht bei dem Partner. Hör auf zu suchen, und du wirst finden. Diesen Ratschlag findest du vermehrt in Fachliteratur, und es ist die Wahrheit. Es bedeutet nicht, dass du Single bleiben sollst, wenn du ein Single bist. Erinnere dich: Der Mensch ist auf die Gemeinschaft hin ausgerichtet, und als solches ist es ein natürlicher Zustand, in einer Partnerschaft zu leben. Du musst in dir die Voraussetzungen schaffen, eine Beziehung einzugehen. Und das ist möglich durch die Öffnung zu dem Möglichen und nicht die Suche nach einem Bild, das du in dir kreiert hast.

Enthalte dich der Bewertung, Mangel sei schlecht

Bitte erkenne, Mangel ist nicht schlecht. Mangel ist Mangel. Erkenne, es handelt sich dabei um eine Form der Energie. Und Energie ist Energie. Bitte enthalte dich der Bewertung. Mangel hat auch seine positiven Seiten. Drehen wir nun einmal die Medaille um und betrachten die andere Seite.

Mangel ist eine Triebfeder. Dein Grund zu handeln und dich zu entwickeln. Der Mangel erschafft die Ziele, die du verfolgst. Der Mangel spornt dich zu Veränderungen an und dich zu entwickeln. Er fördert die Entwicklung in dir. Ohne Mangel hättest du keinen Anreiz, deine Situation zu verändern. Wie du siehst, hat der Mangel auch seine positiven Seiten. Darum sage ich auch: Enthalte dich der Bewertung. Ohne das Prinzip des Mangels würde bei dir nicht die Sehnsucht bestehen, dich weiterzuentwickeln. Die Suche nach Antworten ist nichts anderes als das Beheben des Mangels an Antworten. Der Mangel an Partnerschaft treibt dich dazu, mit anderen Menschen in Kontakt zu treten und dich für eine Partnerschaft oder Freundschaft zu öffnen. Aus dem Prinzip des Mangels heraus entsteht Aktivität. Diese Aktivität gilt es zu nutzen. Egal, ob es sich um einen Mangel an Zuwendung oder an Geld handelt. Ich möchte dich jedoch bitten, Abstand von der Vorstellung zu nehmen, du müsstest nichts ändern, da du das Problem erkannt hast. Es ist immer deine Entscheidung, dich zu entwickeln. Jedoch möchte ich dich bitten, den Mangel neu zu definieren und als das zu sehen, was er ist. Ja, es ist wichtig, das innere Gefühl des Mangels zu transformieren und in Fülle umzuwandeln, denn hier herrschte zu lange ein Ungleichgewicht, das nun behoben werden soll und, vor allem, behoben werden kann.

Mangel und Fürsorge

Den Wunsch nach Fürsorge trägt jeder Mensch in sich. Von einem anderen Menschen umsorgt zu werden bedeutet aber nicht, Güter zur Beseitigung des eigenen Mangels zu erhalten, sondern die Geborgenheit und die Wärme des Herzens zu fühlen, die ein Mensch einem anderen entgegenbringt. Das Streben nach Geborgenheit bedeutet, sich voll und ganz einem anderen Menschen anzuvertrauen mit dem Wissen, dass dieser dich annimmt.

Geliebt zu sein bedeutet nicht, dass eine andere Person den eigenen Mangel erfüllen muss. Geliebt zu sein bedeutet, ein Geschenk zu erhalten, das der andere macht, ohne eine Gegenleistung dafür zu fordern. Wird eine Gegenleistung für Liebe gefordert, ist es keine wahre Liebe. Liebe fordert nicht, Liebe gibt. Du kannst nicht von einem anderen Menschen erwarten, dass er dir Liebe entgegenbringt. Selbst dann nicht, wenn du ihn liebst. Es ist immer die freie Entscheidung eines jeden Einzelnen. Freue dich jeden Tag über das Geschenk der Liebe, das dir zuteil wird. Und fordere keine Gegenleistung. Das ist die wahre Natur der Liebe.

Den eigenen Mangel an Liebe kann nur jeder selbst beheben. Der Mangel in dir bewirkt, dass du Forderungen stellst, die dein Gegenüber zu erfüllen hat. Werden diese nicht erfüllt, folgen darauf Konsequenzen, zum Beispiel Liebesentzug.

Mangel entsteht aus der Angst, verlassen zu werden. Jeder Mensch hat das Prinzip der Trennung erfahren. In der Trennung der ersten Zelle, in der Trennung von der Mutter, in der Trennung des Gegenübers. Aus Trennung entstand Angst. Überwinde die Angst, verlassen zu werden, und geh in die Freiheit, die in dir ist. Mache dir klar, dass du nur in der Freiheit Verbindung wirklich leben kannst. Die Angst in dir bewirkt, dass du versuchst festzuhalten, was nicht festzuhalten ist. Das erkennst du immer wieder, was wiederum Angst erzeugt. Durchbrich diesen Kreislauf. Erkenne, dass er dich nicht weiterbringen kann. Lass die Angst hinter dir und gehe in die Freiheit des

Seins, und damit in die Freiheit der Liebe. Öffne dich dem Leben. Habe den Mut. Natürlich kannst du immer verletzt werden. Aber nur, wenn du dich öffnest und die Liebe in dein Leben lässt, kannst du wahrhaft lieben und geliebt werden. Ich weiß, das stellt eine gewaltige Herausforderung für die meisten Menschen dar. Dennoch möchte ich dir Mut machen, diesen Schritt zu gehen. Hab den Mut, die Geschenke des Lebens anzunehmen. Hab den Mut, dich wahrhaft lebendig zu fühlen. Wenn du in der Liebe bist, in der Liebe gegenüber Allem-was-ist, kannst du nicht verletzt werden, denn du bist in Liebe verbunden. Dann liebst du ohne Bedingung. Spüre wieder die Freiheit und die Leichtigkeit des Seins. Gehe in die Fülle. In die Fülle zu gehen bedeutet auch, zu lieben und geliebt zu werden. Mit der Fülle kommt die Freiheit so, wie mit dem Mangel die Forderung geht.

Welche Forderungen stellst du an deinen Partner, deine Familie oder Freunde, um eigene Gefühle des Mangels zu kompensieren? Welche Erwartungen hast du an sie, die sie erfüllen müssen, um in dir Gefühle des Mangels nicht aufkommen zu lassen? Nimm davon bewusst Abstand. Tritt einen Schritt zurück und nimm einen anderen Blickwinkel ein. Erlaube dir, die Situation anders wahrzunehmen und erweitere so dein Spektrum. Erkenne, dass Liebe leben in Freiheit bedeutet. Wenn du liebst, dann gib, ohne zu fordern.

Viele Beziehungen bestehen aus dem Mangelprinzip heraus. In vielen geht es um die Kompensation des eigenen Mangels. Aus der Angst, verlassen zu werden und durch die Suche nach Geborgenheit entstehen Forderungen, die nichts mehr mit Liebe zu tun haben. Hab den Mut zu verändern und zu transformieren.

Aus dem Teufelskreis hinaus – Mangel transformieren

Das Gefühl von Mangel erschafft weiteren Mangel. Es geht darum, dieses Prinzip zu durchbrechen und Neues möglich zu machen. Da es sich hierbei um Gefühle handelt, kannst du auch nur über das Gefühl an den Mangel herankommen. Wenn du den Mangel in deinen Emotionen transformieren kannst, kannst du ihn auch im Außen transformieren. Erkenne, dass alles bei dir beginnt. In dir, um genau zu sein. Öffne dich dem Leben und lass neue Möglichkeiten des Seins zu. Öffne deinen Blickwinkel und spiele mit den Möglichkeiten. Gehe ganz bewusst aus dem Prinzip des Mangels heraus und achte auf die Veränderungen in dir. Verändert sich überhaupt etwas? Das Wichtigste bei der Transformation von Mangel in Fülle ist, dass du einen Punkt machen musst. Gehe bewusst aus der Situation und sage dir: Ab jetzt ist wieder alles möglich. Jetzt ist es möglich, die Situation zu verändern, indem ich eine andere Sichtweise einnehme. Höre auf zu träumen und tritt in die Realität des Seins. Fülle ist in jedem Leben möglich. Sie ist der natürliche Zustand deines Seins. Tritt aus dem Schatten des Mangels und gehe in das Licht der Fülle.

Übung: Licht der Fülle

Als kleine Übung entzünde eine goldene Kerze und gib ihr das Prinzip der Fülle. Immer dann, wenn du diese Kerze entzündest, mache dir bewusst, dass mit dem Licht der Kerze die Schatten des Mangels verschwinden und Platz schaffen für das Licht der Fülle. Mit diesem Wissen nimmst du das Licht auf in dein Herz. Lass dich von dem Licht der Fülle erfüllen und nimm es auf in deinen Körper. Integriere es in deinem Sein, in deinem Fleisch und Blut.

Mit dieser kleinen Übung lässt du neue Möglichkeiten in dir entstehen. Diese werden geprägt sein von dem Prinzip der Fülle. Erkenne, dass du auf diese Weise Veränderungen schaffen kannst. Veränderungen, die ihren Ursprung in der Fülle haben.

Meditation: Fülle in dein Leben lassen

Komm zur Ruhe, geh in deine Entspannung und in deine Weite. Werde weit, stell dir einfach vor, wie du weit wirst. Nichts ist mehr wichtig. Lass den Alltag hinter dir und die Gedanken, die gerade noch wichtig waren, ziehen. Erlaube dir nun, ganz bei dir anzukommen. Komm in deine Mitte und sei ganz bei dir.

Gehe in deiner Fantasie auf eine Reise in deine eigene Fülle. Ich möchte dich bitten, dich jetzt nicht mehr darauf zu fokussieren, woran es in deinem Leben mangelt. Das, was dir gerade fehlt, ist nicht wichtig, sondern das, wo in deinem Leben Fülle ist. Erkenne, dass du dein Leben so, wie es jetzt ist, erschaffen hast. Du kannst sowohl Mangel als auch Fülle in dein Leben tragen.

Es geht jetzt darum, dich bereit für die Fülle zu machen, die dir innewohnt.

Stell dir vor, dass du in die Fülle gehen kannst. Einfach so. Genauso, wie du ein Haus verlassen kannst. Es ist so einfach in deiner Vorstellung. Egal, ob du gerade in diesem Augenblick glaubst, dass Fülle in deinem Leben sein kann. Du musst es dir einfach nur vorstellen. Mehr nicht.

Gehe nun in deiner Vorstellung in folgende Szene und folge mir auf eine kleine Reise.

Es ist dunkel. Du siehst nichts. Kein Stern steht am Himmel. Die Nacht ist erfüllt von den Geräuschen der Natur. Du bist nackt, und es ist kalt. Gehe bewusst in dieses Bild hinein. Versetze dich in die Situation. Du stehst in der Dunkelheit und hast nichts bei dir, weder Kleidung noch etwas anderes. Gehe bewusst in die Einsamkeit dieses Bildes. Du hast nichts, um dich zu bedecken oder dich zu wärmen.

Nimm Kontakt auf zu dem Gefühl des Mangels. Was bedeutet Mangel für dich und wie nimmst du ihn wahr? Was möchtest du jetzt tun? Welches ist der erste Impuls, den du jetzt hast? Möchtest du die Situation verändern? Wenn ja, wie möchtest du das tun?

Beschließe nun, die Situation zu verändern. Spüre tief in dich hinein. Und nun geh los. Mache dich einfach auf den Weg. Gehe nun bewusst in die Aktivität. Verändere deine Situation bewusst.

Du stehst immer noch in der Nacht. Sage dir nun: „Ja, ich kenne meine Situation, und ich werde sie jetzt verändern! Ich habe die Kraft und die Möglichkeit, dieses zu tun!"

Gehe los. Setze ganz bewusst einen Fuß vor den anderen. Auch wenn du noch nicht sehen kannst, wohin dein Weg dich führen wird.

Unter deinen Füßen spürst du das Gras. Über dir reißen die Wolken auf, und der Mond erscheint. Voll und silbern steht er am Himmel.

Jetzt fällt Licht auf den Weg vor dir. Du siehst, dass dich dein Weg einen Hügel hinaufführt. Oben angekommen, blicke dich um. Im Licht des Mondes spürst du Kraft in dir. Die Kraft, den Weg zu gehen, der vor dir liegt.

Im Tal auf der anderen Seite des Hügels erblickst du ein Haus, das warm erleuchtet ist. Gehe auf dieses Haus zu. Je näher du dem Haus kommst, desto bewusster nimmst du das Licht und die Wärme wahr. Sie scheint von dem Haus auszugehen. Tritt heran. Du stehst vor der Tür. Öffne sie und tritt ein.

Fokussiere dich nun, während du vor der Tür stehst, auf dein Herzchakra und lass die Energie deines Herzens in deinen Körper fließen.

Ein warmer Schein begrüßt dich. Es ist warm und hell in dem Raum vor dir. Neben der Schwelle liegt Kleidung. Zieh sie an. Du wirst feststellen, dass sie sich warm um dich schmiegt.

Und nun schaue dich in dem Raum um. In einer Ecke prasselt ein warmes Feuer. Daneben steht ein Sofa oder ein Sessel. Eine Tasse warmer Tee steht für dich bereit. Nimm nun Platz. Du bist angekommen. Spüre, wie das Gefühl des Mangels gewichen ist und einem Gefühl der Fülle Platz gemacht hat.

Nimm nun Kontakt auf mit der Fülle in dir und flute dich damit. Sauge dich damit voll und erfülle dich. Spüre die Fülle des Augenblicks.

Auf der Höhe deines Thymus beginnt ein Licht in glänzendem Silber zu leuchten. Erlaube dir, dass es sich mehr und mehr in dir ausbreitet. Spüre, wie die Energie durch dein Hohes Selbst in dich einfließt und sich in deinem Herzen zu einem See sammelt. Fülle sammelt sich in deinem Herzraum. Auf der Höhe deines Thymus fließt die Energie zusammen und aktiviert nun das Prinzip der Fülle in deinem Leben.

Erlaube dir nun, dass Fülle in dir ist. In diesem Augenblick. Dein Thymus strahlt immer heller und kraftvoller. Genieße dieses Gefühl. Gib deinem Körper nun die Erlaubnis, dass er diese Energie in den Zellen und in deiner DNA speichert. In deinen Zellen entsteht nun ein Spiegel der Energie der Fülle in dir.

Erkenne: Du bist Fülle. Du bist das Prinzip der Fülle und des Reichtums. Und nun erlaube dir, dass die Fülle überfließt auf deinen Alltag. Gehe jetzt bewusst in deinen Alltag und visualisiere Szenen aus deinem Leben, in denen du Mangel erlebt hast. Jetzt erlaube dir, dass diese Szenen in die Fülle gehen. Lass dir Zeit und gehe von Szene zu Szene. Erfülle jede einzelne mit dem Prinzip der Fülle.

Wenn keine Situation mehr in deinem Inneren aufkommt, kehre aus der Meditation in die alltägliche Welt zurück.

Führe diese Meditation immer durch, wenn du das Bedürfnis hast, eine Situation in deinem Leben in die Fülle zu geben.

Motivation

Ich möchte nun davon sprechen, welche Beweggründe ein Mensch haben kann, sich zu verändern. Das kann aus einer Motivation heraus geschehen, und der Mensch wird dann Großes leisten. Erkenne, dass es noch immer um die Motivation des Einzelnen geht, in welche Richtung eine Entwicklung gehen soll. Die eigene Motivation hat immer etwas mit der eigenen inneren Ethik zu tun, die immer wichtiger wird in der heutigen Zeit.

Motivation – eigener innerer Antrieb

Alles, was du tust, ist auf ein Ziel hin ausgerichtet. Dieses Ziel ist in irgendeiner Weise für dich erstrebenswert. Du hast also die Motivation, um ein Ziel zu erreichen. Bist du dir über deine Motive im Klaren? Aus welchem Grund möchtest du etwas erreichen? Was versprichst du dir davon?

Sei dir immer darüber im Klaren, welche Beweggründe du hast und was das Erreichen des Ziels dir bringen mag. Doch wie entscheidest du dich für ein bestimmtes Motiv?

Die Ziele, die du dir in deinem Leben setzt, ergeben sich aus dem Zusammenspiel von Egostruktur und Seele. Aus deinem Persönlichkeitsbild sowie deinen Neigungen und Interessen kreieren sich in dir Ziele. Dazu kommt ein gesellschaftlicher Eindruck, den du aufgrund deiner Sozialisation hast. Hier liegen auch ethische und moralische

Gründe. Deine Ziele werden von dir immer auf ihre Ethik und Moral hin geprüft und abgewogen. Sind sie mit der Moral des Systems, in dem du lebst, vereinbar? Hinzu kommt, ob das Erreichen deiner Ziele dir gesellschaftliche oder private Vorteile bringt. Sei dir dessen bewusst, dass soziales Prestige ein hoher Antrieb sein kann. Das, was in einer Gesellschaft als wertvoll erachtet wird, bringt dir auch soziales Prestige. Geht es dir darum, einen bestimmten Status innerhalb der Gesellschaft oder ein bestimmtes Ansehen in deinem Freundeskreis zu erreichen, oder geht es darum, etwas zu tun, das deinem Wesen entspricht?

Überprüfe auch deine Ziele auf ihre Ethik hin. Kommt dein Wirken der Gemeinschaft, in der du lebst, zugute, oder verletzt du damit die Rechte eines anderen? Je bewusster du dein Leben gestaltest, desto wichtiger wird die Ethik in deinem Leben. Je mehr Einfluss du auf dein Leben hast, desto größer ist der Einfluss, den du auch auf andere hast. Sei dir dessen bewusst. Das ist ein Aspekt der Verantwortung, die du für dein Leben übernimmst. Es geht hier um den Blick auf das Große Ganze. Du bist ein Rad in einer großen Maschine. Veränderst du deine Laufrichtung, hat das Auswirkungen auf die anderen Räder in deiner Umgebung. Je bewusster du dein Leben gestaltest, desto wichtiger ist es, dass du deine Motivation auf eine hohe Ethik hin überprüfst.

Moral des Handelns

Wenn die Gesellschaft sich verändern soll, musst du damit beginnen, dein eigenes Handeln auf seinen moralischen und ethischen Gehalt hin zu überprüfen. Willst du etwas ändern, musst du das ganzheitlich tun. Und das beinhaltet auch den Blick auf dein Gegenüber und die Auswirkungen deiner Handlungen. Sei dir dessen bewusst, dass jede Handlung ein Resultat hat. Auf jede Aktion muss eine Re-Aktion folgen. Immer wenn du etwas tust, sei dir dessen bewusst, was deine Handlungen bewirken. Die Gesellschaft kann sich nur verändern, wenn sie es im Sinne des Menschen tut. Das bedeutet für dich, respektvoll und liebevoll mit deinem Umfeld umzugehen. Dein Gegenüber so zu achten, wie du selbst geachtet werden möchtest und einen Blickwinkel für die Sichtweise des anderen zu öffnen und die Welt durch seine Augen wahrzunehmen, um wirkliche Anteilnahme zu spüren.

Erkenne, alles ist eins. Es gibt keinen Unterschied zwischen dir und einem anderen Menschen, denn ihr seid dadurch verbunden dass ihr alle Menschen seid. Auf einer sehr hohen ethischen Ebene besteht kein Unterschied zwischen dir und deinem Gegenüber. Er ist nur ein anderer Ausdruck des göttlichen Prinzips, und damit wird er zu einem anderen Ausdruck deiner selbst. Versuche einmal Folgendes: Nimm den nächsten Menschen, der dir begegnet, und dabei ist es völlig egal, ob dir dieser Mensch bekannt ist oder nicht, als einen Ausdruck deiner selbst wahr. Er ist nur ein anderes Du. Allein dadurch, dass du ein Mensch unter Menschen bist, also ein Gleicher unter Gleichen, bist du in der Lage, dich in die Lage eines anderen Menschen hineinzuversetzen. Übe dich in dem Erkennen, dass es zwischen dir und deinem Gegenüber keinen Unterschied gibt.

Ursache und Wirkung

Um in deine Mitschöpferkraft zu kommen, ist es notwendig, dir des Prinzips von Ursache und Wirkung bewusst zu werden. Um ein Kreator deines Lebens zu sein, musst du dich dem Leben als solches öffnen. Und das bedeutet, dem Leben in Liebe zu begegnen. Oder deinem Gegenüber in Liebe zu begegnen.

Überprüfe deine Ziele. Sind sie auch der Gemeinschaft dienlich, oder laufen sie entgegen den Prinzipien der Gemeinschaft, in der du lebst? Gehe so mit deinem Umfeld um, wie du wünschst, dass man dich behandelt. Lebe deine Menschlichkeit und überprüfe dein Handeln. Du bist ein Teil von etwas Größerem. Größer, als du dir vielleicht vorstellen kannst. Es gibt mehr, als du gerade siehst, und vieles, was dir jetzt noch verborgen ist. Es gibt so viele Möglichkeiten, die du jetzt noch nicht erahnen kannst. Das Leben ist ein Abenteuer und kreiert sich jeden Tag aufs Neue. Ich möchte dir Lust auf das Leben machen. Lust darauf, dein Leben nach deinen Vorstellungen zu gestalten. Hab den Mut und die Weitsicht, dieses zu tun.

Zusammenleben

Strukturen der Zusammenarbeit und des Zusammenlebens werden sich verändern. Die Ehe als Institution wird sich wandeln. Menschen leben schon seit Anbeginn in Gemeinschaften zusammen. Alleine bist du hilflos, auf dich alleine gestellt und einsam. In der Gemeinschaft hast du die Möglichkeit, dich und dein Potenzial zu entfalten im Zusammenwirken mit anderen Menschen. Füreinander einstehen, gegenseitiges Helfen und Fördern sind Bestandteil eures Lebens. Über die Gemeinschaft definierst du dich. Hier hast du den nötigen Spiegel, den du brauchst, um dich zu erkennen, in all deinen Facetten. Nur hier kannst du dein volles Potenzial entfalten und kennenlernen. In der Einsamkeit ist das nicht möglich. Es gab eine Zeit, wo in der Einsamkeit Erleuchtung zu finden war. Wie viele zogen aus, um die Ruhe zu finden, die sie benötigten, um sich selbst zu finden und so Erleuchtung zu erlangen. Sie schlossen sich zu Gemeinschaften zusammen, die ihr Orden oder Kloster nennt.

Jetzt geht es darum, in das Leben hineinzugehen und von dort das Menschsein erfahren zu können. Die Art und Weise eures Zusammenlebens ist geprägt von der jeweiligen Zeitstruktur, in der ihr lebt. So war das Zusammenzuleben in der Vergangenheit anders als jetzt oder wie es in der Zukunft sein wird. Um diese Veränderungen genauer zu betrachten, möchte ich dich einladen, zunächst eine kurze Meditation über dich als Gemeinschaftswesen zu machen.

Meditation: Du bist ein Wesen der Gemeinschaft

Stell dir vor, dass du vollkommen zu Ruhe kommst. Mach es dir bequem und atmet tief ein. Dein Alltag ist nun nicht mehr wichtig. Lass die Gedanken ziehen.

Stell dir nun vor, du stehst in einem wunderschönen Garten und um dich herum blühen die Pflanzen. Die Bäume stehen in voller Blüte und ein Bach plätschert über die Steine. Es ist Nacht, und über dir funkeln die Sterne des Himmelszelts. Über dir siehst du Sternbilder, die dir bekannt sind. Wenn du dich nicht mit diesen auskennst, lass die Sterne, die du jeden Abend am Himmel sehen kannst, auf dich wirken.

Das ist der Garten deiner Seele. Hier liegt das Zentrum deiner Kreativität, und von hier aus beginnst du deine Reise, wenn du träumst. Hier liegen deine Wünsche, deine Sehnsüchte und alle Facetten dessen, was dich zu einem Menschen macht.

Am Horizont deines Gartens geht der Mond als voller runder Kreis auf. Silbrigweiß schimmert er in der Dunkelheit. Er taucht den Garten in ein silbernes Licht, und alles scheint der Wirklichkeit zu entrücken.

Stell dich nun in die Strahlen des Monds, die immer stärker werden, je mehr der Mond seine Bahnen über den Himmel zieht. Spüre die Kraft der Strahlen, die dich umarmen wie einen Geliebten.

Auf der anderen Seite des Gartens, am anderen Ende des Horizonts, geht nun die Sonne auf. Bitte, ich weiß, dass es physikalisch nicht möglich ist, dass beide Gestir-

ne sich den Himmel teilen, aber folge mir durch dieses Bild, ich werde es dir später erklären. Golden wirft die Sonne ihre Strahlen über den Garten. Ein Teil des Himmels bleibt dunkel und wird in das Silber des Mondes getaucht. Der andere Teil erhellt sich durch die Strahlen der Sonne. Diese Strahlen fallen auf dich und tauchen dich in ein goldenes Licht. Nun stehst du zu gleichen Teilen, angestrahlt von Sonne und Mond, in dem Garten deiner Seele.

Folge nun dem Plätschern des Baches. Er führt dich an einen kleinen See. Tritt an sein Ufer und blicke in das kristallklare Wasser. Das ist der Spiegel, in dem du dein Sein wahrnehmen kannst. Fühle die Energie des Spiegels in Verbindung mit der Energie der Sonne und des Mondes. Fülle dich mit ihr und öffne dich.

Fokussiere dich nun auf dich, als Wesen der Gemeinschaft. Was bedeutet Gemeinschaft für dich? Bist du in deinen Gemeinschaften glücklich? Fehlt dir etwas? Wenn ja, woher kannst du das fehlende Stück bekommen? Alle Fragen und Antworten findest du im Spiegel des Wassers. Bleibe nun in dieser Energie und erlaube dir, diese Botschaften nicht nur mit dem Verstand, sondern auch mit dem Herzen zu lesen, um so Verstehen auf tiefster Basis zu schaffen.

Im Folgenden möchte ich auf grundsätzliche Strukturen und Strömungen eingehen, die sich bereits in der Veränderung befinden. Lebensbereiche, die sich erst in Zukunft verändern werden, sind hier noch kein Thema. Es geht hier um eine Bestandsaufnahme eurer Wirklichkeit, so, wie sie sich euch spiegelt im Spiegel eurer Seele.

Familie

Die Struktur eurer traditionellen Familie muss sich verändern. Die Vorstellung, wie eine Familie zu sein hat, behindert euch sehr oft in eurer Entwicklung. Hier kommen wieder verschiedene Facetten zusammen, die sich zu einem komplexen Bild vereinen. Traditionell waren Familien so aufgebaut, dass zwei Menschen den Grundstock legten und aus dieser Verbindung Kinder entstanden, die dann in einem geschützten Rahmen aufwachsen konnten. In guten wie in schlechten Zeiten, hieß es damals. Hier wird auch deutlich, dass die Familie noch eine Zweckgemeinschaft war, in der die Mitglieder sich um das Wohl der anderen Angehörigen sorgten. Die Mitglieder der Familie waren aufeinander angewiesen. Die Rollenverteilung war zu diesem Zeitpunkt klar definiert, so dass jedes Mitglied seinen Beitrag leistete. Es gab Zeiten, in denen dieses Familiensystem durchaus seinen Sinn besaß, als die Familie in gutbürgerlichen Kreisen einen sehr hohen Stellenwert hatte. Es war eine konservative Zeit, und was nicht der Tradition entsprach, stand auf sehr wackeligen Beinen. Oft wurden Menschen, die nicht in solch einem Gefüge lebten, aus der bestehenden Gesellschaftsstruktur ausgegrenzt.

Das Ansehen eines Menschen hing mit dem Ansehen der Familie zusammen. Die Schande eines Einzelnen wurde zur Schande der ganzen Familie. So ist es auch noch in vielen Gegenden, die nicht so schnelllebig sind wie die westliche Welt. Fiel ein Familienmitglied negativ auf, betraf es die ganze Familie. Vor circa 300 Jahren erlebte das

System der Familie, wie es heute immer noch als Standard gilt, eine Hoch-Zeit. Damals war es die Aufgabe des Vaters als Familienoberhaupt, die Familie zu ernähren. Die Aufgabe der Frau war es, den Hausstand und die Kinder zu versorgen. Eigenschaften wie Zucht und Ordnung wurden als Tugenden sehr hochgehalten. „Blut ist dicker als Wasser", hieß es, „die Familie geht über alles". Die Familienehre wird heute in vielen Ländern immer noch hochgehalten. Im mittleren Europa hat sich das jedoch gewandelt. Ehe und Familie sind nicht mehr die bewegungslosen Strukturen von damals.

Die Rolle der Frau im Wandel

Damals war es so, dass Frauen den Männern unterstanden. Sie waren nicht dazu berechtigt, die Familie zu leiten oder selbst zu entscheiden, ob sie eine Arbeit oder Anstellung annehmen wollten. Es gehörte einfach nicht zum guten Ton. Familien, in denen die Rollenverteilung nicht dem Standard entsprach, hatten einen schlechten Ruf. Frauen gingen dann arbeiten, wenn das Einkommen des Mannes nicht ausreichte, um die Familie zu ernähren. Alle wichtigen Entscheidungen traf aber der Mann. Der Aufgabenbereich der Frau war das Häusliche, die Erziehung der Kinder und die Präsentation der Familie nach außen.

Vor ungefähr 80 Jahren erfuhren das System von Familie und die Rolle der Frau eine grundlegende Veränderung. Mit dem Krieg änderte sich die Position der Frau grundlegend. Plötzlich wurde erwartet, dass sie für ihr Land arbeitete. Nun trug auch sie die Sorge um das Wohl der Gesellschaft, und nicht nur für das Wohl der Familie. In allen Ländern werden die Frauen als Arbeitskraft aktiviert, wenn eine Krise eintritt, die das ganze Land betrifft. Das ist zumeist in Kriegszeiten der Fall. Viele der Männer wurden in den Kriegsdienst eingezogen und hinterließen ihre Familie. Nach der Aktivierung der Frau war der Grundstock gelegt, selbst Rechte einzufordern. Heute sind Frau und Mann gleichberechtigt. Arbeit und die Erziehung des Nachwuchses fällt nun mehr und mehr auf die Schultern von Mann und Frau. Das Bild der Frau hat sich zu großen Teilen gewandelt, genauso, wie das Bild der Familie. Jedoch gibt es immer noch Bereiche, in denen das Leben auf die herkömmliche Weise geregelt oder nach altem Maßstab gemessen wird.

Die Großfamilien von damals, bestehend aus Großeltern, Eltern, Kindern und anderen Verwandten, gibt es hierzulande so gut wie nicht mehr. Das System der Familie hat sich jedoch so weit eingebürgert, dass es aus dem Alltag nicht wegzudenken ist und immer noch die am meisten gelebte Form des Zusammenlebens darstellt. Natürlich gibt es Menschen, die andere Formen des Zusammenlebens vorziehen. Diese gab es zu allen Zeiten. Im Lauf der Zeit wurde es zu einem Standard der Gesellschaft, der auch in den Gesetzen verankert wurde. Die Familie gilt immer noch als eine der aussagekräftigsten Tugenden unserer Zeit. Sie hat Tradition, und aus der gelebten Regelmäßigkeit ist sie in ihrem Ansehen gestiegen.

Alter

Die strukturellen Veränderungen gingen dahin, dass die ältere Generation nicht mehr direkt in der Familie wohnt. Sobald die Kinder ausziehen, bricht sozusagen die enge familiäre Bindung der Familie auf, und die Kinder wählen ihren Weg, meist ohne Absprache mit den Eltern. Natürlich bleiben die Eltern immer noch präsent, jedoch gehen die Kinder nun ihren eigenen Weg. Sie wählen ihn in der Regel selbst und kreieren ihr eigenes Leben. Mit der zunehmenden Differenzierung der Familie in kleinere Teile fällt die Fürsorge, die innerhalb der Familie geherrscht hatte, zu großen Teilen weg. Die Menschen wurden älter ohne den engen Verband der Familie.

Aus der Notwendigkeit heraus wurden Alten- und Pflegeheime geschaffen, in denen die Tätigkeiten verrichtet wurden, die vorher die Familienmitglieder übernahmen. Ab einem gewissen Zeitpunkt, wenn ein Mensch nicht mehr für sich selbst sorgen kann, gelangt er sehr häufig in die Obhut einer solchen Einrichtung. Das, ich muss es einmal sagen, ist sehr schade. Wer schon einmal in solch einem Gebäude gewesen ist, weiß um die erdrückende Stimmung dieser Häuser. In manchen Altenheimen werden alte Menschen regelrecht abgeschoben, um zu sterben. Sehr häufig vereinsamen die alten Menschen und sterben alleine, wo noch vor einigen Generationen die ganze Familie anwesend war.

Sobald ein alter Mensch in ein Altenheim geht, fällt er aus dem bisherigen Gefüge der Familie vollkommen heraus. Er wird viel zu oft vergessen. Die jüngere Generation ist derweil damit beschäftigt, ihr Leben zu organisieren. In diesem Leben ist meist kein Platz für die Eltern vorgesehen, die zusätzliche Ressourcen und zusätzlichen Platz beanspruchen würden. Mit dem Zeitpunkt, an dem ein junger Mensch aus seinem Elternhaus auszieht, um seinen eigenen Weg zu gehen, verlässt er es meist für immer. Ein Kreislauf hat sich entwickelt.

Zwei Menschen lernen sich kennen, sie verlieben sich, gehen eine Bindung ein, gründen eine Familie, bekommen Kinder, diese Kinder ziehen in einem bestimmten Alter von zu Hause aus, gründen wiederum eine eigene Familie, und die zwei Menschen nehmen den Status der Groß-Eltern ein. Ihre Kinder distanzieren sich von dem ehemaligen Familiengefüge. Irgendwann ist das Paar dann so alt geworden, dass es sich nicht mehr alleine versorgen kann. Die Kinder wiederum haben ebenfalls Familien gegründet und damit neue Gefüge erschaffen, in denen die Eltern keinen Platz mehr haben. So beginnt eine Generation mit dem Auszug der nachfolgenden langsam zu vereinzeln.

Dieser Kreislauf hat sich über Jahre hinweg etabliert. Und so sterben viele Menschen alleine und weit ab von ihrer Familie. Ich möchte sagen, dass so etwas nicht des Menschen würdig ist.

Erziehung des Nachwuchses

Mit der Spaltung der Familie und der räumlichen Trennung der Generationen sowie der Berufstätigkeit von Mann und Frau war es wiederum notwendig, die Versorgung und Betreuung der Kinder zu organisieren. Kinderkrippen und Kindergärten entstanden und wurden ein Teil des Alltags. Die Erziehung des Nachwuchses wurde nicht länger nur von den eigenen Eltern durchgeführt, sondern von Erziehern und Erzieherinnen. Ich erzähle das, um ein ganzheitliches Bild zu kreieren und die Änderungen der Struktur für dich verständlich zu machen.

Modelle des Zusammenlebens

Das Modell der Generationentrennung befindet sich vereinzelt bereits in einer Veränderung. Neue Konzepte werden entwickelt, alte, junge und ganz junge Menschen wieder unter einem Dach zu vereinen. Gemeinschaften entstehen, in denen junge und alte Menschen nicht mehr alleine sind, sondern die Möglichkeit haben werden, gemeinsam zu leben. Diese neuen Gemeinschaften bestehen zumeist nicht aus Menschen der gleichen Familie, sondern aus Menschen, die sich gefunden haben, um ihr Leben gemeinsam zu verbringen, sich gegenseitig den Halt, die Liebe und die Aufmerksamkeit zu geben, die sie benötigen, um ein erfülltes Leben zu führen. Egal, in welchem Alter.

Diese Modelle werden bald ein fester Bestandteil eurer Gesellschaft sein. Wohngemeinschaften, bestehend aus alten und jungen Menschen, die sich so in die Gemeinschaft einbringen, wie sie es am besten können, werden zum alltäglichen Bild des Lebens gehören. Kinder wachsen in einer festen Gemeinschaft auf, in der Obhut einer Familie und mit der Fürsorge vieler. Mütter können sich wieder als Frau und Mensch selbst verwirklichen und müssen sich nicht nur um das Wohl der Kinder sorgen. Väter können teilnehmen am alltäglichen Leben. Und die ältere Generation hat wieder eine Aufgabe: die Fürsorge für die Kinder und die Stabilisierung der Gemeinschaft.

Gebt euren alten Menschen wieder eine Aufgabe, und sie werden zu einem Großteil ihr Alter und ihre Gebrechlichkeit überwinden. Sie werden wieder gebraucht. Sie sind wieder Teil der Gemeinschaft. Die Vereinsamung in eurer Gesellschaft nimmt radikal zu. Wie lange wollt ihr noch warten? Die Grundlagen für solche Systeme sind gelegt, warum scheut ihr euch, sie in die Tat umzusetzen? Erinnere dich an die Zeit, in der die Familie, die Freunde oder die Gemeinschaft zusammen waren. Vielleicht in einem Urlaub. Was für ein Gefühl war das?

Neue Möglichkeiten des Zusammenlebens

Jetzt beginnen die Menschen wieder, ihr Gefüge langsam für die Familie zu öffnen. Jetzt beginnt sich aber auch die Familie als solches zu verändern. Langsam erkennt ihr, dass die Aufspaltung der Familie mit sehr großen Nachteilen verbunden ist. Ich möchte hiermit nicht dazu aufrufen, die alte Familienstruktur wieder einzuführen. Ich möchte damit eher verständlich machen, dass eine grundsätzliche strukturelle Veränderung notwendig geworden ist.

Mit dem Eintritt in das Wassermannzeitalter, dem großen humanitären und revolutionären Zeitalter, und der Emanzipation der Frau geriet die Familie als solche ins Wanken. Familienstrukturen, die nicht mehr nur an die Ehe gebunden waren, brachen auf und erschufen neue Möglichkeiten des Zusammenlebens. Zwei Menschen waren nicht mehr aneinander gebunden, bis dass der Tod sie scheidet. Die Möglichkeit der Scheidung wurde gesellschaftlich immer mehr akzeptiert. Was vor 50 Jahren noch undenkbar gewesen wäre, ist heute möglich. Vor 70 Jahren wäre eine Frau, die sich scheiden ließ, stigmatisiert und aus der Gesellschaft ausgeschlossen worden. Das hat sich heute soweit geändert, dass zwei Menschen nach einer Scheidung wieder verschiedene Wege gehen können, ohne den Ausschluss aus der Gesellschaft fürchten zu müssen. Das heißt neue Begegnungen, Bekanntschaften und Partnerschaften sind möglich. Der Mensch hat wieder die Möglichkeit, an neuen Beziehungen zu wachsen und alte Beziehungen, die nicht mehr zum Leben passen, zu lösen.

Ich gehe auf diesen Zusammenhang der Familie so genau ein, um dir, lieber Leser, deutlich zu machen, wie sich die Energien und Schwingungen im Laufe der Zeit geändert haben. Scheidung, Patchworkfamilien, Wohn- und Lebensgemeinschaften, Singles und Partnerschaften auf Zeit gehören jetzt zum gesellschaftlichen Alltag. Jetzt geht es darum, dass sich die Gesellschaft diesen Ausprägungen des Zusammenlebens anpasst. Hier hinkt die Gesellschaft leider um einige Jahre hinterher. Da diese neuen Möglichkeiten auf einen eher konservativen gesellschaftlichen Boden fallen, sind Konflikte vorprogrammiert. Vor allem bei den geldlichen Mitteln. Die Gesetzgebung erschafft einen bunten Teppich aus verschiedensten Gesetzen, die ihren Bürgern das Leben erleichtern und sie in das große Gefüge integrieren sollen. Noch immer geschieht das sehr unausgereift und ohne den Blick auf das Große Ganze. Bis ein ganzheitliches Bild der Situation entstanden ist, werden noch einige Jahre vergehen. Und dann wird es Zeit, auch die Gesetze und die Grundlagen der Gesellschaft diesem ganzheitlichen Bild anzupassen.

Erkenne, dass eure Partnerschaften in Zukunft lockerer und freier sein können. Es ist nun an dir, einen Teil zu dieser Entwicklung beizutragen, indem du dich dieser Neuen Zeit hingibst und keinen Widerstand gegen diese Veränderung aufbaust. Bitte erkenne und begreife, dass das Leben in seinen vielen Formen nach Möglichkeiten sucht, sich auszudrücken. Hier, in der Dritten Dimension. Der Mensch, als ein Wesen der Gemeinschaft, hat viele Möglichkeiten des Zusammenlebens kreiert, und nun ist es an der Zeit, eine Plattform für diese Möglichkeiten zu erschaffen. Erinnere dich: Alles ist im Fluss.

Kreativität

Nicht jede tiefgreifende Veränderung bedeutet, dass die Menschheit untergeht. Trage dieses nicht als Bürde. Sieh es eher als einen Schritt zur inneren Freiheit eines jeden Einzelnen. In dieser Freiheit hast du die Möglichkeit, dich als Mensch neu zu erdenken und zu definieren. Daraus erwachsen neue Kraft und viel Kreativität. Kreativität ist eine der schöpferischsten Kräfte in diesem Universum. Es geht darum, dein Umfeld neu zu erschaffen, und dafür benötigest du Kreativität. Nimm diese aus der Freiheit, die du aus deinen Beziehungen in deinem Umfeld gewinnst. Es ist sehr einfach. Öffne deinen Geist und, vor allem, öffne dein Herz für das, was kommen kann, und verurteile nicht das, von dem du denkst, das es kommen könnte. So wird Kreativität Raum nehmen können in deinem Leben. Kreativität ist eine lichtbringende und heilbringende Kraft. Mit Kreativität werden Krankheiten der Seele geheilt. Krankheiten, die du derzeit zum Beispiel als Depression wahrnimmst. Erkenne, auf diese Weise heilt die Menschheit eine Krankheit der Seele, sei es nun eine Depression oder eine Phobie. Wie im Großen, so im Kleinen. Beginne zunächst mit dir selbst. Nur wenn du selbst in deiner Mitte ruhst und Zugang zu deinen kreativen Ressourcen hast, können dein Geist und deine Seele heil sein.

Mit Kunst und Musik wird auch heute schon auf diesem Planeten therapiert. Kannst du dir vorstellen, warum? Das liegt daran, dass die Medizin verstanden hat, welches Selbstheilungspotenzial im Menschen liegt und dieses über Kreativität offengelegt werden kann. Mit Kreativität erreicht ihr die Grenzen eurer Möglichkeiten hier in der nichtgeheilten Dualität.

Zugriff auf diese schöpferischen Fähigkeiten in dir erhältst du durch die Öffnung deines Geistes und die Annahme der Möglichkeiten in dir. Nur wenn du die schöpferischen Gedanken in dir zulässt, kannst du im Außen schöpferisch, das heißt, kreativ wirken. Trainiere deine Kreativität jeden Tag aufs Neue. Suche immer wieder nach Möglichkeiten, dich zu fordern. Du sollst dich nicht überfordern, aber du sollst die Kräfte in dir hervorlocken. Dieses wird sich in einem Umkehrschluss positiv auf deinen Alltag und deine Arbeit auswirken. Ebenso wirkt es sich auf deinen Partner, die Kinder deiner Familie, deine Eltern sowie deine Freunde aus. Dein freier Umgang mit deiner schöpferischen Kraft wird andere inspirieren und anstecken, ihre eigene Kreativität zu erkunden. Werde zum Vorbild.

Und so wirst du wie ein, verstehe das nicht falsch, Virus werden, der sein Umfeld infiziert und so mehr und mehr Menschen erreicht. Das ist auch notwendig, da du deine Kreativität in Zukunft mehr und mehr brauchen wirst. Menschen werden sich zunehmend über ihre Ideen und nicht über ihren sozialen oder finanziellen Status definieren. Kreativität ist auch heute schon eine wichtige Qualifikation, die du in deinem Beruf einbringst. Kreativität, könnte man sagen, wird zu einer neuen Währung, die das Zusammenleben der Menschen beeinflusst und von sich aus heilt.

Grundverständnis von Partnerschaft

Eine kreativ gelebte Partnerschaft ist kraftvoller, und vor allem stabiler, als eine unkreativ gelebte Partnerschaft. Letztere kommt in eurer Gesellschaft leider sehr oft vor. Auch aus dem Grundverständnis von Partnerschaften, wie es weit verbreitet ist. Es ist einfach so. Es ist normal. Jeder macht das durch, warum nicht auch du?

Viele haben verlernt, sich gegenseitig zu fordern und zu fördern. Ihr fordert und fordert und fordert, jedoch fördert ihr nicht. Auch eine Partnerschaft ist ein Prozess des beständigen Lernens. Ihr müsst die kreativen Kräfte in eurem Partner fordern, damit dieser sich entwickeln kann. Auch wenn es bedeuten könnte, dass seine Entwicklung einen anderen Weg geht als die deine. Auch wenn eine Partnerschaft zerbricht. Vielleicht ist die Trennung von dem Partner dein Start in ein glückliches Leben. Nur wenn du deinen Partner in Frieden, Freude und Liebe gehen lassen kannst, kann sich eine Beziehung wirklich stabil entwickeln und somit zu einem stabilen Pfeiler der Partnerschaft werden. Das heißt nicht, dass du dich trennen sollst. Es geht um die Grundhaltung. Nur in Freiheit gelebte Patenschaften können auf lange Sicht glücklich bestehen. Glaubst du wirklich, du könntest einen Menschen festhalten? Auch wenn es manchmal den Anschein hat, kannst du dir eines Partners nicht sicher sein. Er ist immer noch ein eigenständiges Wesen. Und als solches trifft er oder sie seine oder ihre eigenen Entscheidungen. Wenn zwei Menschen beschließen, ihr Leben gemeinsam zu verbringen, ist das ein Geschenk, das sich beide machen, ohne eine Gegenleistung zu verlangen. Du kannst nur für dich entscheiden, wie du dein Leben verbringen möchtest. Du kannst nicht für einen Partner, auch wenn er dir noch so sehr am Herzen liegt, entscheiden, das Leben mit dir zu verbringen. Wenn zwei Menschen entscheiden, zusammen zu sein, benötigt jeder ein großes Maß an Freiheit, Verständnis und Kreativität, um an dieser Beziehung zu wachsen und zu reifen.

Die Stabilität eurer Partnerschaft ist für euch oft nicht befriedigend. Der Gedanke der Sicherheit ist sehr wichtig für euch. Dieser Gedanke war gut und wichtig in der Vergangenheit. Überlebenswichtig, um genau zu sein. Vor nicht allzu langer Zeit war Partnerschaft nur mit einer finanziellen Absicherung sicher, und auch nur dann, wenn sie fest verbunden und auf einen langen Zeitraum angelegt war. Nur so konnten Kinder aufwachsen. Das war das Modell vor über 50 Jahren. Nach diesem Modell werden heute noch Ehen geschlossen, und ich möchte dir sagen, dass das nicht so sein kann. Damals war eine andere Zeit. Die Zeiten haben sich verändert. Es ist nicht mehr notwendig, sich an einen Partner zu binden, bis dass der Tod euch scheidet. Jetzt ist eine andere Zeit angebrochen, in der dieser Gedanke revolutioniert werden kann.

Warum, Mensch, prägst du das Gefühl des Verliebtseins aus? Um eine Partnerschaft einzugehen? Um Kinder zu zeugen? Oder um das Leben zu feiern? Alle diese Gründe treffen zu.

Das Leben ist eine Feier und darauf ausgelegt, freudvoll und erfüllend zu sein. Ich möchte nicht sagen, dass du deine Partner in regelmäßigen Abständen wechseln sollst. Aber ich möchte dich darauf hinweisen, dass das Gefühl des Verliebtseins immer die Möglichkeit bietet, eine Partnerschaft einzugehen, die dich womöglich mehr erfüllt als die vorherige.

Partnerschaften können sich dahin entwickeln, dass die Partner nicht mehr zueinander passen. Und ich möchte darauf bestehen, dass du dir dieses zu Herzen nimmst. Eine der Krankheiten eurer Gesellschaft ist, dass ihr euch aneinander klammert aus Angst, der Partner könnte solche Gefühle für einen anderen Menschen entwickeln. Damit erkennt ihr ihm die Möglichkeit neuer, freudvoller Erfahrungen ab. Das hat nichts mehr mit Liebe zu tun. Das ist Kontrolle, pure Kontrolle. Damit erkennst du dir ebenfalls die Möglichkeit dieser Gefühle ab. Gewöhnlich brechen die Beziehungen dennoch auseinander, oder Erfahrungen und Gefühle werden im Geheimen kultiviert. Nun frage ich dich, welches Modell ist besser? Die freie Entwicklung oder das Klammern des Partners? Im letztgenannten Fall würdest du deinen Partner verlieren. Der Freiheitsgedanke des Partners wird sich in den meisten Fällen gegen das Gefühl der Liebe durchsetzen. Begegnest du deinem Partner jedoch in Freiheit und Liebe, kann dieser dir ebenso begegnen. Und ihr werdet euch jeden Tag aufs Neue erkunden dürfen und kennenlernen können. Auch wenn du einen Menschen bereits 30 Jahre kennst und mit ihm zusammenlebst, glaube bitte nicht, dass du ihn kennst. Es ist immer noch ein geheimnisvoller Mensch, auch wenn du meinst, ihn zu kennen wie deine sprichwörtliche Westentasche.

Aus einer freien Partnerschaft heraus kannst du dich als freier Mensch verwirklichen. Freiheit beginnt im Herzen, und nur durch Freiheit ist die Begegnung zweier Menschen möglich. Bis du einem Menschen jemals wirklich begegnet, vorbehaltlos und ohne Wenn und Aber? Und genau darum geht es: einem Menschen wirklich zu begegnen. Liebe ohne Angst.

Begegnungen prägen das Leben, bereichern es und wecken ungeahnte kreative Kräfte.

Es geht darum, den Partner neu kennenzulernen und neu zu erkunden. Lass dich darauf ein. Wenn du einen Partner hast, habe den Mut, ihm zu begegnen, ohne Furcht und ohne die Maske, die du normalerweise trägst.

Hast du keinen Partner, befreie dich von dem, was dich bisher daran gehindert hat, einem Menschen zu begegnen. Fokussiere dich nicht darauf, dass du enttäuscht werden könntest, sondern auf die Begegnung mit einem Menschen. Du bist als Mensch vollkommen bindungsfähig. Du bist ein Wesen der Gemeinschaft und als solches bestrebt, Gemeinschaft zu erfahren. Wieso solltest du unfähig sein, eine Partnerschaft einzugehen? Viele von euch sagen nun: „Aber ich weiß genau, dass ich partnerschaftsunfähig bin, weil ich die Erfahrung gemacht habe, nicht lange mit einem Partner zusammen sein zu können."

Ist das so? Sollte diese Aussage auf dich zutreffen, dann möchte ich dich bitten: Überprüfe für dich, ob du wirklich einem Menschen vorbehaltlos und ohne Widerstände begegnen willst. Das heißt, dass du dich für einen Menschen öffnest.

Übung: In die Öffnung gehen

Ich möchte dir nun eine Übung an die Hand geben, mit der du in die Öffnung und in die Begegnung mit einem anderen Menschen, sei es nun ein Partner oder eine andere Person, gehen kannst.

Begib dich an einen Ort, an dem du nicht gestört wirst. Lass nun den Alltag ziehen wie die Wolken am Himmel. Nimm einige tiefe Atemzüge. Bei jedem Atemzug wirst du ruhiger und kommst immer mehr in deine Mitte.
Stell dir nun vor, du stehst auf einer ebenen Fläche. Über dir funkeln die Sterne. Einer dieser Sterne leuchtet besonders hell. Es ist Merkur, der Planet der Kommunikation, der Bote der Götter bei den Griechen, aber auch ein Fokus, über den du einem anderen Menschen begegnen kannst.
Von Merkur aus fällt ein heller Strahl auf dich nieder. Er hüllt dich in eine Lichtsäule ein. Das Licht ist angenehm warm. Spüre die Energie, die auf dich niedergeht, genie-

ße, wie sie dich umschmeichelt. Sie fühlt sich sehr gut an auf deiner Haut. Erlaube dir nun, dich in diesem Strahl in Lichtpartikel aufzulösen, um eine Reise anzutreten durch das Universum.

Reise als Licht und habe keine Angst, du könntest verlorengehen. Du gehst nicht verloren. Du gehst nur auf eine Reise. Stell dir vor, du bist ein Lichtstrahl. Und nun lass dich mit dem Licht an einen anderen Ort tragen. Vor dir liegen Galaxien, Sterne und die große Weite des Universums. Sterne und Galaxien ziehen an dir vorbei auf deinem Weg. Vor dir liegt ein besonders heller Stern, der dich anzieht.

Du fliegst auf deinem Strahl aus Licht diesem Stern entgegen. Schon kannst du Planeten ausmachen, die zu diesem Stern gehören. Einer dieser Planeten erstrahlt in einem tiefen Magentarot. Diese Farbe zieht dich magisch an. Immer näher kommt dir dieser Planet. Er wird größer und schon betrittst du seine Atmosphäre. Als Licht fällst du auf die Oberfläche des Planeten und materialisierst dich als eine Lichtgestalt. Der Planet wird von magentafarbenem Wasser bedeckt und erleuchtet von einer goldenen Sonne. Sie taucht den Himmel in ein tiefes Gold.

Das Wasser stellt alle Energien dar, die dir von anderen Menschen vertraut sind. Es sind Energien der Begegnung. Energien, die du aussendest und empfängst. Es sind Gefühle, Gedanken und Empfindungen, die dir bekannt sind. Zentriert in dieser Flüssigkeit. Es handelt sich nur um Energie.

Nimm nun Kontakt auf zu der Energie der Begegnung, indem du langsam in dieses Wasser hineintauchst. Keine Angst, du wirst nicht untergehen, sondern nur so weit einsinken, wie du es wünschst. Lass dich von der Energie der Begegnung umspielen, umfließen und gehe tief in sie hinein. So weit du es möchtest. Genieße diesen ursprünglichen Kontakt zu Allem-was-ist.

Erkenne, dass Begegnung mit einem anderen Menschen ein Akt der göttlichen Liebe ist. Hier, in diesem Wasser, sind alle Gefühle, Empfindungen und Gedanken gespeichert, die ein Mensch einem anderen Menschen entgegenbringen kann. Fokussiere dich auf die positiven Gedanken und Gefühle. Lass dich treiben von Zuneigung, Liebe, Akzeptanz und tiefem Verstehen. Lass dich treiben auf dem Meer der Begegnung.

Tauche ein in die Begegnung und erlaube dir, dich treiben zu lassen. Ohne Widerstand und ohne kontrollieren zu wollen. Du gehst nicht unter. Nimm diese goldene Energie in dich auf und erlaube dir, dass sie dich durchfließt. Sauge diese Energie der Begegnung in dich auf, wie ein Schwamm das Wasser aufsaugt.

Bewerte nicht. Es ist nur Energie. Lass dich durchfließen von der Essenz, die hinter jeder Begegnung mit deinem Gegenüber steht. Du wirst transparent für diese Energie. Spüre die Fülle, die dich umgibt, wie ein warmer Umhang an einem kalten Tag. Die Begegnung mit einem anderen Menschen ist ein Treffen in Freiheit und Freude. Spüre, dass in diesem Wasser die gesamte Fülle der menschlichen Emotionen vorhanden ist und du in diese

Energie eintauchen kannst, um deine emotionalen Speicher wieder richtig aufzufüllen.

Hier ist es dir möglich, ohne die Angst zu fühlen und zu empfinden. Stelle fest, ob du Mauern um dich herum errichtest hast, um andere Menschen von dir fernzuhalten. Sie sind hier nicht notwendig. Nur wenn du aus Angst vor einer möglichen Enttäuschung Mauern um dich herum errichtest und so deine Freiheit der Begegnung aufgibst, kannst du verletzt werden. Verstehest du? Lass diese Mauern fallen, wenn du sie errichtet hast. Gib nun den mentalen Befehl, sämtliche Mauern des Nicht-Begegnens fallenzulassen und öffne dich der Essenz der Begegnung.

Fühle die Freiheit, die in dieser Energie, in dieser Kraft, steckt. Erkenne, dass du keinen Verlust fürchten musst. Durch Angst verhinderst du Begegnung. Lege diese ab und erkenne, dass hier die Fülle an Emotion liegt, die du suchst und die du nur durch das Ablegen der Angst vor Verletzung wahrhaft leben kannst. Mit der Angst im Herzen kannst du keinem Menschen wahrhaft begegnen. Mit Angst im Herzen wirst du immer darauf aus sein, eine Illusion von Sicherheit zu schaffen, die es nicht gibt, nicht geben kann. In der Freiheit und im Fließen liegt die einzige Sicherheit, die du benötigst.

Nun stell dir vor, wie sich über deinem Kopf ein kleiner Stern materialisiert. Er funkelt wie ein Diamant und strahlt immer heller in allen Farben des Kosmos. Wunderschön und glasklar reflektiert er alle Farben. Dieser Stern wird gespeist von deinen eigenen Empfindungen, die du durch den Austausch mit dem goldenen Wasser erfährst. Er senkt sich langsam auf dich herab und verankert sich in deinem Herzen, wo er zu pulsieren beginnt. Der Stern in dir öffnet dein Herz und lässt Kommunikation mit den tiefen Ebenen der Essenz der Gefühle zu. Er fühlt sich warm und zart an, und doch von einer immensen Stärke.

Komm nun aus diesem Bild wieder ins Hier und Jetzt. Atme einige Male tief durch und lass die Energie des Atems durch deine Venen und Adern fließen. Der Stern in deiner Brust bleibt, auch wenn du wieder im Hier und Jetzt bist. Er stellt eine Verbindung dar mit der Fülle der Gefühle, die dich umgeben. Mit diesem Stern in deiner Brust kannst du die Mauer der Angst überwinden. Gehe in die Begegnung mit einem Menschen und schaue, wie der Stern in dir zu erstrahlen vermag. In Zeiten der Pein und der Schwere fokussiere dich auf diesen Stern in deinem Inneren und erfahre die Essenz der Begegnung immer dann, wenn du sie brauchst.

Kinder

Ein weiteres wichtiges Thema ist euer Nachwuchs, der euch auf diesem Weg folgen wird und ihn am Ende weitergeht. Ihr habt einen Generationenvertrag ausgehandelt, in dem die alte Generation für die junge sorgt und umgekehrt. Dieser Vertrag ist Bestandteil eurer Gesetzgebung und eures Alltags, wenn ihr Rente beziehet oder Beiträge für die Rente einzahlt.

Zu anderen Zeiten wurde dieser Vertrag ohne Gesetzgebung gelebt. Die Differenzierung der Familie machte es notwendig, Regelungen für das alltägliche Zusammenleben zu suchen, auch wenn diese in der Gemeinschaft eigentlich selbstverständlich sein sollten. Kinder werden zunehmend als Belastung empfunden, da sie scheinbar verhindern, dass ein Mensch seine Ziele verwirklichen kann. Ich frage euch, wie wertvoll sind diese Ziele, wenn ihr auf ein Leben zurückblickt und dieses euch zwar erfüllt hat, ihr jedoch nichts habt, was ihr der nächsten Generation weitergeben könntet? Leben zu schenken ist eins der größten Mysterien des Universums. Durch Geburtenkontrolle und Verhütung werden Kinder planbar. Aber das Leben ist nicht planbar. Die vielen Probleme, die eure Kinder heute haben und in Zukunft noch haben werden, hängen damit zusammen, dass sie nicht in Freiheit und mit dem Fluss des Lebens in Einklang geboren werden.

Ihr habt den Fluss des Lebens durch Medikamente und Operationen begradigt und ihm dadurch seine natürlichen Auen genommen. Ihm die Möglichkeit genommen, sich nach seinen Möglichkeiten zu entfalten.

Eure Kinder sind mehr und mehr ein Produkt eurer Planung. Leider ist das nicht so einfach. Das Leben lässt sich nicht planen, und so brechen euere Kinder früher oder später aus diesem Plan aus und wenden sich einem anderen zu, der vielleicht eurem entgegensteht. Zu diesem Zeitpunkt sind sie nicht gewöhnt, sich dem Leben als Fluss hinzugeben, sondern haben gelernt, dass das Leben Planung und nur durch diese zu meistern ist.

Das ist nicht das Ziel von Leben, sondern die Fülle der

Möglichkeiten auszukosten und sich zu entwickeln und zu wachsen. Eure Kinder werden von Anfang an in Formen gepresst, die sie von ihrer Natur her niemals annehmen würden. Ihr nehmt diese Pflänzchen und erzieht sie nach euren Vorstellungen. Ihr nehmt den Fluss und leitet ihn nach eurem Plan. Das hat nichts mit Freiheit zu tun, sondern mit Kontrolle. Welches Recht hast du, zu bestimmen, wie die kommende Generation zu leben hat? Welches Recht hatten deine Eltern zu bestimmen, wie du zu leben hattest?

Die Freiheit in euren Beziehungen ist ein sehr hohes Gut. Wenn ihr es jedoch nicht erlernt, sondern euch von Anfang an einem aufgezwungenen Plan beugen müsst, kommt ihr nur sehr schwer in euer altes Flussbett zurück. Natürlich meinen es die Eltern gut mit ihren Kindern. Das Leben ist aber nicht planbar, bitte begreife das. Das Leben ist ein Fluss, und nur wenn dieser Fluss fließen kann, kann sich das Kind zu einem vollkommenen Menschen entwickeln, der selbstständig und selbstbewusst handelt und lebt.

Abschließende Worte

Abschließend möchte ich sagen, dass die Verantwortung, wie jeder Mensch sein Leben zu führen hat oder, besser gesagt, führen möchte, bei dem Menschen selbst liegt. Also bei dir, lieber Leser. Es geht nicht darum, das Leben auf eine Macht auszurichten, die das ganze Leben bestimmt, sondern aufzuhorchen. In sich zu gehen und sich selbst zu erkunden. Die Wahrheit liegt nur in dir, lieber Leser. Es ist deine Verantwortung, dieses anzunehmen oder nicht. Es ist ebenso deine Verantwortung, dein Leben zu verändern, oder in dem, was dir bekannt ist, zu verharren. Ich gebe hier einen Leitfaden, der dir helfen kann, dich in dieser turbulenten Zeit zu orientieren und bei dir anzukommen.

Die meisten Menschen wandeln ihr Leben lang, auf der Suche nach sich selbst, von einem Platz zum anderen und glauben das, was ihnen am sinnvollsten erscheint. Und es ist wirklich ein Erscheinen. Habe den Mut, nach deiner eigenen Wahrheit zu suchen. Nimm nicht die Wahrheit, die von der Allgemeinheit vertreten wird, nur weil diese gerade in ist oder besser zu den Gardinen im Schlafzimmer passt. Es gibt so viele Versionen einer Wahrheit, wie es Menschen auf dieser Welt gibt. Und nun ist es an dir, deine eigene Version zu kreieren.

Nimm die Hintergrundinformationen und erschaffe dir ein ganzheitliches Bild von der Welt, in der du lebst, atmest und in der du wirkst. Jeden Tag. Ich möchte dich einladen, bewusster in den Tag zu gehen. Und das ist kein Geheimnis der fernöstlichen Tradition. Es ist eine Gabe, die jedem Menschen innewohnt, und auf die jeder Mensch gleichermaßen zurückgreifen kann. Bewusstes Leben ist ein Wort, das in der letzten Zeit immer mehr an Popularität gewonnen hat. Ich frage dich, warum? Ich kann mir denken, dass dir bereits klar ist, warum das so ist. Wenn nicht, wird die Wahrheit in dir immer klarer werden, je mehr du dieses ganzheitliche Bild zulässt, das sich dir bietet. Es ist vielleicht nur mehr als eine Ahnung, aber auf dieser Ahnung kannst du Häuser bauen. Es ist ein stabiles Feld, in dem du dein Leben erkunden kannst. Bewusstes Leben ist in deiner Verantwortung. Ob du dich bewusst auf dein Leben einlassen möchtest, oder nicht. Es ist deine Entscheidung, und diese wird niemand für dich treffen können. Es ist aber auch eine Entscheidung, die Konsequenzen haben wird.

Die Welt wird sich in deinen Augen verändern und vielleicht in ihren Grundfesten erschüttern. Ich bitte dich, begreife solch ein Phänomen nicht als Zerstörung und Untergang. Begreife es bitte als eine Chance, die sich dir bietet und die du nur zu ergreifen brauchst. Ich möchte nicht behaupten, dass es immer ein einfacher Weg ist. Jedoch ist er umso erfüllender, wenn du die ersten Früchte am Rande dieses Weges gewahr wirst. Bitte erkenne dieses nicht nur mit deinem Verstand, sondern auch in deinem Herzen. Es geht hier um die freie Entscheidung, die jedem Menschen zusteht und die jeder für sich alleine treffen muss. Erinnere dich, die Menschheit ist erst jetzt wieder langsam in der Lage, sich Gedanken um bewusstes Leben zu machen. In der Vergangenheit war das ein Privileg einiger weniger, und der Rest der Menschheit verblieb im täglichen Kampf ums Überleben. Ich meine nicht, dass du nun religiös werden, dein Hab und Gut aufgeben und dich einer Glaubensgemeinschaft anschließen sollst. Ich möchte, dass du beginnst, dein Leben auf eine liebevolle Art und Weise zu hinterfragen und zu durchleuchten. So, dass du zu einem Schluss kommst, der sich mit deinem Inneren vereinen lässt. Dass du zu deiner eigenen Wahrheit findest und sie auch in deinem Leben umsetzen kannst.

Begreife, es geht immer um dich. Ich möchte dich mit meinen Worten erreichen, dass du in der Hektik deines Alltags innehältst und dich auf dein Leben einlässt. Auf diese Weise lassen sich Mechanismen finden, die deine Hektik und deinen Stress entzerren und dir die Möglichkeit geben, zur Ruhe zu kommen. Es ist so wichtig, dass du in dir zur Ruhe kommst. Das Leben ist so viel schneller und stressiger geworden, dass es nicht verwunderlich ist, wenn du nicht immer mitzukommen scheinst. Hinterfrage dieses. Hinterfrage einmal, ob du das freiwillig tust oder ob du dazu genötigt wirst. Natürlich könntest du jetzt sagen: „Aber ich habe doch keine andere Wahl." Ist das so? Stimmt das wirklich? Beantworte es für dich.

Sagst du das, weil du noch nicht bei dir angekommen bist? Bist du bei dir angekommen? Ein Mensch hat immer die Wahl. Und glaube mir, die Wahl zu haben ist gut. Sie bringt dich in die Fähigkeit, dich zu entscheiden. Und bitte, gehe nicht davon aus, dass eine Entscheidung dein Leben zum Negativen beeinflusst. Das muss nicht so sein. Wenn du jedoch an die alten Strukturen klammerst, da du denkst, sie würden dir in ihrer Routine Halt geben, dann muss ich dir leider sagen: Dem ist nicht so. Wenn du dich an die Umstände klammerst, werden sie sich früher oder später dennoch verändern. Das hatte ich auch mit der Hingabe gemeint. Du musst dich dem hingeben. Erinnere dich an meine Worte: Das Leben ist ein Fluss, und dieser Fluss fließt. Er will fließen, und er muss fließen, denn es ist die Natur des Flusses. Und nun erkenne, dass du mitten in diesem Fluss bist. Lässt du dich nun treiben, oder schwimmst du beständig an einem Platz, um die gewohnte Umgebung nicht zu verlassen? Sich treiben zu lassen ist weniger anstrengend!

Ich möchte dich einladen, dich auf dein Leben einzulassen. Nach und nach den Widerstand loszulassen und das Leben zu fühlen, das mit dem Fließen kommt und dich erfüllt. Kennst du nun das Geheimnis des Jungbrunnens? Es ist nicht so, dass du damit dann ewig leben wirst. Aber du wirst in der Lage sein, deinem Leben mehr Leben oder, wie es so schön heißt, den Jahren mehr Leben zu geben. Und das sind nicht unbedingt leidvolle Stunden, die dich erwarten. Erwarte freudvolle Stunden. Erlaube mir, wenn ich das so direkt sage: Freudvolle Stunden sind dein gutes Recht. Es erfordert einen hellen und wachen Geist, um in dir anzukommen, und das ist nicht schwer. Wenn du nun denkst, bei dir anzukommen sei zu schwierig für dich, möchte ich dir erneut sagen: dem ist nicht so.

Es ist nicht zu schwierig. Traue es dir zu, dass du leicht, wie ein Schmetterling fliegt, in dir ankommen kannst. Nur wenn du dir vertraust, dir das zutraust, kannst du auch wirklich bei dir sein. Ich weiß, dass der Mensch sehr von Selbstzweifeln geplagt wird. Auch das muss nicht sein. Erlaube mir, dass ich mich erneut wiederhole: Es ist wiederum ein Muster der vergangenen Zeit und hat in Gegenwart und Zukunft keinerlei Gültigkeit. Also erwarte, dass du diese Zweifel abgeben kannst, und erkenne, welche Chance sich dir bietet. Lass dich einmal fallen und treiben.

Nimm dir einen Tag Auszeit von allem, was dir Stress und Hektik bedeutet, und gehe in ein Schwimmbad. Ja, ein Schwimmbad! Ideal sind die Stunden, in denen das Bad nicht voll ist. Eine Therme ist am besten geeignet. Und nun lass dich treiben. Lass dich einfach im Wasser treiben und gib den Widerstand, gegen den Fluss zu schwimmen, einmal auf. Du kannst natürlich jederzeit wieder aus dem Wasser heraus, aber erlaube dir, dich im Wasser treiben zu lassen. Wie ein Blatt, das auf der Wasseroberfläche schwimmt. Entspanne dich. Denn je entspannter du bist, desto mehr kommst du in die Leichtigkeit des Treibens hinein, die so wichtig ist. Stell dir eine Zeit vor, in der du jeden Tag mit Freude und Leichtigkeit begegnen kannst, ohne die Angst zu haben, von deinem Alltag mitgerissen zu werden und an ihm zugrunde zu gehen. Stell dir diese Zeit vor, in der du einfach nur Leichtigkeit in dir findest, die dich trägt. Leichtigkeit und Freiheit, in der du deinen Alltag erschaffen kannst und nicht an die Vorgaben gebunden bist, die dir scheinbar auferlegt sind.

Bitte erkenne: Es ist möglich! Und nicht nur für einige wenige Menschen, sondern für alle. Jeder Mensch, der jetzt geboren wird, hat bereits eine andere Einstellung zum Alltag, allein aus der Tatsache heraus, dass er in der Zeit der Veränderung geboren wird. Und das ist gut so, auch wenn die Kinder mehr und mehr bei den alten Strukturen anecken und sich mit dem Verhalten ihrer Eltern reiben. Bitte, lasst euren Kindern die Freiheit, sich in einer Neuen Zeit zu entwickeln, und bringt ihnen nicht bei, gegen den Strom zu schwimmen. Ihr könnt so viel von euren Kindern lernen. Auch wenn sie noch so klein sind und ihr schon so erwachsen. Manches kann man nur durch die Augen eines Kindes erfahren und lernen, und manches wirst du niemals erfahren, wenn du deinem Kind die Leichtigkeit des Seins nimmst, die es mit Beginn seiner Geburt hat. Lerne von der nachkommenden Generation, die bereits den Grundstock des Neuen in sich trägt. Ja, sie sind anders, als ihr es wart, als ihr klein wart. Sie müssen auch anders sein, damit sie die Welt verändern können. Wieso maßt ihr euch an, besser zu wissen, was gut für eure Kinder ist? Sie sind eigenständige Menschen, und Erziehung heißt nicht, jemandem ein Bild überzustülpen, nach dem er sich zu verhalten hat und nach dem er handeln soll. Erziehung heißt nicht, eine Kopie seiner selbst zu erschaffen, sondern einen Menschen dazu zu bewegen sein Leben selbstständig und eigenverantwortlich zu gestalten und sich frei zu entwickeln.

Es ist eine wundervolle Zeit für die Generation, die kommt. Sie kann auf die neuen Energien zugreifen und sich an ihnen orientieren. Sie kann sich von der Generation, die schon da ist, abgrenzen und neue Energien in den Alltag einbringen. Diese Kinder haben diese Fertigkeiten bereits in sich. Natürlich werden sie bei euch anecken. Das gehört zum einen zum Großwerden dazu, zum anderen gehört es zum Leben zwischen den Generationen, das leider noch geprägt ist von Unverständnis für den anderen. Ein anderer Aspekt ist, dass ihr glaubt zu wissen, was die nachkommende Generation braucht. Nimm einmal Abstand zu deinem Alltag und gehe bewusst auf diesen Sachverhalt ein. Du wirst erstaunt sein.

Erkenne, das Leben ist eines der aufregendsten und herrlichsten durch seine Mannigfaltigkeit. Und genau darum geht es: Das Leben in seiner Vielfalt zu feiern. An jedem Tag. Ich möchte, dass du lernst, mit diesen Energien zu spielen, wie man mit einem Ball spielt. Natürlich bist du am Anfang noch ein wenig ungeschickt, aber mit der Übung wirst du erkennen, dass es immer besser geht. Bringe Leichtigkeit in dein Leben. Bringe Leben in dein Leben, und bringe die Freude zurück, die jedem Atemzug innewohnt.

Partnerschaft

Wenn sich zwei Menschen begegnen, treten sie in Beziehung zueinander. Und dabei es egal, ob es sich um einen Mann und eine Frau handelt, die eine Beziehung miteinander eingehen möchten, oder Menschen, die in irgendeiner Weise miteinander zu tun haben. Immer dann, wenn du Kontakt aufnimmst zu einem Menschen, trittst du in Beziehung zu ihm. In Beziehung treten bedeutet, sich mit einem Menschen auszutauschen sowie sich selbst einzubringen. Aus den wenigsten Beziehungen entstehen enge Verbindungen zwischen Mann und Frau, die Partnerschaft genannt werden. Du hast eine Beziehung zu deinem Partner, aber auch zu deinem Zahnarzt und der Kassiererin im Supermarkt. Überall trittst du in Kontakt mit einem Menschen und mit deiner Umwelt. Bitte erkenne, Begegnungen verändern dich. Jede Begegnung hinterlässt einen Eindruck in dir. Ein Mensch, mit dem du zusammenlebst, ändert dich mehr als ein Mensch, den du zum ersten Mal siehst. Und das ist gut so. Du bist ein Wesen der Gemeinschaft, und als solches bist du darauf ausgelegt, in einer Gemeinschaft zu leben. Wenn Menschen einen Eindruck in dir hinterlassen, geschieht das in der Regel auf eine unbewusste Art und Weise. Du realisiert in der Regel nicht, wenn du geprägt wirst von ihnen. Erst in einer größeren Zeitspanne wird dir klar, dass dich manche Menschen auf recht eindeutige Weise geprägt haben. Deine Eltern gehören dazu, genauso wie nahe Freunde.

Menschen, die ihr Leben alleine gestalten, tun dieses meist nicht freiwillig, sondern weil eine Partnerschaft gerade nicht möglich ist. Mit Partnerschaft meine ich jetzt das Zusammenleben von Mann und Frau. Partnerschaften gehen auf die verschiedensten Weisen zu Bruch. Oft wird gesagt, dass die Partner sich nicht für die Partnerschaft einsetzen und nicht daran arbeiten wollen. Das ist nur zum Teil richtig. Menschen begegnen einander, treten in Kontakt und Beziehung zueinander. Dabei geschieht einiges innerhalb dieser Menschen. Sie geben etwas von sich und erhalten etwas von einem anderen. Sie werden geprägt und prägen selbst einen anderen Menschen. Das kann auf positive wie auf negative Art geschehen.

Du bist im Mittelpunkt deines Lebens, und als solcher steht es dir frei, in Verbindung zu einem Menschen zu treten oder dich in dich zurückzuziehen. Alles geht von dir aus, du bist der Herr deiner kleinen Welt. Bedenke bitte immer, dass du es bist, der sich dafür entscheiden muss, auf einen Menschen zuzugehen. Es liegt immer in deiner Verantwortung, jemanden kennenzulernen. Erkenne: Du bist der Erschaffer deines eigenen Lebens, und als solcher trägst du dafür die Verantwortung. Wenn du dich dem Kontakt mit anderen Menschen öffnest, hast du auch die Möglichkeit Menschen kennenzulernen. Wenn du dich nicht öffnest, kannst du niemanden kennenlernen. Also erschaffe dir ein Feld, das es dir möglich macht, Menschen kennenzulernen. Gehe in die Öffnung, und gehe hinaus in das Leben. Verstecke dich nicht, sei berührbar. Natürlich gehst du damit auch das Risiko ein, verletzt zu werden.

Aber erkenne, dass die Geschenke, die du erhältst, Geschenke der Freundschaft, Zuneigung und Liebe, mehr wert sind als das Risiko, das du meinst einzugehen. Ich möchte dir einige Fragen stellen, die dich selbst auf deine Antwort bringen sollen.

Ist es wirklich ein Risiko?

Worin genau siehst du die Gefahr?

Bist du ein ewig Suchender, der auf der Suche ist nach der perfekten Entsprechung seiner selbst?

Überprüfe es für dich. Was trifft für dich zu, und was bewegt dich?

Reflektiere dein Sein und überprüfe dein Anliegen an dein Umfeld. Bist du bereit, einen Partner zu lieben, ohne etwas dafür zu fordern? Ja, sogar auf die Gefahr hin, selbst nicht geliebt zu werden?

Erwartest du von deinem Partner, einen Mangel in dir zu erfüllen, einen Mangel des Nicht-Geliebtseins oder einen Mangel an Zuneigung?

Was erwartest du von einem Partner, und was bist du bereit, selbst zu geben?

Bist du überhaupt bereit, etwas zu geben, oder glaubst du, das Leben sei es dir schuldig?

Bist du der Meinung, einen Partner zu haben, ohne etwas investieren zu müssen, da du bereits schon genug Enttäuschungen erlebt hast?

Erkenne, eine Partnerschaft beginnt in der Partnerschaft zu dir. Du musst erst mit dir in Beziehung treten, bevor du im Außen mit einem anderen Menschen in Beziehung treten kannst. Das ist sehr wichtig. Erkenne, dass du dir Partner sein kannst. Erkenne, dass das der erste Schritt ist, bevor eine Partnerschaft im Außen möglich ist. Ruhe in dir, sei in deiner Mitte und komme bei dir an. Begreife, die Fülle liegt in dir. Entdecke die Zufriedenheit in dir, die Ruhe und Ausgeglichenheit, die dir der Kontakt mit dir selbst geben kann. Lege die Maske des Suchenden ab und werde zum Findenden. Erkenne, wenn du nicht mehr suchst, wenn du nicht mehr mit der Haltung nach außen trittst, deinen Mangel dort befriedigt zu bekommen, wirst du auch finden. Du ziehst keine Menschen an mit einer Haltung des Mangels, sondern mit einer Haltung der Fülle. Mit einer Fülle in dir.

Du bist der Anfang von allem, und somit ist alles um dich herum möglich. Alles um dich herum ist ein Ausdruck dessen, was möglich ist. Erkenne das und trage es in deinem Herzen. Gib dir die Chance, deinem Umfeld zu begegnen, und gib deinem Umfeld die Chance, dir zu begegnen. Diese innere Haltung benötigst du, um deinen Zustand zu verändern. Gehe in Kommunikation mit deinem Selbst. Ergründe ein Verlangen nach Partnerschaft und reflektiere dich in deinem Leben. Gehe in die Öffnung nach außen, aber auch nach innen. Das ist notwendig, um den Kontakt zu dir herzustellen. Gehe in deine innere Fülle und öffne dich dem Leben, und du wirst feststellen, wie sich dein Umfeld verändert, wie es seinerseits in Öffnung geht. Wenn Kommunikation zwischen innen und außen stattfindet, ist Begegnung möglich.

Meditation: Zentrierung und Heilung

Diese Meditation zentriert dich in deinem Sein und hilft dir, die Wogen des Alltags leichter zu umschiffen. Sie gibt dir die Möglichkeit, deinen Alltag in dir aufzuarbeiten, Geschehnisse zu reflektieren und sie zu verändern. Hier können Themen, die dich bewegen, in Heilung gehen. Verändere das Bild einer Situation in dir, und du wirst sie auch im Außen verändern können.

Komm zur Ruhe. Nimm ein paar tiefe Atemzüge.
Erlaube dir, deinen Alltag hinter dir zu lassen. Lass deine Gedanken ziehen wie Wolken am Himmel. Lass sie einfach gehen. Sie sind jetzt nicht mehr wichtig. Werde ruhig und entspannt.
Stell dir nun vor, du stehst auf einem Tafelberg. Das ist ein hoher Berg mit einer flachen, fast abgeschnittenen Spitze. Es ist Nacht, die Sterne funkeln hell und glänzend. Vor dir liegt ein Weg. Hier oben wachsen keine Pflanzen, du stehst auf Sand oder Stein. Folge diesem Weg über das Plateau. Er führt dich auf einen Weg hinunter ins Tal. Der Weg ist gut zu begehen. Er ist breit genug, so dass du dich nicht dabei anstrengen musst. Das Licht der Sterne leuchtet dir den Weg.
Die Landschaft wird zunehmend grüner. Büsche, Bäume und Gewässer säumen nun den Pfad hinunter ins Tal. Er führt dich weiter hinab über eine hügelige Wiesenlandschaft. Durch das Sternenlicht kannst du den Weg, der vor dir liegt, gut erkennen. Er führt dich vorbei an Zypressen

und schlängelt sich weiter hinab ins Tal. Vor dir liegt ein grüner Olivenhain, den du in aller Ruhe durchquerst. Die Bäume, die hier stehen, sind uralt und strahlen eine ganz urtümliche Weisheit aus. Einige dieser Bäume sind über 1000 Jahre alt. Zeitlos säumen sie deinen Weg hinunter ins Tal. Spüre in die Atmosphäre hinein. Du folgst dem Weg weiter.

Im Tal erblickst du einen weißen Tempel. Er ist ganz aus Marmor gebaut und Säulen umgeben das Gebäude. Gehe auf diesen Tempel zu. Er ist sehr alt. Älter noch als der Olivenhain. Er ist so alt wie die Sterne, viel älter als die Erde. Und seit ewigen Zeiten ein Heiligtum des Lebens.

Du stehst nun am Fuße der Marmortreppe, die zu dem großen Gebäude hinauf führt. Gehe nun die zwölf Stufen hinauf zum Tor.

Das Tor strahlt im Licht der Sterne silbern und scheint aus sich heraus zu funkeln. Es ist ein großes, massives, silbernfarbenes Tor, auf dem sich Szenen abspielen. Nimm dir die Zeit und betrachte die Szenen auf dem Tor. Es sind Situationen, die in deinem Leben gerade von Bedeutung sind. Nimm dir nun die Zeit, diese zu betrachten und dich so auf sie einzustellen.

Lege nun beide Hände auf das Tor. Es öffnet sich, sobald du beide Hände auf die Torflügel legst, von ganz allein. Du stehst vor einem langen Gang, der in die Mitte des Heiligtums führt. Über dir befindet sich keine Decke, so dass du das Licht der Sterne auch hier im Tempel sehen kannst. Es scheint, als könntest du direkt ins Universum blicken. Vor dir steht ein Brunnen. Das Wasser plätschert und funkelt silbern im Licht der Sterne. Gehe an diesem Brunnen vorbei, weiter in das Innere des Tempels. In der Mitte erstreckt sich ein kleiner Platz. Über diesem Platz leuchtet ein goldenes Licht. Tritt in die Mitte des Platzes unter diese goldenen Flammen.

Du bist erfüllt von goldenem Licht. Es durchflutet dich angenehm warm und leicht. Wie eine warme goldene Dusche fällt das Licht auf dich hinab.

Genieße diese Energie, die sich wie ein warmer Regen um dich schließt. Sie durchdringt dich, und du fühlst, wie Ärger, Frust, Wut und Trauer von diesem goldenen Licht hinweggespült werden.

Spüre, wie dein Herz und dein Körper jetzt zur Ruhe kommen. Mit dem goldenen Licht breitet sich Frieden in dir aus. Du kommst in deine Mitte. Du kommst bei dir an. In dein inneres Gleichgewicht und in deinen eigenen Frieden.

Erlaube dir jetzt, dass ein Thema deines Lebens, egal, welches, in dir hochsteigen darf. Es manifestiert sich vor dir als Person oder vielleicht als eine Sache. Bewerte nicht, was vor dir erscheint. Alles, was jetzt kommt, ist gut so. Enthalte dich der Bewertung und beobachte nur. Das Thema, das in dir aufsteigt, ist jetzt, in diesem Augenblick deines Lebens, wichtig. Nimm dir die Zeit und schaue es dir einfach an.

Und nun verändert sich das Bild. Im goldenen Licht wandelt es sich. Jetzt kann Energie der Heilung einfließen. Über das goldene Licht verändert sich das Thema. Es wird lichter und lichter. Ist es ein Thema, das dir Schmerz be-

reitet, darf sich dieser Schmerz jetzt transformieren. Ist es ein Thema, das dir aussichtslos erscheint, dürfen sich jetzt neue Möglichkeiten bilden. Ist es ein Thema, das dir Freude bereitet, darf diese Freude sich ausweiten und dein Sein erhellen.

Ist die Transformation abgeschlossen, öffne dein Herz. Denke einfach, dass sich jetzt dein Herz öffnet. Du fühlst die Herzenswärme, die in dir aufsteigt. Umschließe nun dein Gegenüber mit der Kraft deines Herzens, nimm es in dein Herz auf und fühle, wie die Energie in dich hineinfließt. Warm und friedlich. Bleibe ein wenig in dieser Energie.

Wenn du genug Energie getankt hast, tritt aus dem goldenen Licht wieder heraus. Um dich herum ist es heller geworden. Ein neuer Tag ist angebrochen. Verlasse nun diesen Platz und gehe zurück durch das Tor, durch das du gekommen bist.

Drehe dich noch einmal zum Tor um. Die Figuren auf dem Tor haben sich verändert. Schaue sie dir noch einmal genau an. Die Szenen haben sich verändert und leuchten nun in einem warmen Gold.

Durch das geöffnete Tor siehst du, dass die Sonne bereits aufgegangen ist und die Welt in ein honigfarbenes Gold taucht. Tritt hinaus in den Sonnenschein, in einen neuen Tag.

Und nun komme zurück ins Hier und Jetzt.

Erklärung der Bilder

Tempelberg
Der Tempelberg steht für das bewusste Erheben aus dem Alltag. Durch seine erhöhte Lage zentriert er dich mehr und mehr in deine Mitte. Dieses Bild hilft dir, dich aus deinem Alltag zu erheben.

Weg
Der Weg ist ein Symbol für den Weg zu dir, für den Weg in einen Zustand der Entspannung und ein Symbol der Veränderung.

Zypressen
Diese Bäume stehen für die Verbindung der Gedanken in den Himmel. Sie stehen für das Schweifenlassen der Gedanken und das Gedankenspiel, das dennoch verwurzelt ist mit der Erde. Sie verbinden deine Gedanken sowohl mit dem Himmel als auch mit der Erde.

Olivenbäume
Der Olivenbaum kann sehr alt werden. Darum steht er für altes Wissen und den Zugang zu den Wissensspeichern der Erde. Das Symbol des Olivenbaums verbindet die Vergangenheit mit der Zukunft.

Tempelanlage
Die Tempelanlage symbolisiert dein eigenes heiliges Zentrum. Ein Ort, der dich zentriert, auf den eigenen göttlichen

Funken, den jeder Mensch in sich trägt. Sie ist dein persönliches Heiligtum.

Tor
Die Szenen, die sich auf diesem Tor abspielen, sind Szenen aus deinem Leben, die gerade von Bedeutung sind. Die dich beeinflussen, hindern, motivieren oder leiten.

Brunnen
Der Brunnen symbolisiert dein Gefühl, das ein wichtiger Bestandteil deines eigenen inneren Heiligtums ist. Um in dein Inneres zu gelangen, musst du das Gefühl passieren.

Das goldene Licht
Das goldene Licht ist das Symbol für deinen eigenen göttlichen Kern. Es ist dein Hohes Selbst. Es ist die Verbindung zu deiner eigenen göttlichen Natur. Du, als das Ebenbild Gottes, trägst diesen Funken in dir.

Nacht und Tag
Die Nacht stellt deine unbewusste Seite dar so, wie der Tag deine bewusste Seite darstellt. Du trägst die Energie deines Hohen Selbst in dein bewusstes Leben hinein. Der Übergang von Tag und Nacht stellt die Transformation dar, die in dir stattfindet.

Diese Meditation zentriert dich in deinem Sein und hilft dir, die Wogen des Alltags leichter zu umschiffen. Sie gibt dir die Möglichkeit, deinen Alltag in dir aufzuarbeiten, Geschehnisse zu reflektieren und sie zu verändern. Hier können Themen, die dich bewegen, in Heilung gehen. Verändere das Bild einer Situation in dir, und du wirst sie auch im Außen verändern können.

Patrizia Pfister
Kryon – Weckruf für die Menschheit
Botschaften aus der Quelle
488 Seiten, A5, gebunden, mit Leseband
ISBN 978-3-938489-81-9

Dieses Buch ist das Ergebnis des Wirkens der Gnade und wurde unter der Schutzherrschaft des silber-schimmernden Strahls geschrieben. Die Fülle an Heilungsmeditationen ist ein einmaliges Geschenk der Quelle für die Aufstiegszeit.
Es werden 56 Heilungsmeditationen vorgestellt, die von „Ankommen im Körper", „Einsammeln von Seelensplittern", über „Heilung des Geburtstraumas" bis hin zur „Erneuerung des Lichts" reichen. Kryon erläutert die Gründe für die einzelnen Meditationen und gibt Hintergrundinformationen dazu, während die Meditationen direkt aus der Quelle gechannelt wurden.
Mit diesem Werk liegt ein weiterer Grundstein für das Neue Zeitalter vor, auf den viele bauen können.

Petra Aiana Freese
Maha Cohan – Quantensprung im Wandel der Zeit
218 Seiten, broschiert
ISBN 978-3-938489-79-6

Maha Cohan bietet uns die Möglichkeit, in ein erweitertes Bewusstsein hineinzuwachsen, und auf, in und mit Gaia einen „Quantensprung" herbeizuführen, der seit unendlichen Zeiten die Menschen inspiriert und sie auf ihrem langen Weg geführt hat. Der Weg zu Weisheit geht über das Wissen, das von einem freien Herzen und einem freien Geist gehütet und weitergegeben wird.
Mögen die Weisheit, die Güte und die Liebe des Maha Cohan dich erreichen, einhüllen und führen.

Siona Ana
Serapis Bey – Klare Worte an die Menschheit
136 Seiten, A5, broschiert
ISBN 978-3-938489-85-7

Warum sterben so viele Menschen bei Unfällen, Naturkatastrophen oder ähnlichen Ereignissen?
Serapis Bey sowie Kuthumi, Sanat Kumara und Erzengel Gabriel zeigen uns auf, was sich in der Gedankenwelt der Menschheit ändern muss, und übermitteln klare eindeutige Strukturen und Energien, um einen positiven Lebensverlauf einzuleiten.
Die Geistige Welt fordert uns auf, unser Leben in die Hand zu nehmen und in voller Eigenverantwortung zu meistern.
Ein klares Buch für die gesamte Menschheit, egal, ob spirituell orientiert oder nicht.

Gabriela Kadanka-Ganahl
Thoth – Säule des Lebens
152 Seiten, A5, gebunden, mit Leseband
ISBN 978-3-938489-83-3

„Es ist der Augenblick gekommen, euch Erdenkinder einen weiteren Teil des atlantischen Wissens freizugeben. Die Spannungen und Schmerzen eures Rückens sowie auch die Spannungen und das Chaos auf eurem Planeten nehmen zu, weil ihr die Balance der Energien des Himmels und der Erde verloren habt. Reinigt eure irdischen Säulen vom Schatten der Vergangenheit, lasst Altes los. Erlöst jeden Teil, jeden Wirbel eurer Säule. Führt ihn aus dem Schatten der Vergänglichkeit ans Licht. Jeder Teil eurer Wirbelsäule trägt dazu bei, die Schwingung der Lichtsäule der Erde zu erhöhen. Habt den Mut, die Wahrheit über euch zu hören und lernt, euch selbst zu lieben."

Kerstin Simoné
Thoth – Die Offenbarungen
Band I
344 Seiten, A5, gebunden, mit Lesebändchen
ISBN 978-3-938489-67-3

Wie können wir mit unserem Körper und unserer Seele kommunizieren und Heilung auf allen Ebenen des materiellen Seins erreichen? Was geschieht derzeit innerhalb unserer Galaxis, und welche Auswirkungen haben diese Ereignisse für die Menschheit? Wie weit ist all dies mit für den Klimawandel verantwortlich? Woher kommt jener mächtige kosmische Informationsstrahl der Liebe, und welche Möglichkeiten haben wir jetzt, ein Teil jener Phase der Neuausrichtung zu werden? Öffnen Sie Ihr Herz, tauchen Sie ein in die Sphären von Thoth und erleben Sie eine vollkommene Neuausrichtung Ihres Geistes.

Michael Grauer-Brecht
Antan & Christine Minatti
Elyah – Kosmische Lebenstherapie
296 Seiten, A 5, gebunden, mit Lesebändchen
ISBN 978-3-938489-72-7

Elyah, Sternenwesen von Kassiopeia, lässt uns begreifen, wie Krankheit aus geistiger Sicht entsteht und wie die Verbindung zu Farben, Klängen und Düften Heilung bringen kann. Sie stellt die Grundlagen eines Behandlungskonzepts vor, das der Schwingungserhöhung angepasst ist und einen Quantensprung unseres Körperbewusstseins ermöglicht. Diese „Schwingungsmedizin" kommt aus dem Gesundheitssystem des frühen Atlantis und wurde von Elyah und dem Kosmischen Rat gegeben. Die Kosmische Lebenstherapie verändert die Kommunikation zwischen Schwingungsfeldern so, dass sie uns zuträglich sind. .